Basic cooking

Pâtisseries entre copains

Gâteaux, biscuits, pains, tartes sucrées, tartes salées, pizzas…

SOLAR

Cornelia Schinharl Sebastian Dickhaut

Basic cooking

Sommaire

La pâte

Avant la cuisson

Séparer le blanc du jaune et battre les œufs

Frappez fermement l'œuf sur le rebord d'un récipient • Ouvrez la coquille, laissez couler le blanc dans le récipient • Faites glisser le jaune entier dans l'autre moitié de la coquille, et versez le blanc restant dans le récipient
• Répétez l'opération si nécessaire • Réservez le jaune dans un bol
• Battez le blanc d'œuf (froid avec une pincée de sel) jusqu'à ce qu'il devienne crémeux • Ajoutez le sucre et battez jusqu'à ce que le blanc soit ferme

L'astuce de tante Alice : mélangez le sucre avec de la fécule (1/2 cuillerée à café pour 2 blancs), cela rendra vos œufs en neige plus fermes

En savoir plus Battre, pages 12-13

Râper un zeste de citron

Lavez un citron non traité à l'eau chaude et essuyez-le • Frottez le citron sur une râpe du haut vers le bas au-dessus d'un bol jusqu'à ce que la peau blanche soit visible • Épluchez le citron et réservez-le pour une utilisation ultérieure • Alternative : frottez la peau avec un morceau de sucre

L'astuce de tante Alice : afin que tout le gâteau profite de l'arôme pendant la cuisson, placez, sous la râpe, le papier sulfurisé que vous allez ensuite utiliser

Gratter une gousse de vanille

Sur une planche, ouvrez la gousse de vanille en deux dans le sens de la longueur • Posez chaque moitié sur la planche, la peau vers le bas, et grattez la pulpe avec le dos d'un couteau (voir photo de droite) • Alternative : coincez la gousse ouverte entre le pouce et le couteau et tirez vers le bas

L'astuce de tante Alice : pour du sucre vanillé, mélangez la gousse et la pulpe de vanille avec 500 grammes de sucre, et laissez reposer pendant une semaine. Pour du sucre au citron, frottez le citron avec un morceau de sucre et mélangez avec 1 kg de sucre en poudre

En savoir plus sur le citron et la vanille Les 16 douceurs, page 18

Peser et mesurer

Les quantités des cuillerées à soupe et à café sont mesurées pour des couverts de taille normale. Nous vous conseillons de tester les ingrédients avec vos propres cuillères et de refaire les calculs en fonction du résultat, ou de vous procurer une cuillère appropriée

1 c. à soupe de farine	10 g
1 c. à soupe de fécule	10 g
1 c. à soupe de sucre	15 g
1 c. à soupe de beurre	10 g
1 c. à soupe de crème fraîche	10 g
1 œuf — S comme small :	moins de 53 g
— M comme medium :	53 à 63 g
— L comme large :	54 à 73 g
— XL comme extra large :	plus de 73 g
1 sachet de levure	15 g, 3 c. à café de 5 g
1 sachet de sucre vanillé	8 g
1 sachet de flan en poudre	35 g, 9 c. à café, 5 c. à soupe
1 c. à soupe de noisettes en poudre	5 g
1 c. à soupe de noisettes hachées	10 g
1 c. à soupe de noix de coco râpée	5 g
1 c. à soupe de graines de pavot	10 g
1 c. à soupe de confiture	15 g
1 c. à soupe de miel	15 g
1 c. à soupe de raisins secs	15 g
1 c. à soupe de cacao en poudre	5 g (1 c. à café : 2 g)

Les 7 ingrédients indispensables, pages 8-9
Les 16 douceurs, pages 18-19

S.O.S Qui est tante Alice?

Tante Alice en connaît un rayon sur la confection des gâteaux et des desserts. Née et élevée en Normandie, le pays de la tarte Tatin, de la crème fraîche et du cidre, c'est en famille qu'elle s'initie aux subtilités de l'art culinaire. Elle est donc fin prête pour le conjungo lorsqu'elle rencontre un officier de marine nantais. Elle met un terme à son union, dix ans plus tard, autour d'une tasse de café et d'un fondant au chocolat. Les aventures qu'elle connaît ensuite avec deux Florentins et un Sicilien l'amènent jusque dans l'Outback australien d'où elle revient armée d'une recette de gâteau à la carotte. Elle vit aujourd'hui sur la Côte d'Azur et tente chaque jour d'écrire ses Mémoires. Mais, finalement, elle préfère aller se baigner, faire du ski nautique ou, alors, préparer un gâteau. Elle a toutefois réussi à répondre à nos questions les plus brûlantes juste avant l'impression de cet ouvrage. Merci, tante Alice.

La boîte à idées de tante Alice
Pages 32, 56, 85, 107, 128, 146

Faire un gâteau

Les étapes

Étaler la pâte

Farinez le plan de travail et le rouleau à pâtisserie • Abaissez la pâte à l'aide du rouleau jusqu'à obtenir la dimension souhaitée • Si la pâte colle, ajoutez un peu de farine sur le rouleau et sur le plan de travail

L'astuce de tante Alice : pour une pâte au beurre, étalez-la entre deux feuilles de papier sulfurisé. Mais n'oubliez pas de les retirer avant la cuisson !

En savoir plus ⟶ Pétrir, pages 14-15, Pour se rassasier, page 146
En savoir plus sur le rouleau à pâtisserie ⟶ Les 17 ustensiles indispensables, page 26

Mettre dans le moule, démouler

Beurrez généreusement un moule sans rayures, ou utilisez du papier sulfurisé • Répartissez régulièrement la pâte • Enfournez (tout ce qui lève dans le bas du four, le reste à mi-hauteur) • Laissez tiédir 10 minutes en fin de cuisson • Décollez les bords • Démoulez en mettant un plat à l'envers sur le moule • Retournez et attendez • Si rien ne vient, secouez • Si rien ne se passe encore, entourez d'un torchon mouillé

L'astuce de tante Alice : ne laissez pas refroidir entièrement le gâteau dans le moule, vous auriez trop de mal à le démouler

En savoir plus ⟶ Les purs, page 32
En savoir plus sur les moules ⟶ Les 17 ustensiles indispensables, page 26

Le test du bâtonnet

Percez le gâteau avec un bâtonnet en bois, ressortez-le • Si de la pâte reste collée dessus, poursuivez la cuisson • Si le bâtonnet ressort propre, il est temps de sortir le gâteau du four

La bonne température

Dans cet ouvrage, les correspondances de température pour les différents types de four sont indiquées dans chaque recette ainsi que dans le tableau ci-dessous. Nous y avons ajouté le thermostat pour les fours à gaz.

Cuisson sans chaleur tournante	avec chaleur tournante	au gaz
100 °C	80-90 °C	1/2
150 °C	140 °C	1
180 °C	160 °C	2
200 °C	180 °C	3
225 °C	200 °C	4
250 °C	220 °C	5

L'astuce de tante Alice : chaque four cuit différemment. Pendant le dernier quart d'heure, il faut donc vérifier plusieurs fois la cuisson et noter, sur la recette, le temps idéal du vôtre.

En savoir plus sur le four ⟶ Les 17 ustensiles indispensables, page 27

Finaliser

Après la cuisson

Fouetter la crème

Versez la crème fraîche bien froide dans un saladier • Battez doucement à l'aide d'un batteur • Lorsque la crème commence à épaissir, accélérez le mouvement • Ajoutez le sucre juste avant d'atteindre la bonne consistance • Arrêtez-vous au bon moment, sinon vous aurez du beurre !

L'astuce de tante Alice : faites refroidir également le saladier et le fouet

Les 7 ingrédients indispensables, page 9/ Finaliser, page 20
Décorer, pages 22-23

Faire fondre le nappage

Faites chauffer de l'eau dans une casserole • Placez dans cette casserole le récipient contenant le chocolat en morceaux • Faites fondre en remuant sans cesse • Pour une pâte ou une crème, ajoutez les autres ingrédients sans cesser de remuer • Pour le nappage et la décoration, faites fondre les 2/3 du chocolat. Hors du feu, ajoutez le reste du chocolat et laissez fondre en remuant. Laissez refroidir jusqu'à ce que le mélange se solidifie • Remettez au bain-marie et amenez le nappage à 35 °C.

L'astuce de tante Alice : mesurez la température avec un thermomètre neuf

En savoir plus sur le nappage ⟶ Les 16 douceurs, page 18
En savoir plus sur la décoration ⟶ Décorer, pages 22-23

Faire du café au filtre

Par tasse de 15 centilitres, mettez une cuillerée à soupe bien pleine dans le filtre, et une supplémentaire pour la cafetière • Versez un peu d'eau bouillante pour mouiller • Remplissez le filtre d'eau, laissez écouler, etc. • Buvez votre café dans les 30 minutes, c'est là qu'il est le meilleur.

L'astuce de tante Alice : si votre eau est très calcaire, ajoutez une mini-pincée de sel au café moulu

Chocolat chaud, page 56 / Les couleurs du café, page 84
Le thé, page 106

Utiliser les restes d'un œuf

Avec le blanc d'œuf : panez vos escalopes • Collez des bords de pâte ensemble • Aérez votre pudding avec du blanc en neige • Faites des meringues. Avec du jaune d'œuf : étalez-le au pinceau sur une brioche • Ajoutez-le à une pâte à crêpes • Incorporez-le à une soupe chaude.

L'astuce de tante Alice : faites de la liqueur à l'œuf

Le reste de l'œuf, page 146 (avec la recette de la liqueur à l'œuf)

Un simple gâteau

Et un petit rien en plus.

Pour Joséphine, rien ne surpasse un bon gâteau au chocolat hormis, peut-être, deux gâteaux au chocolat. Marc est divin aux fourneaux, mais il ne sait faire que les muffins au citron, le reste est un enfer. Anne-Sophie a un four à peine plus âgé qu'elle et réussit trois fois mieux la tarte aux pommes que sa mère. Martine peut bien faire ce qu'elle veut, le résultat est toujours différent de ce qu'elle attend.

Pour Cédric, la création de son gâteau espresso-mascarpone est un véritable rituel, faire la cuisine, +en revanche, est trop banal. « Bien sûr, renchérit Agathe, impossible d'être bon sur tous les tableaux. » Annick, Domi et Pierre-Antoine savent cuisiner depuis qu'ils connaissent *Cuisinez entre copains*. Ils aimeraient maintenant passer aux desserts.

Reste Arielle. Qui adore les gâteaux et déteste les faire.

Ce livre est pour Joséphine, Marc, Anne-Sophie, Martine, Cédric, Agathe, Annick, Domi et Pierre-Antoine. Et pour tous les amis de *Cuisinez entre copains* qui veulent s'essayer à la tarte aux pommes, au flan aux raisins, au clafoutis aux cerises, à la tarte Tatin, aux cookies aux pépites de chocolat, à la focaccia au romarin ou aux bouchées à la vapeur. Nous nous sommes donc (une fois de plus) mis dans la peau des hommes primitifs et nous avons réinventé le feu, l'imprimerie et le savarin aux fraises. Nous avons concocté cet ouvrage avec plus de 100 recettes incroyables ou inédites pour vous aider à lutter contre le blues du dessert et la torture de l'entremet.

Avons-nous pour autant réussi à en faire un livre pour Arielle ? Oui. C'est avant tout un livre pour Arielle. Et pour tous ceux qui, à partir d'aujourd'hui, seront invités à passer prendre le thé et un gâteau chez elle.

basic

basic

Ce qu'il faut savoir

«Sept ingrédients et ce qu'ils font dans un gâteau»

«Tu ne pourrais pas nous faire un petit gâteau au chocolat, vite fait ? » Hélas ! non. La cuisine est, parfois, vite préparée, la pâtisserie, jamais. En revanche, c'est bien plus simple : du beurre, du sucre, des œufs et de la farine, la moitié du travail est déjà faite. Ajoutez de la ricotta, de la cannelle et fouettez vigoureusement pour aérer la pâte, et voilà un bon dessert. Avec de la pâte d'amandes, de la crème fraîche et quelques dragées, c'est un véritable gâteau de fête !

«Fouetter, battre, lier...»

Cela pourrait faire peur. Pourtant, la pâtisserie n'a rien de très violent. Au contraire, le pâtissier doit savoir encore plus précisément que le cuisinier à quel moment incorporer le beurre et battre les œufs. Car lorsque la pâte est dans le moule et le moule au four, la partie est déjà jouée. L'avantage, c'est qu'on peut alors s'asseoir et se reposer. Voilà une activité ni dangereuse, ni fatigante.

Sept ingrédients
et plus encore...

La farine

à l'origine : « céréale moulue »
angl. *flour* ; all. *Mehl* ; ital. *farina*

Pour faire de la pâtisserie, il faut de la farine qui donne la tenue nécessaire. Au moment de la préparation de la pâte, les autres ingrédients s'y accrochent fermement. Plus tard, dans le four, c'est encore elle qui assure la cohésion de l'ensemble. En l'occurrence, elle joue le rôle du mortier dans un mur : elle ne commence à agir qu'une fois humide et lorsqu'elle sèche, tout tient parfaitement en place.

La raison en est simple, la farine fait des grumeaux, ou plus exactement, la fécule qu'elle contient attire et retient tout liquide, qu'il s'agisse d'un œuf ou de fromage blanc. Même si on n'y ajoute que de l'eau, la cuisson ne transforme pas le mélange en un morceau de bois. Car la farine contient également une albumine spéciale qui est alors activée et devient collante au pétrissage, formant à l'intérieur de la pâte un réseau régulier dans les mailles duquel de petites bulles d'air sont retenues prisonnières. Dans le four, l'eau contenue dans la pâte se met à bouillir, la vapeur fait éclater les bulles d'air et le maillage farineux devient plus ferme. En fin de cuisson, on obtient un résultat tout à fait correct.

La meilleure farine est celle de froment, qui contient cette albumine en grande quantité. Dans cet ouvrage, le mot « farine » signifiera toujours farine de froment. Elle est de couleur claire car elle a été moulue sans germes et sans écorce. Si ces deux éléments sont présents, la farine est alors complète. Presque toutes les recettes de cet ouvrage peuvent être réalisées avec ce type de farine, il suffit d'ajouter un peu plus de liquide. La fécule, quant à elle, est obtenue à partir de pomme de terre ou de maïs. Ajoutée à de la farine, elle rend le gâteau plus léger. Seule, elle permet de lier les crèmes pâtissières. La semoule (extraite du blé dur), la chapelure, la poudre d'amandes ou la poudre de noisettes peuvent en partie remplacer la farine.

Le sucre

à l'origine : « galet »
angl. *sugar* ; all. *Zucker* ; ital. *zucchero*

Le sucre transforme le pain en gâteau et il est un parent au deuxième degré de la farine. C'est pourquoi il peut la remplacer ponctuellement. Ajouté aux œufs, par exemple, il les épaissit juste assez pour qu'ils moussent lorsqu'ils sont battus. Cependant, contrairement à la farine, le sucre n'est pas un liant, même s'il est encore plus avide d'humidité. C'est en raison de cette soif que les pâtes sucrées/liquides doivent être enfournées sans attendre, pour éviter qu'elles ne se répandent. Le sucre en poudre est le plus fréquemment utilisé ; le sucre à gros grains est parfait lorsqu'il faut battre longtemps ; quant au sucre glace, il se dissout à grande vitesse et se prête donc mieux au glaçage qu'à l'élaboration de la pâte. La qualité première du sucre, c'est d'être... sucré. Et dans le fond, cela plaît à tout le monde. Les nouveau-nés eux-mêmes choisissent d'emblée la nourriture la plus sucrée. De toute évidence, dès la grossesse la mère transmet à son enfant les signaux ancestraux utiles à la survie : le sucre donne la forme (parce qu'il passe tout de suite dans le sang), il rend intelligent (parce qu'il nourrit le cerveau), il rend fort (parce qu'il nourrit les muscles en même temps) et il rend heureux (parce qu'on se sent choyé). À notre époque troublée, les signaux ancestraux ne sont plus aussi clairement décodés. Peut-être parce qu'on s'imagine qu'un gâteau accompagné d'une tasse de café et dégusté au fond d'un fauteuil est à lui seul source de force et de bonheur. Mais le bonheur ne dépend pas d'un facteur unique. Le secret, c'est une vie et une table multicolores. Et pouvoir manger du gâteau sans mauvaise conscience. Mais n'oubliez pas de vous brosser les dents. Nous cesserons là nos conseils.

Qu'en est-il du sucre roux ? Est-il meilleur ? Au mieux, il s'agit d'un sucre à qui on a épargné le dernier lavage avant la mise en sachet. Il a un goût de malt et de caramel, surtout lorsqu'il s'agit de sucre de canne. Et les édulcorants ? Ils permettent aux diabétiques de manger des gâteaux. Ceux qui les utilisent pour essayer de maigrir feraient mieux de supprimer complètement les desserts.

Le beurre

à l'origine « fromage de vache »
angl. *butter* ; all. *Butter* ; ital. *burro*

Grâce aux liaisons qu'il permet, le beurre affine la pâte. S'il est battu longuement, jusqu'à atteindre une consistance crémeuse, il se divise en de nombreuses petites bulles de gras qui réduisent les mailles du réseau farineux à l'intérieur de la pâte : à la cuisson, on obtient alors une pâte sablée. Si le beurre est ajouté en gros morceaux à la pâte, la farine aura tendance à moins se lier : on obtiendra alors une pâte brisée. Toutes deux ont en commun ce merveilleux goût de beurre qui se développe particulièrement à la cuisson : sous l'effet de la chaleur, le beurre se liquéfie et « cuit » le gâteau. C'est pourquoi un gâteau au beurre est toujours un peu mou lorsqu'il sort du four et se solidifie en refroidissant.

Le beurre est fabriqué à partir de la crème contenue dans le lait. Pour écrémer le lait, il suffit de le battre assez longtemps : le liquide se sépare alors des petites boules de gras qui s'agglutinent ensemble. À la fin du processus, on obtient du beurre d'un côté et du babeurre ou petit-lait de l'autre. Il faut 6 litres de lait pour obtenir un morceau de beurre de 250 grammes. Il est possible de remplacer le beurre par du saindoux, mais uniquement pour des desserts plus rustiques. La margarine peut être utilisée en pâtisserie, mais uniquement si elle ne contient pas trop d'eau. Prenez, alors, de la margarine à cuire, spéciale pour pâtisserie, et évitez la margarine à tartiner.

L'œuf

à l'origine « de l'oiseau »
angl. *egg* ; all. *Ei* ; ital. *uovo*

Il est bien possible que la poule ait précédé l'œuf, mais c'est lui qui a véritablement réussi. Il y en a toujours au moins un dans chaque cuisine, et lorsque vient le temps de faire des gâteaux c'est parfois jusqu'à douze qu'il en faut. L'œuf de poule apporte au gâteau des notions de physique avancée ainsi qu'un morceau de pure nature. En fonction de son utilisation, il rend le gâteau tour à tour léger, fondant ou croquant. Ou les trois à la fois.
Voilà comment cela fonctionne : lorsque l'œuf est vigoureusement battu, il gonfle. À chaque nouveau passage du fouet, il forme de nouvelles petites bulles qui grossissent en se gorgeant d'air. À la fin, on obtient une mousse légère qui élargit le réseau farineux à l'intérieur de la pâte et la fait gonfler à la cuisson. Ainsi, un œuf aère et allège le gâteau. Le jaune, plus gras, garantit souplesse et liant, tandis que le blanc, à haute teneur en albumine, apporte le croquant. Le blanc d'œuf peut également être battu seul : on obtient alors une mousse épaisse et ferme appelée « blanc en neige ».
Pour obtenir un meilleur résultat, il faut utiliser des œufs âgés d'une semaine. C'est là qu'ils sont au mieux de leurs forces. Ils cessent d'être frais après trois à quatre semaines d'existence au réfrigérateur. Lorsque l'œuf est vieux, on le sent battre contre la coquille lorsqu'on l'agite, parce que le blanc s'est liquéfié. Un œuf frais ne réagit pas de la même façon. Lorsqu'on l'ouvre, le blanc est ferme et le jaune bien galbé. Le poids a également son importance : nos recettes sont conçues avec des œufs de taille moyenne (53 à 63 grammes), mais il existe de gros œufs (jusqu'à 73 grammes), de très gros œufs (supérieurs à 73 grammes), et des œufs plus petits (moins de 53 grammes).

La crème

angl. *cream* ; all. *Sahne* ; ital. *panna*

Avec la crème fleurette commence le luxe dans la pâtisserie. Son heure vient longtemps après que vous ayez éteint le four. Une fois fouettée, elle est étalée sur la pâtisserie ou en couche épaisse à l'intérieur. Le résultat est un gâteau à la chantilly. Elle peut également être servie à part avec une tarte aux fraises. Plus qu'un luxe, elle répond alors à un véritable besoin.
La crème fouettée représente souvent « la cerise sur le gâteau ». À la fois aérée et lourde, elle donne la substance idéale à un fond de tarte et adoucit agréablement les tartes aux fruits acidulés. Si elle est si bonne, c'est grâce à l'air et aux matières grasses qu'elle contient, qui exaltent tous les arômes. Le principe est le même qu'avec les blancs d'œufs en neige : lorsque la crème est fouettée, les bulles d'air se multiplient et elle devient mousseuse. La présence de matières grasses la rend particulièrement fine et stable.
Elle ne prend le nom de crème Chantilly que si elle contient au minimum 30 % de matières grasses. Avec une teneur moins élevée, de l'ordre de 28 %, ce n'est que de la crème sucrée, mais elle se laisse néanmoins bien fouetter et lier. La crème fraîche, plus épaisse et plus acide, contient généralement de 20 % à plus de 30 % de matières grasses, et vous pouvez la mélanger directement à la pâte, qui devient alors très fondante. Elle peut être remplacée par du yaourt, du fromage blanc ou de la ricotta, qui tous font gonfler le gâteau à la cuisson.

L'air

La pâte brisée n'a pas besoin d'être aérée parce qu'elle n'a pas pour vocation de monter beaucoup. La pâte à biscuit non plus, car les œufs qu'elle contient se sont déjà chargés de l'alléger. Cependant, les pâtes à lever, plus lourdes, ont besoin d'air pour se transformer en gâteau.
La légèreté d'une pâtisserie dépend d'un composant de l'air : l'anhydride carbonique. Ce terme ingrat cache un gaz familier que l'on retrouve dans l'eau minérale, par exemple. Il fait son apparition lorsque des éléments donnés entrent en contact lors de la confection de la pâte, comme la poudre à lever (levure chimique) et l'eau. Il ne se passe pas grand-chose dans un premier temps, mais avec la chaleur du four, la pâte se met véritablement à produire de l'anhydride carbonique qui fait gonfler le gâteau.
Avec la levure de boulanger, les choses sont un peu différentes, car elle agit surtout au moment de la confection de la pâte. Réchauffée et alimentée par la farine et le sucre, la levure émet alors des gaz qui peuvent faire doubler de volume la pâte. La levure peut être utilisée fraîche (diluée dans de l'eau) ou sèche (mélangée à de la farine). Un sachet de levure sèche équivaut à 1/2 cube de levure fraîche.

Le safran et le sel

angl. *safran and salt* ; all. *Safran und Salz* ; ital. *zafferano e sale*

Ces deux ingrédients sont peut-être tombés en désuétude, mais ils font pourtant bien partie des sept éléments indispensables de la pâtisserie. Le safran et le sel entrent dans la catégorie des épices, qui autrefois étaient essentiellement européennes : anis, fenouil, coriandre, cumin et safran. Ce dernier poussait même en Angleterre, et de nos jours on le récolte encore en Suisse. Entre-temps, les épices exotiques nous sont devenues plus familières : gingembre, cardamome, muscade, clou de girofle ou cannelle. Européennes ou non, le secret est de les mélanger à la farine pour qu'elles se répartissent régulièrement.
Reste le sel, dont une petite pincée améliore un gâteau en opposant un peu de piquant à la douceur du sucre qu'il contient, donnant ainsi de l'ampleur à son goût. Les pâtissiers professionnels connaissent bien ce secret : les plus doués vont même jusqu'à poivrer leur pâte, ce qui renforce encore cet effet gustatif.

Mélanger

Ce chapitre est le point d'entrée idéal pour les apprentis pâtissiers qui savent déjà faire la cuisine : ils savent mélanger et ce qu'est une cuillère en bois ; c'est presque suffisant pour faire une pâte sablée. Pour ceux qui préfèrent les mélanges plus rapides, il y a la pâte à choux - laquelle se fait en un tournemain sur le feu.

La pâte sablée

C'est la pâte idéale pour ceux à qui des directives facilitent la vie. Directive n° 1 : au début, cette pâte doit être vigoureusement mélangée. Directive n° 2 : à la fin, il faut cesser de pétrir cette pâte. Directive n° 3 : si vous avez bien suivi les directives n° 1 et n° 2, vous serez récompensé par un beau morceau de gâteau bien fondant.

Mixeur et cuillère en bois

Un mixeur à main muni de deux fouets est suffisant si le récipient utilisé est aussi solide et stable que celui d'un robot. En outre, s'il a une contenance de plus de 3 litres, vous pouvez même y préparer une pâte à kugelhopf. Pour la pâte sablée, le moule idéal est étroit et à bord haut car elle a tendance à s'étaler en largeur. N'oublions pas non plus la cuillère en bois avec un trou au milieu.

Les quatre ingrédients…

… Beurre, sucre, œufs et farine doivent rester pendant deux heures dans la cuisine à température ambiante, ce qui leur permettra de se mélanger à la perfection. Commencez avec le beurre et le sucre, qu'il faut battre jusqu'à obtenir un mélange blond et crémeux (photo 1). Cela ne fonctionne que si le beurre est tiède et mou. C'est ensuite le tour des œufs à température ambiante, que vous ajoutez un à un. Dans le récipient, vous avez maintenant une mousse épaisse, grasse et jaune. C'est le moment de cesser de remuer et d'ajouter la farine, qui gonfle un peu plus à chaque tour de cuillère en bois.

Pour une pâte riche (avec la même quantité de beurre, de farine et d'œufs) il est temps, maintenant, de passer à la cuillère à trou (photo 2). Vous vous en servez juste le temps d'incorporer la farine. Si la pâte est moins riche (environ moitié moins de beurre que de farine, et une dose de levure en poudre), la moitié de la farine peut être mélangée à l'aide du mixeur, la cuillère étant utilisée pour le reste. La pâte sablée se fera plus légère si vous lui ajoutez les blancs d'œufs battus en neige à la fin. Mélangez-en un tiers à la pâte en même temps que la farine, incorporez ensuite le reste avec précaution.

… Enfournez, c'est prêt

Cette pâte doit être mise au four immédiatement, sinon elle se liquéfie et la levure en poudre perd son efficacité. Il faut donc beurrer le moule, y verser la pâte en tapotant le fond et faire cuire dans un four à 180 ou 200 °C. Si vous utilisez un moule à kugelhopf, placez-le en bas du four. Pour un moule à cake ou des moules à biscuit, enfournez à mi-hauteur. Une fois cuit, laissez le gâteau reposer 10 minutes, ce qui vous permettra de le démouler plus facilement. Laissez-le refroidir sur une

1

2

grille, et dégustez-le le lendemain : il sera bien meilleur après une nuit de repos. Bien emballé, vous pouvez le garder une semaine et plus.

La pâte à choux

C'est la pâte idéale pour tous ceux qui veulent toujours se distinguer en faisant « original » tout en sachant exactement ce qu'ils font. Elle se prépare à la casserole jusqu'à former une boule, elle se cuit sans moule, et, lorsqu'elle est terminée, elle se coupe en morceaux. Pour finir, vous obtenez toujours de la pâtisserie fine.

La casserole

Comme la pâte à choux se prépare sur le feu, il vous faut une casserole. Cette dernière doit avoir une contenance d'au moins 3 litres, un fond épais, et un manche qui permette de bien la tenir en main. Le mélange se fait à l'inverse de la pâte sablée : commencez avec la cuillère à trou pour finir avec le mixeur. Disposez ensuite la pâte à choux sur une plaque à l'aide d'une cuillère à soupe ou d'une poche à douilles.

L'eau...

La pâte à choux peut être réalisée avec de l'eau (laquelle se mélange facilement et donne une pâte qui reste claire à la cuisson) ou du lait (qui attache un peu mais fait dorer la pâte). Faites chauffer le liquide avec le beurre et retirez du feu dès l'ébullition pour que rien ne s'évapore. Pour réussir votre pâte à choux, faites attention à bien respecter les quantités indiquées. Ajoutez la farine d'un seul coup, remettez sur le feu, et remuez avec la cuillère jusqu'à obtention d'une boule bien lisse (photo 3) : elle peut maintenant absorber tout l'air du monde.

Cet élément indispensable, ce sont les œufs qui l'apportent. Pour éviter qu'ils ne se figent en entrant en contact avec la pâte, laissez d'abord celle-ci refroidir un quart d'heure dans un récipient, puis incorporez les œufs entiers un à un. La bonne consistance est atteinte lorsque la pâte, luisante, colle à la cuillère et qu'elle ne se déforme pas lorsqu'on la dispose sur la plaque avec la poche à douilles.

...Le four

Que vous l'ayez mise sur la plaque à l'aide d'une poche à douilles ou d'une cuillère, la pâte à choux doit cuire à mi-hauteur dans un four à 200 °C minimum, sinon elle se dessèche et fait grise mine. Comme la farine a déjà beaucoup gonflé dans la casserole sous l'effet de la chaleur, elle assure la cohésion de la pâte lors de la cuisson. Ce sont les œufs et le liquide qui, en cuisant, forment de la vapeur et font gonfler la pâte comme un ballon. La situation reste donc tendue dans le four jusqu'à la fin, ce qui explique pourquoi la porte ne doit pas être ouverte avant le dernier tiers de la cuisson. Une fois cuite, placez la pâte sur une grille. Si vous devez l'ouvrir pour faire des choux à la crème, par exemple, faites-le sans attendre pour éviter que l'intérieur ne se ramollisse. La pâte à choux est meilleure lorsqu'elle est fraîche, mais vous pouvez sans problème la congeler dès qu'elle a fini de refroidir et l'utiliser ultérieurement.

3

Fouetter

Rien n'est plus fragile que le biscuit, et pourtant rien n'a besoin d'être autant fouetté que lui. Dans le mélange, c'est l'œuf qui encaisse toute la violence, ou plus exactement le blanc d'œuf. Utilisé seul, ce dernier permet de faire des meringues – la plus douce des friandises qu'un oeuf puisse donner.

Le biscuit

Même dans des quantités non industrielles, la pâte à biscuit utilise un grand nombre d'œufs. Vous pouvez la préparer selon la recette classique (avec le jaune d'œuf battu et le blanc en neige), à la viennoise (avec le jaune d'œuf tiède battu et du beurre fondu), ou à notre façon. Dans tous les cas, ajoutez la farine à la fin, mais très doucement !

Un coup de fouet pour un peu d'air

L'ustensile le plus important, en l'occurrence, est le batteur électrique. Si vous le souhaitez, vous pouvez aussi battre les blancs en neige à la main, mais comptez bien 45 minutes pour les faire monter, et préférez dans ce cas un fouet mécanique que vous maintiendrez dans le récipient de 3 litres déjà évoqué plus haut. Lorsque vous en serez à incorporer la farine, le fouet à main conviendra parfaitement. La chose à faire est d'utiliser un grand tamis (voir un peu plus loin). La pâte à biscuit se cuit de préférence à plat, dans un moule démontable ou directement sur la plaque.

L'œuf se sépare…

Afin que tous les ingrédients de la pâte à biscuit se mélangent avec souplesse, le blanc d'œuf doit être soigneusement séparé du jaune, car une seule goutte de celui-ci suffit pour qu'il ne puisse être battu en neige ferme. Les grands pâtissiers y réussissent d'une seule main, sans sourciller, mais pour nos besoins plus basiques nous renoncerons à vous expliquer leur technique.

Dans l'ordre, commencez par frapper l'œuf d'un geste sec sur le rebord, fin mais solide, d'un récipient. Si vous n'êtes pas sûr de vous, séparez chaque œuf au-dessus d'un bol différent dont vous transvaserez le contenu dans le récipient en cas de succès. De cette façon, une maladresse ne vous coûtera qu'un œuf. Quant aux téméraires qui préfèrent travailler directement au-dessus du grand récipient, soyez sûr d'une chose : c'est toujours le dernier œuf qui rate, de préférence après la fermeture des magasins et au moment où vos voisins viennent de faire une omelette avec leurs derniers œufs. Vous frappez donc l'œuf sur sa partie médiane d'un geste « sec mais non brutal ». S'il est déconseillé de briser entièrement la coquille, ne vous contentez pas non plus d'une fêlure superficielle, car dans les deux cas vous risquez de percer le jaune et de faire tomber des bouts de coquille dans le blanc. Après avoir frappé l'œuf, posez vos pouces de part et d'autre de la fêlure en maintenant l'arrière de l'œuf à l'aide de vos autres doigts, et redressez-le à la verticale. D'une main, repoussez la moitié supérieure de la coquille vers l'arrière. Une partie du blanc glisse dans le récipient, tandis que le jaune et l'autre partie du blanc restent dans la moitié inférieure de la coquille. Versez délicatement le jaune dans l'autre moitié de la coquille en laissant, une fois encore, le blanc glisser dans le récipient (le jaune doit rester entier). Répétez une fois la procédure pour une séparation parfaite. Dans le doute, mieux vaut laisser un peu de blanc avec le jaune que l'inverse.

… l'œuf se fouette…

Dieu devait être dans un jour faste lorsqu'il a inventé l'œuf, au design et à l'emballage si hautement fonctionnels, mais ce n'est pas tout : la transformation du blanc en neige est en soi un petit miracle. La science, quant à elle, explique le phénomène de la façon suivante : lorsque le blanc d'œuf est fermement battu, ses composants se séparent pour se regrouper ensuite sous forme de bulles gorgées d'air. À chaque passage du fouet, ces bulles deviennent plus fermes, plus grandes et plus nombreuses, jusqu'à ce que leur ensemble ne forme plus qu'une grosse portion de mousse. Cela réussit le mieux lorsque le blanc d'œuf est bien froid et qu'on y

ajoute une goutte de jus de citron ou une pincée de sel pour le stabiliser. Si vous vous servez d'un fouet manuel, veillez à battre l'œuf régulièrement, pour que les bulles de blanc puissent se former, et utilisez un récipient qui ne soit ni trop étroit ni trop haut. Les professionnels ne jurent que par un départ lent et une accélération progressive, mais si vous battez les blancs vigoureusement dès le début cela fonctionnera aussi.
Si vos blancs en neige ne sont pas assez fermes, c'est le moment d'y ajouter du sucre en poudre. (Si vous l'aviez fait dès le début, il se serait gorgé d'humidité et aurait empêché les blancs de monter.) Faites-le tomber en pluie tout en continuant de battre ; cela a pour effet de cimenter les bulles entre elles. Vous obtenez ainsi une mousse compacte et brillante dans laquelle le couteau trace une coupure nette (photo 1). En fonction de la puissance de votre fouet électrique, ce résultat s'obtient en 10 à 15 minutes. Attention : si vous battez les œufs trop longtemps, l'air reprend sa liberté.

... l'œuf se mélange

Pour éviter que le liquide ne se sépare, enchaînez sans attendre avec le mélange du blanc et du jaune – à notre façon. Incorporez donc un jaune d'œuf après l'autre aux blancs en neige, jusqu'à leur disparition complète, et vous obtiendrez un beau mélange bien mousseux (photo 2). Oui mais, normalement, c'est bien le jaune qu'il faut faire mousser, non... ? Et n'est-ce pas le blanc qu'on incorpore au jaune... ? Certes, mais à quoi bon se donner toute cette peine si, à notre façon, vous réussissez un biscuit tout aussi bon ?
Cela dit, il manque encore la farine. En la tamisant et en l'incorporant avec précaution, vous redonnez une nouvelle légèreté à la pâte. Voilà comment procéder : tamisez la farine sur les blancs en neige, enfoncez le fouet, et ressortez-le lentement en lui imprimant une légère rotation. Recommencez. Encore. Et encore. Arrêtez-vous dès que la farine a disparu pour conserver le maximum d'air au mélange.

... et enfournez

Vous devez mettre immédiatement votre préparation au four pour éviter que l'air ne s'évapore. Utilisez du papier sulfurisé, mais tapissez-en uniquement le fond de votre moule ou de la plaque de cuisson pour ne pas empêcher la pâte de lever. Il est important, pour éviter un brunissement irrégulier, de bien égaliser la surface. Après une cuisson à 180 °C (moule démontable) ou à 200 °C (plaque), laissez refroidir le biscuit quelques instants avant de le faire glisser sur une grille en enlevant le papier. Si vous souhaitez en tapisser un fond de tarte, laissez-le reposer une nuit entière. Sinon, la règle est simple : plus il est frais, plus il est savoureux.

La meringue

La pâte à meringue est une pâte à biscuit sans jaune d'œuf et sans farine. En d'autres termes, il s'agit de blancs en neige avec une grande quantité de sucre en poudre (par exemple, 4 blancs + 200 grammes de sucre + quelques gouttes de jus de citron). Plutôt que de cuire les meringues, on les fait sécher à 100 ou 120 °C pendant 60 à 90 minutes. Une chaleur plus forte les ferait brunir (un sacrilège) avant qu'elles ne soient bien sèches (une obligation). Pour atteindre une consistance parfaite, laissez-les toute la nuit sur la grille, four éteint. Stockez-les de préférence dans des boîtes en fer étanches.

Pétrir

Lorsqu'on met en présence beaucoup de farine et peu d'eau, il n'y a plus rien d'autre à faire que pétrir, malaxer et pétrir encore. Un véritable plaisir pour tous ceux qui apprécient l'exercice physique. Pour les autres, la fonction pétrissage de votre robot de cuisine devrait faire l'affaire. Si le pétrissage est long, vous obtenez de la pâte levée. S'il est court, ce sera une pâte brisée.

Pâte levée

Comparé à la voiture, l'avion est le mode de transport le plus sûr, mais en cas d'accident les chances de survie sont moins élevées. C'est un peu la même chose pour la pâte levée. Les possibilités d'erreur sont bien moins nombreuses que pour la pâte sablée ou la pâte brisée, mais si vous vous trompez, vous pouvez tout jeter à la poubelle. C'est pourquoi la pâte levée est la plus redoutée de toutes. Pourtant, un dé de levure est la créature la plus reconnaissante qui soit. Avec seulement un peu de nourriture, d'air et de chaleur, il réalise pour nous les plus beaux miracles : brioche au levain, crumble aux quetsches, pizza aux champignons. Seule sa manière de procéder peut sembler suspecte. À peine le dé de levure (environ 3,8 millions de cellules) entre-t-il en contact avec la pâte que l'orgie commence. Ses seules préoccupations sont désormais de manger, boire, se reproduire et émettre des gaz.

Un travail d'équipe

Pourquoi la levure agit-elle ainsi ? Regardons-la travailler. Elle est aidée par la farine et le liquide (lait ou eau), auxquels peuvent s'ajouter du sucre, de l'œuf et du beurre. La température de travail idéale se situe à 20 °C ; les ingrédients stockés au froid l'atteignent une heure ou deux après leur sortie du réfrigérateur. Émiettée dans le liquide, la levure est lissée et mélangée au reste des ingrédients. Inutile de laisser pauser trois fois ou d'ajouter de la matière grasse à la fin. Restons basiques. Cela marche toujours. (Seul le kugelhopf, plus lourd, a vraiment besoin d'un temps de pause.)

Le temps du repos…

Il est temps, maintenant, de pétrir. Vous pouvez utiliser un robot électrique ou un appareil manuel. Dans ce dernier cas, votre bras vous fera quand même mal au bout d'un moment. Le mieux est donc de tout faire directement à la main dans un récipient bien lourd et de grande taille. Vous commencez par travailler l'ensemble des ingrédients avec les doigts jusqu'à ce que la pâte forme une boule, puis vous continuez à la malaxer avec le poing. Passez ensuite la main sous la boule de pâte, soulevez-la et laissez-la retomber dans le récipient. Répétez l'opération jusqu'à ce que la pâte soit bien lisse. La farine doit bien gonfler pour produire un maillage stable à l'intérieur de la pâte.
Avec un peu de repos et de chaleur, la levure donne maintenant vie à la pâte. Recouvrez le récipient d'un torchon propre, de manière très classique, et posez-le dans un endroit éloigné du froid et des courants d'air (photo 1). Les cellules de levure, dopées à la fécule, passent maintenant en phase de reproduction active et émettent un gaz, l'anhydride carbonique, qui fait gonfler la pâte comme un ballon de baudruche. En d'autres termes, la pâte lève. (L'astuce du réfrigérateur : placez-y la boule de pâte, pétrie mais non levée, après l'avoir mise dans un récipient recouvert d'un torchon propre. Elle restera ainsi prête à utiliser pendant des heures, lèvera beaucoup plus lentement, pendant la nuit par exemple, et deviendra encore plus fine.)

… avant la cuisson

Si la pâte a doublé de volume, il faut de nouveau la pétrir pour que la levure reprenne de l'air. Ensuite, vous pouvez la tresser pour faire une brioche ou l'abaisser pour faire une pizza. Selon la recette, vous laissez reposer de nouveau ou vous mettez au four directement. À partir de 50 °C, c'est la fin pour la levure. Elle laisse à la postérité une pâtisserie légère mais consistante que vous dégusterez sans attendre. Si vous désirez la congeler, faites-le pendant qu'elle est encore tiède.

Pâte brisée

Cette pâte n'a rien en commun avec ses sœurs dûment malaxées. Moins on la touche, mieux elle se porte. Et comme elle ne fait aucun cas du levain, sa vocation est de rester plate et d'apparence modeste sans pour autant perdre de sa finesse – ce qui explique pourquoi les stars des gâteaux et des tartes l'utilisent aussi volontiers.

1

2

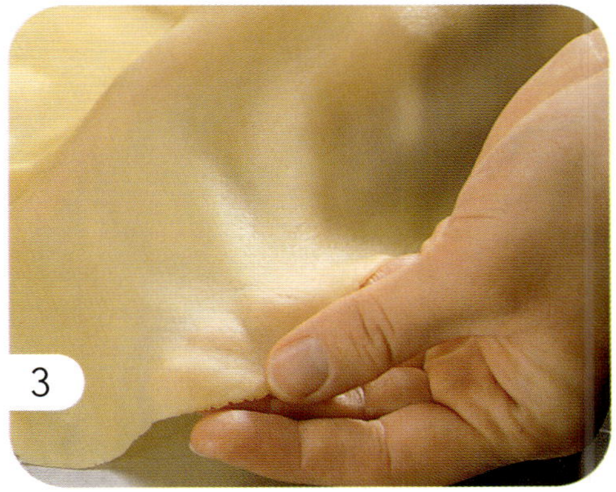
3

La méthode PVF

Le secret de la pâte brisée, c'est que la farine est mélangée directement avec le beurre sans aucun apport de liquide. Un beurre trop mou ferait rater la pâte. D'où la méthode PVF : pétrir, vite et à froid. Tous les ingrédients – farine, beurre, sucre, éventuellement, et œuf – ont passé la nuit au réfrigérateur avec le récipient et la mélangeuse. Commencez par couper le beurre en petits morceaux et mélangez-le au reste des ingrédients dans votre mixeur. Au début, vous aurez l'impression que cela ne donnera jamais rien (photo 2). Mais tout d'un coup, les miettes à l'aspect desséché se regrouperont pour former une masse grumeleuse. Éteignez immédiatement le robot : votre pâte est prête, et tout pétrissage supplémentaire ne ferait que lui nuire. Bien sûr, rien ne vous empêche de procéder selon la méthode classique, qui consiste à malaxer la pâte pendant des heures sur une plaque de marbre en vous refroidissant sans cesse les mains. Mais à quoi bon ?

Accélérez la cadence…

De même, faites l'économie de l'étape de refroidissement d'une demi-heure, et mettez directement la pâte dans un moule non beurré. Étendez-la et déposez-la dans ce moule. Si elle se déchire, pas de panique : placez les lambeaux de façon qu'ils se chevauchent généreusement, et aplatissez le tout à la main jusqu'à obtenir une épaisseur de 2 à 3 millimètres. Ce qui déborde vous servira à faire le bord. Lissez bien la pâte pour éliminer toute irrégularité. Ça y est, vous avez terminé. Si vous préférez étendre la pâte au rouleau, faites-le entre deux feuilles de papier sulfurisé pour qu'elle ne colle pas. Découpez-la ensuite à la taille du moule, mettez-la en place, et plaquez les bords à l'aide d'un doigt. Dans les deux cas, recouvrez hermétiquement le moule d'un film plastique et placez-le 1 heure au réfrigérateur. Il lui faut ce temps de récupération, après toutes ces manipulations.

… et enfournez…

Comme la pâte brisée sert le plus souvent de support dans les tartes aux fruits, elle doit cuire seule dans un premier temps. Cette précuisson a pour but de la rendre imperméable au jus qui s'échappera des fruits lors de la cuisson proprement dite. Pour ce faire piquez-la à l'aide d'une fourchette, puis recouvrez-la jusqu'au bord, sans appuyer, d'une feuille de papier d'aluminium. Remplissez ensuite le moule d'une couche de légumes secs (fèves, haricots, lentilles…) de 2 centimètres de hauteur, afin que le fond reste bien plat et que le bord ne s'affaisse pas à la cuisson, et mettez à four chaud, 200 à 220 °C, à mi-hauteur.

Deux outsiders à pétrir

Outre la pâte levée et la pâte brisée, il existe deux autres pâtes à pétrir. La pâte à strudel, présente presque exclusivement dans l'apfelstrudel, nécessite de l'habileté et l'utilisation de vos deux mains (voir page 58) pour l'étirer finement (photo 3) et envelopper sa garniture. La pâte au fromage blanc (par exemple pages 47, 76, 88, 156), quant à elle, est fascinante, d'une part en raison de ses ingrédients inhabituels, d'autre part du fait qu'elle représente une excellente alternative à la pâte levée.

graines de pavot
arômes
Almond
vanille
citron
amandes
couleurs
noix de coco
gélifiant
chocolat

Les 16 douceurs

Tout ce qui rend
votre gâteau meilleur

Les graines de pavot

angl. *poppy* ; all. *Mohn* ; ital. *papavero* ; indien *khus-khus*
Le pavot rend-il idiot ? Entraîne-t-il une dépendance ? Il est généralement mal vu en France, où tout cultivateur de pavot, même pépé au fond de son jardin, est considéré comme un dealer potentiel. S'il est vrai qu'on peut fabriquer de la drogue à partir des graines immatures, les graines arrivées à maturité, en revanche, sont aussi inoffensives que celles du coquelicot dans les champs de blé. On les utilise entières dans le pain au pavot et certaines pâtisseries relevées. Moulues, elles servent à fourrer certains chaussons ou brioches (dont on peut vraiment devenir « accro »).

Les arômes

angl. *aroma* ; all. *Aroma* ; ital. *aroma*
Au four, à 200 °C, même le rhum le plus fort ne fait pas le poids. Son arôme, en revanche, garde toute sa saveur, même en petite quantité. Les arômes sont parfaits pour la cuisson au four, surtout s'il s'agit d'arômes « naturels » et non « artificiels », c'est-à-dire d'huiles obtenues à partir de l'amande amère, du zeste de citron ou de la gousse de vanille. Ces arômes sont trop puissants pour être utilisés après la cuisson, où ils sont avantageusement remplacés par le kirsch pour la Forêt-Noire ou le Cointreau pour la tarte à l'orange. Et la liqueur d'œuf ? Plutôt qu'en saveur, c'est en œuf, en sucre et en moelleux qu'elle enrichit le gâteau.

La vanille

angl. *vanilla* ; all. *Vanille* ; ital. *vaniglia*
La gousse de vanille est le fruit d'une orchidée et n'obtient son arôme qu'une fois séchée. Pour atteindre la substance aromatique, il faut entailler la gousse dans le sens de la longueur et en gratter la chair avec le dos du couteau. Cette gousse peut être cuite entière dans du lait pour confectionner une crème, et la chair peut être incorporée à une pâte pour l'aromatiser. Les sachets contiennent le plus souvent de la vanilline, dont l'arôme artificiel est tiré de l'essence de girofle, de la résine d'épicéa, et surtout d'un résidu de la production de cellulose. Et le résultat n'est qu'une des trente substances qui composent le goût de la vraie vanille. Alors, autant prendre directement l'original.

Le citron

angl. *lemon* ; all. *Zitrone* ; ital. *limone*
L'acidité du citron se marie parfaitement avec les saveurs sucrées. Quant à son zeste, il contient de l'arôme pour dix gâteaux. Les deux ensemble peuvent faire des miracles, les amateurs de tarte au citron vous le diront. Pour leur utilisation en pâtisserie, les zestes doivent toujours être non traités et lavés à l'eau chaude avant d'être râpés. Attention : le jus de citron mélangé à l'œuf et/ou au beurre peut provoquer des grumeaux. Pour l'éviter, il suffit d'ajouter un peu de farine. Autre effet, positif cette fois : un peu de jus de citron raffermit les œufs en neige et empêche les pommes de s'oxyder. L'orangeat et l'écorce de citron confit sont parfaits pour la décoration des tartes et des gâteaux.

Les amandes

angl. *almond* ; all. *Mandel* ; ital. *mandorla*
En pâtisserie, l'amande est la reine. Vous la trouverez mondée ou munie de sa peau (passez-la au gril ou ébouillantez-la si vous désirez l'éplucher vous-même), effilée (pour la décoration), hachée, moulue (pour s'incorporer à une pâte), ou sous forme de pâte. Entreposée au frais, dans l'obscurité et dans un endroit sec, elle se garde six mois. Ses plus grands concurrents sont : la noisette (décortiquée, hachée, caramélisée, moulue, sous forme de nougat ; se garde six mois) ; le cerneau de noix (qui rancit vite sans son écorce) ; la cacahuète (la moins chère ; se garde neuf mois) ; le pignon de pin (aromatique, plus onéreux ; se garde six mois). La saveur de l'amande s'exprime lorsqu'elle est légèrement grillée.

Les couleurs

angl. *colour* ; all. *Farbe* ; ital. *colore*
Les colorants alimentaires n'interviennent dans les recettes que lorsqu'il s'agit de fourrer, glacer ou décorer la pâtisserie. Pour les tenants du naturel, le jaune d'œuf et le rouge de cerise sont exemplaires. Mais souvent trop pâles. Vous pouvez y remédier en passant au niveau 2 avec du sirop de framboise pour le rouge, du curcuma ou du safran en poudre pour le jaune, du caramel pour le brun. Le niveau 3 est atteint avec des produits naturels et sans saveur tels que la curcumine (E 100), la riboflavine (E 101) ou la quinoléine (E 104) pour le jaune, la cochenille (E 120) ou la bétanine (E 162) pour le rouge, la chlorophylle (E 140) pour le vert, et le caramel (E 150) pour le brun. Les plus raffinés peuvent colorer à la feuille d'or.

La noix de coco râpée

angl. *coconut* ; all. *Kokosnuss* ; ital. *noce di cocco*
Curieux coco : la chair du fruit est constituée par les fibres (celles du paillasson), tandis que l'écorce sert à faire du charbon de bois. La partie qui nous intéresse se cache en dessous : cette chair blanche, comestible, baignant dans un lait délicieux. Une fois séchée et râpée, elle sera essentiellement utilisée pour la confection de petits gâteaux. L'huile extraite de la noix de coco sert fréquemment en cuisine et se dissimule souvent dans les barres chocolatées où elle remplace le beurre de cacao. Le lait de coco existe sous forme épaisse (recommandée) ou fluide, non sucrée (recommandée) ou sucrée, et donne une touche d'exotisme aux crèmes.

Le gélifiant

angl. *gelling agent* ; all. *Tortenguss* ; ital. *gelatina*
Le gélifiant semble avoir été créé exclusivement pour les tartes et gâteaux aux fruits. Comme toutes les préparations en sachet, il est véritablement génial : un peu de fécule, de gélifiant (souvent extrait de l'algue rouge de l'Atlantique) et d'acidité (le plus souvent de l'acide tartrique), et n'importe quel liquide se transforme en un gel translucide et brillant qui s'étale sur les fruits et se fige en un instant. C'est vous qui choisissez le goût : avec de l'eau sucrée, le résultat n'est pas terrible, il est bien meilleur avec du jus de fruits frais ou une purée de fruits allongée. Le gélifiant peut également servir à lier les crèmes aux fruits (enfin !) dans les gâteaux fourrés.

Le chocolat

angl. *chocolate* ; all. *Schokolade* ; ital. *cioccolata*
Sans lui, la pâtisserie serait bien plus pauvre. Le chocolat a bon goût et il est pratique et simple à utiliser, surtout lorsqu'il est noir. Plus le chocolat contient de beurre de cacao, plus il est fondant à la chaleur et stable une fois refroidi. Pour les nappages, choisissez toujours le chocolat avec la plus haute teneur en beurre de cacao. Le chocolat au lait peut servir pour les crèmes et toutes les préparations privilégiant l'arôme plutôt que la consistance. Le chocolat à cuire contient si peu de beurre de cacao qu'il fond à peine dans le four. C'est donc le candidat idéal pour les pépites de chocolat dans les cookies.

Les 16 douceurs

Tout ce qui rend votre gâteau meilleur

La confiture

angl. *jam* ; all. *Konfitüre* ; ital. *confettura*
« Moi, je préfère la marmelade ! » Vraiment ? Du strict point de vue juridique européen, la marmelade est le produit de la cuisson d'agrumes avec du sucre. Le reste, qu'il s'agisse de fraises ou d'abricots, peut et doit s'appeler confiture. Plus il y a de fruits, moins il y a de sucre, meilleur est le résultat. Les confitures à faible teneur en sucre, pour lesquelles le marketing invente parfois de séduisantes appellations, sont idéales pour tapisser un fond de tarte ou napper un gâteau. Par ailleurs, elles remplacent avantageusement les fruits frais dans certains biscuits. À propos de substitut : le miel offre une alternative intéressante au sucre, même s'il contient 20 % de liquide en plus.

Le sachet

angl. *sachet* ; all. *Tüte* ; ital. *bustina*
Les préparations en sachets ont largement contribué à l'envie de faire des gâteaux. Elles apportent une aide précieuse en pâtisserie. Nous avons déjà évoqué la levure chimique ou le sucre vanillé. Reste à chanter les louanges de cette préparation à base de fécule, de sel, d'arôme artificiel et de colorant alimentaire, véritable ciment en poudre, qui permet de lier les crèmes et les fruits et enrichit la pâte. Quelques applaudissements pour la préparation à base de glucose et de fécule qui sert, le cas échéant, à figer la crème Chantilly. Quant au mélange fécule + arôme, il n'a que peu d'intérêt, car la fécule à elle seule est suffisante pour faire tenir un gâteau au fromage.

Les raisins secs

angl. *raisin* ; all. *Rosine* ; ital. *uva passa*
Par raisins secs on entend souvent les raisins de Smyrne ou sultanines, plus grands, plus clairs et plus moelleux que les petits raisins noirs de Corinthe. Qu'ils viennent de Californie ou de Grèce, ces raisins sont le plus souvent séchés au soleil. Une livre de raisins donne 100 grammes de raisins secs, pleins de sucre concentré. Déshydratés, dès qu'ils entrent en contact avec la pâte, ils lui proposent le marché suivant : « Donne-moi de ton liquide, je te donnerai de mon sucre. » C'est pourquoi les gâteaux nécessitent moins de sucre dès lors qu'ils contiennent des raisins secs, et restent moelleux plus longtemps. Cela est vrai également pour tous les autres fruits secs.

Les biscuits à la cuillère

angl. *sponge finger* ; all. *Löffelbiskuit* ; ital. *savoiardo* ; autr. *biskotte*
Pourquoi s'obstiner à tout faire soi-même lorsque d'autres y réussissent très bien ? Comme les biscuits à la cuillère pour une charlotte, par exemple. Ou les gâteaux secs pour le truffon froid. Sans parler du pain ou des croissants pour les soufflés sucrés et autres entremets, ou de la biscotte pour le fond d'une tarte Philadelphie. Qui aurait l'idée de les faire soi-même ? Cela dit, plus ces ingrédients prennent de place dans la pâtisserie, plus leur qualité est importante. En effet, seul le gâteau à la fraise confectionné avec les biscuits à la cuillère d'une bonne marque saura vraiment vous séduire.

Le cacao

angl. *cocoa* ; all. *Kakao* ; ital. *cacao* ; aztèque *cacahuatl*
Lorsque les fèves de cacao ont été grillées, épluchées, moulues et transformées en pâte de cacao, on les transforme en chocolat. On peut également en extraire le beurre de cacao pour obtenir du cacao en poudre à teneur moyenne (20 % de beurre de cacao) ou faible (10 % de beurre de cacao) en matières grasses. Contrairement au cacao soluble, il se dissout difficilement dans le lait. En revanche, il se dissout très bien dans la crème fraîche, qualité intéressante pour réaliser des crèmes chocolatées. Pour donner son goût au gâteau tout entier, il faut le mélanger à la farine. En solo, le cacao peut être saupoudré sur les tartes ou les truffes.

Les dragées

angl. *hundreds and thousands* ; all. *Liebesperle* ; ital. *coralli zuccherati*
Ces confettis au sucre sont un péché multicolore, un luxe presque décadent, car la combinaison « sucre, colorant alimentaire et rien d'autre « est une incorrection culinaire et diététique dont personne ne devrait avoir besoin. Mais les dragées transforment un simple gâteau en gâteau d'anniversaire et font étinceler les gâteaux de mariage. Ceux qui les trouvent trop vulgaires peuvent les remplacer par des roses en sucre. Vous trouverez plus de naturel dans les violettes ou les cerises candies, plus de goût dans les vermicelles de chocolat ou les carensacs. Quelles qu'elles soient, ces décorations doivent toujours être multicolores.

La pâte d'amandes

angl. *almond paste* ; all. *Marzipan* ; ital. *pasta di mandorle*
La pâte d'amandes brute se constitue d'amandes moulues, de sucre en poudre (35 % maximum) et d'arôme comme l'essence d'amande amère ou de rose. Plus elle est fine, plus elle est difficile à étendre pour tapisser un fond de tarte, par exemple. La pâte d'amandes peut se colorer et adopter n'importe quelle forme, ce qui la rend idéale pour la décoration des pâtisseries. Elle peut donner sa fermeté et son arôme à une pâte, ou fourrer des chaussons. Lorsqu'on mélange cette pâte à une nouvelle quantité de sucre en poudre (dont le poids ne doit pas excéder celui de la pâte), on obtient du massepain.

Finaliser

La pâte est cuite ? Très bien. Il reste encore à faire les finitions, notamment dans le cas d'une tarte aux fraises ou d'un gros gâteau à la crème. Vous allez maintenant retailler, fourrer et lisser pour vous préparer à la dernière étape, la décoration.

La tarte aux fruits

Un fond de tarte tapissé de fruits et nappé de gélifiant représente votre ticket d'entrée chez les confirmés. Si vous décidez d'acheter votre pâte à tarte déjà prête, nous fermerons les yeux. En revanche, les fruits en conserve ne sont envisageables qu'en cas d'amour fou pour les pêches au sirop ou de manque de temps absolu. Autrement, privilégiez les produits frais.

Les fruits, frais et moelleux

Les fruits tels que les fraises, les framboises, les raisins, les mangues, les kiwis, les papayes ou les figues peuvent être disposés directement sur le fond de tarte. Les abricots et les pêches doivent d'abord être épluchés (fendez-en la peau et plongez-les tour à tour dans de l'eau bouillante puis froide pour enlever la peau plus facilement) avant d'être cuits quelques minutes dans de l'eau sucrée. Vous pouvez également les utiliser crus. L'ananas doit toujours être cuit. Pour les mélanges de fruits, le résultat est parfait lorsque le sucré et l'acidulé s'équilibrent. Pour une meilleure conservation, protégez le fond de tarte d'un peu de fécule en pluie, d'une couche d'oublies ou de crème avant de disposer les fruits.

Le gélifiant

Préparez le gélifiant en suivant les indications imprimées sur le sachet. Le sirop, le jus de fruits, la purée de fruits ou le vin ne font que l'améliorer. Le fouet est proscrit parce qu'il fait des bulles. Le mélange se fait donc, doucement, à la cuillère. Pour répartir le gélifiant sur les fruits, utilisez une louche. Commencez par le milieu et terminez par les bords, sans hâte excessive mais en évitant qu'il ne fige dans le récipient. Vérifiez que la tarte brille bien sur toute sa surface, sinon rectifiez, puis mettez au réfrigérateur. Le temps de mettre la table, vous pourrez déguster votre chef-d'œuvre.

Préparer le gâteau

Lorsqu'on prépare un gâteau, le nappage est un avantage certain car il cache tous les défauts. Mais attention, les ratages sont d'autant plus évidents au moment de la coupe. D'où notre conseil, basique : soyez soigné et évitez toute exagération. Les gâteaux ne sont pas là pour durer éternellement. Encore une fois, c'est frais qu'ils sont les meilleurs.

La vue en coupe

À l'origine, ce gâteau (en pâte à biscuit) est à couper en deux, voire en trois tranches. Faites-le de préférence le lendemain de la cuisson, il risquera moins de s'émietter. Si le gâteau a été démoulé peu après la cuisson, les deux côtés doivent être lisses. Si ce n'est pas le cas, égalisez à l'aide d'un couteau. Ouvrez ensuite le gâteau en deux ou en trois, soit à l'aide d'un fil en nylon ou d'une ficelle (photo 1), soit avec un couteau dont la lame, fine et tranchante (mieux encore, une scie), est aussi longue que la largeur du gâteau. Commencez par imprimer une trace tout autour du gâteau, puis entamez-le en le maintenant d'une main et en le faisant pivoter à chaque passage de la lame. Répétez l'opération jusqu'à atteindre le milieu.

Une bonne garniture

Le plus souvent, le gâteau est fourré à la chantilly ou à la crème pâtissière. Il s'y ajoute parfois de la confiture ou un peu de liquide pour humecter le fond. S'il y a des fruits, comme dans la Forêt-Noire, figez-les dans leur jus avec un peu de fécule pour leur éviter de tomber au découpage. Plus la crème est lissée, plus le gâteau sera solide une fois fini. Les professionnels lissent à la palette, mais un grand couteau ou une spatule sont amplement suffisants.

Les bonnes finitions

Il est temps maintenant de recouvrir le gâteau avec le reste de la garniture. À cette fin, vous le replacez sur le fond du moule démontable et vous appliquez environ la moitié de la garniture restante sur le bord. Lissez à l'aide d'une palette ou d'une lame de couteau en imprimant un mouvement de rotation régulier au gâteau. Faites-vous aider par une personne de confiance si vous ne parvenez pas à tourner le gâteau tout seul. Si la garniture déborde un peu sur le dessus, ce n'est pas grave, puisque vous y étalez maintenant le reste. Lissez comme précédemment (photo 2).

Fouetter la crème

La garniture la plus courante d'un gâteau est la chantilly. Et, n'en déplaise à votre vendeur d'électroménager, elle peut se préparer sans robot électrique. La crème fleurette doit néanmoins être bien froide (ce qui nécessite un réfrigérateur et redonne le sourire à votre vendeur), ainsi que le récipient dans lequel vous la préparez. Ce dernier doit être grand et bien évasé pour que la crème ait l'espace suffisant pour se gorger de bulles d'air et pour que le fouet ait la place d'aller et venir. Un récipient métallique convient mais n'est pas nécessaire. Quant au fouet, il doit être large et pas trop rigide. Fouettez fermement, sans vous crisper, le bras tendu. Il vous suffit pour cela de poser le récipient dans le fond de l'évier, ou de le tenir à bout de bras de l'autre main. Le geste doit partir du poignet pour éviter toute fatigue à votre bras. Dans cette position, vous serez aussi efficace que n'importe quel robot ménager. Si vous utilisez un fouet mécanique, les consignes sont pratiquement les mêmes. Préférez un récipient évasé (l'opération sera peut-être plus longue, mais vous ne risquerez pas de faire du beurre à la place de la chantilly) dans lequel le fouet pourra se déplacer. Procédez lentement pour incorporer le plus de bulles d'air possible dans la crème avant qu'elle ne fige. Si vous vous servez d'un mixeur électrique, veillez à vous arrêter avant de faire du beurre. Si vous avez des difficultés à repérer le point de transition, le mieux est de terminer à la main à partir du moment où la crème commence à se solidifier. Il est temps maintenant d'ajouter le sucre. La chantilly est prête dès que la crème est suffisamment épaisse pour former des pointes fermes au bout du fouet. Attention : si elle devient dure et jaune, c'est trop tard, vous avez fait du beurre.

De la crème fraîche à la chantilly

Certains gâteaux se garnissent avec un peu plus que de la simple crème Chantilly. Une variante rapide : pour une chantilly chocolatée, incorporez du cacao en poudre à la crème fouettée. Une variante plus riche : faites fondre 150 grammes de chocolat dans 250 grammes de crème tiède, laissez refroidir toute une nuit, puis fouettez normalement. Les liquides comme l'alcool ou le sirop sont incorporés à la fin dans la chantilly déjà ferme.

Les crèmes sont également très appréciées. Savoureuses, elles sont très simples à réaliser lorsqu'elles sont à base de pudding à l'œuf, c'est-à-dire de lait mélangé à un peu de fécule et beaucoup d'œuf. Vous pouvez alors y ajouter de la crème Chantilly, du beurre fouetté ou du chocolat chaud (photo 3 ; vous en découvrirez plus à ce sujet au chapitre « Les raffinés »). Attention : veillez à ce que tous les ingrédients soient à température ambiante.

Décorer

On ne joue pas avec la nourriture, paraît-il. Mais lorsqu'elle est aussi craquante, il est bien permis de faire tomber quelques gouttes de chantilly de-ci, de-là, de saupoudrer quelques vermicelles de couleur ou d'ajouter des copeaux de chocolat. Comment ? Vous voulez tout enrober de cacao ? Pourquoi pas… (Pensez seulement à une chose : ce n'est que lorsque vous aurez terminé que vous pourrez transférer le gâteau de la grille au plat.)

Tout décorer

La façon la plus simple de décorer joliment un gâteau est d'agiter un tamis rempli de sucre glace au-dessus de sa surface – il sera enneigé en un tournemain. N'en mettez pas trop, à moins de vouloir cacher de gros défauts, car le gâteau lui-même est déjà sucré. Plus élaboré : placez sur le gâteau quelques petites formes avant de le saupoudrer, puis retirez-les. Vous obtiendrez, comme au pochoir, un intéressant contraste visuel. Les plus habiles peuvent jouer avec les couleurs et ajouter du jus, du sirop ou de l'alcool : 3 bonnes cuillerées à soupe mélangées à 200 grammes de sucre glace suffisent pour un glaçage fluide ; avec seulement 2 cuillerées à 2 cuillerées 1/2 il sera plus épais et conviendra alors mieux aux biscuits, et avec 4 cuillerées vous obtiendrez un film transparent. Le glaçage intervient lorsque le gâteau a refroidi et qu'il ne s'émiette plus. Appliquez-le à l'aide d'un pinceau ou d'un couteau sans perdre de temps, car il sèche vite. Pour les plus doués : dessinez à l'aide de chocolat fondu des motifs sur le glaçage encore humide.

Vous pouvez également napper votre gâteau de chocolat fondu (voir page du début de l'ouvrage) ou d'un glaçage à la crème (faites fondre 200 grammes de chocolat et 50 grammes de beurre dans 12,5 cl de crème fleurette). Laissez refroidir et versez tiède sur le gâteau. Si vous étalez le nappage, il ne sera pas lisse, mais il vous en faudra une quantité moins importante. Sinon, faites tourner le gâteau d'une main tout en versant pour une répartition parfaite du nappage (une plaque sous la grille recueillant le trop-plein).

Décorer la bordure

Un gâteau à la bordure décorée présente de nombreux avantages : plus de goût, plus d'allure, et les petits défauts sont camouflés. On utilise généralement des décorations de petite taille qui collent bien sur la crème ou le glaçage encore humide, comme des copeaux ou des vermicelles de chocolat, des amandes effilées et grillées, des pignons de pin, des pistaches, de la noix de coco râpée, des noisettes en poudre, de la nougatine, des dragées, des miettes de meringue. Vous inclinez le fond du moule démontable sur lequel se trouve le gâteau tandis que, de l'autre main, vous faites glisser les décorations contre la bordure dans un mouvement régulier du haut vers le bas. Lorsque vous avez terminé le tour du gâteau, vous pouvez appuyer légèrement dessus pour les fixer.

Décorer à la poche à douilles

La petite éclaboussure de crème sur le morceau de gâteau n'est pas sans rappeler les dimanches après-midi chez grand-maman ou les salons de thé du début du siècle. Son message est toujours le même : « On va se régaler. » Il ne faut pour cela qu'une poche à douilles. Pour éviter les débordements pendant le remplissage de

1

la poche, rabattez le bord sur 5 bons centimètres. Saisissez la poche de la main gauche (les gauchers utiliseront la main droite), comme si vous teniez un verre, et raffermissez votre prise sur la douille sans obstruer l'ouverture. Remplissez la poche avec la crème en secouant de temps en temps pour la faire glisser dans le fond. Lorsque la poche est pleine aux trois quarts, remontez le bord que vous aviez rabattu et tortillez-le tout en appuyant sur la poche pour évacuer l'air.

L'autre main ? Elle sert à diriger et aide à maintenir la poche bien droite. Prêt ? Allez-y ! Tandis que, de la main du bas, vous imprimez sur place un léger mouvement tournant, de l'autre vous appuyez sur la poche pour faire sortir la crème. Lorsque vous avez terminé, trempez légèrement le bout de la douille dans le tortillon de crème pour éviter la formation d'une petite corne (photo 1). Vous voulez recommencer ? D'accord : mouvement tournant sur place de la main du bas, l'autre main appuie sur la poche en la maintenant à la verticale, trempez le bout, ça y est. Encore une fois. Et encore. Avec un peu d'entraînement, le mouvement devient fluide. Pour ne prendre aucun risque, servez-vous de la poche à douilles au-dessus d'une plaque recouverte de papier sulfurisé, placez le résultat au congélateur, et décorez votre gâteau avec les tortillons de crème congelés.

Les mots doux

Qu'ils servent de support à un chiffre d'anniversaire ou à quelques mots d'amour, les gâteaux à lire contiennent déjà le message implicite : « Fait spécialement pour toi ». Pour les chiffres, la manœuvre est simple : vous les réalisez avec des vermicelles colorés ou en chocolat, ou avec des confettis sucrés (voir la rubrique « Décorer la bordure ») directement sur la crème ou le glaçage encore humide. Pour vous faciliter la tâche, prédessinez les contours dans le glaçage à l'aide d'un cure-dents, par exemple, puis remplissez-les avec la garniture de votre choix.

Vous pouvez également ajouter quelques mots en sucre. Pour le glaçage ou le nappage de votre prose, confectionnez un pochoir avec une feuille de papier sulfurisé. Découpez un carré de 15 centimètres de côté, puis coupez en diagonale pour obtenir deux triangles. Roulez le premier triangle en cône serré en prenant le milieu du côté le plus long comme point de repère. Votre pochoir est réussi si deux oreilles dépassent au niveau de la grande ouverture (photo 2). Repliez le morceau extérieur vers l'intérieur, et le morceau intérieur vers l'extérieur, le pochoir devrait tenir tout seul. Sinon, fixez-le avec un bout de scotch. Remplissez le pochoir, fermez-le et découpez une ouverture à la pointe avec vos ciseaux. Vous pouvez maintenant écrire votre texte. Formez les signes de votre main habituelle, l'autre servant à presser le pochoir. Là encore, l'opération sera plus facile si vous avez tracé les lettres au préalable avec un cure-dents. Naturellement, votre pochoir peut aussi vous servir à dessiner des formes ou des silhouettes.

« La cerise sur le gâteau »

Pour apporter la dernière touche à votre œuvre, un peu de nappage au chocolat est idéal (voir page du début de l'ouvrage). Méthode basique : utilisez votre pochoir en papier pour répandre le nappage. Plus raffiné : tracez des dessins sur le gâteau à l'aide d'un cure-dents et remplissez les contours avec votre pochoir. Pour dessiner des feuilles : enduisez de chocolat fondu des feuilles de menthe d'un seul côté, posez-les côté chocolaté sur le gâteau, et retirez-les une fois sèches. Pour des rouleaux : nappez une plaque de tôle de chocolat fondu. Peu avant qu'il sèche, détachez-le en biais à l'aide d'une spatule. Pour des copeaux : épluchez le morceau de chocolat à l'aide d'un économe ou d'un couteau. Pour le contraste : mélangez chocolats noir, au lait et blanc.

La pâte d'amandes est votre deuxième solution de décoration. Vous pouvez la colorer et l'étendre pour y découper des formes : fleurs, feuilles ou lettres. Vous pouvez modeler des bonshommes ou même des carottes ! Colorez un bout de pâte d'amandes avec du rouge et du jaune et roulez-le en forme de carotte. Pratiquez quelques entailles sur la surface avec la pointe d'un couteau et complétez avec quelques petites feuilles de pâte d'amandes verte. Le résultat vous attend page 41.

minuteur
cuillère en bois
récipient
verre doseur
raclette
batteur
moule
pinceau
manique

Les 17 ustensiles indispensables

Le minuteur

Épuisé par la préparation de votre gâteau, vous vous offrez un petit verre de liqueur à la table de la cuisine, en feuilletant rêveusement votre livre de recettes préféré. Soudain, la pièce commence à sentir le brûlé. Votre beau gâteau s'est envolé en fumée. Quel dommage ! Avec un minuteur, vous auriez pu siroter votre verre en paix. Les minuteurs intégrés à la cuisinière ont le double inconvénient de ne pas pouvoir être transportés dans le salon et de ne jamais être réparés lorsqu'ils tombent en panne. Remontez le minuteur à fond pour une forte sonnerie et prévoyez un peu moins que le temps de cuisson indiqué : mieux vaut remettre quelques minutes au four que d'avoir à gratter le moule.

La cuillère en bois

Le pâtissier professionnel a souvent la cuillère en bois à la main et l'utilise à tout bout de champ pour mélanger, incorporer, malaxer, etc. Sa cuillère a cependant une différence : elle est dotée en son centre d'un trou qui facilite le passage dans la pâte ou la crème. Si, en plus, elle se finit en pointe d'un côté, elle est capable d'aller dénicher jusqu'aux dernières miettes dans les recoins (dont les récipients sont abondamment pourvus). Bois ou plastique, c'est plutôt une affaire de goût… surtout en ce qui concerne la cuillère en bois naturel qui, tout comme le pinceau, emprisonne les arômes dans ses fibres et doit donc toujours être soigneusement nettoyée.

Le récipient

On n'a jamais trop de récipients lorsqu'on fait de la pâtisserie. Ceux que la vaisselle ne rebute pas peuvent utiliser toute leur batterie. Pour les autres, le grand saladier est une obligation, pour fouetter la crème, pétrir la pâte, etc. Sa contenance minimale est de 3 litres, il est lourd, de forme arrondie et stable (pour une meilleure assise, posez-le sur un torchon humide). Il est en métal ? Parfait. En plastique ? C'est bien aussi. En ce qui concerne les autres récipients, il vous faut un ou deux saladiers plus petits pour les travaux annexes, comme battre les blancs en neige. Un récipient à bord élevé et à bec verseur pour mixer. Quelques bols ou assiettes creuses pour les petites tâches.

Le verre doseur

Il joue un rôle important dans nos cuisines européennes continentales car, tout comme la balance, il évite l'à-peu-près, souvent catastrophique dans le mélange des ingrédients. Il est vital dans la plupart des cuisines anglo-américaines, où il remplace totalement la balance lorsque les proportions sont indiquées en cups. Une cup équivaut à un volume de 24 à 25 centilitres, chiffre qui ne correspond que rarement à celui exprimé en grammes. Pour notre part, nous nous servons du verre doseur pour mesurer les liquides. Avec lui, vous saurez précisément si vous avez assez de jus pour votre coulis. Enfin, pour éviter l'overdose d'alcool à votre tarte aux cerises, la graduation du verre doseur devrait commencer avant 10 centilitres et se poursuivre jusqu'à 1 litre par intervalles de 1 centilitre.

La raclette

Si elle est trop rigide, elle ne pourra pas suivre l'arrondi de votre récipient et remplira mal son office. Évitez à tout prix le modèle compact en plastique d'une seule pièce et préférez-lui le modèle plus traditionnel, doté d'un manche surmonté d'une spatule en caoutchouc synthétique et souple sur les côtés, afin de pouvoir racler tout ce que contient le récipient. La spatule idéale a trois angles arrondis et un angle supérieur droit. Nous vous suggérons également de vous procurer l'une de ces raclettes hémisphériques en plastique dur, utilisées par les professionnels pour nettoyer la surface de travail ou pour lisser la crème sur un gâteau.

Le batteur

Même les plus grands des professionnels ne s'en sortiraient pas sans lui. Les mordus d'exercice physique font monter la crème ou les œufs à l'aide d'un fouet. Les meilleurs modèles comportent un grand nombre de fils métalliques souples, et leur poignée, dépourvue de crochet ou de bordure, tient bien en main en toutes circonstances. Les amoureux des appareils électriques, quant à eux, sont souvent de véritables perfectionnistes. À ce titre, ils savent bien qu'aucun robot n'est capable d'incorporer des ingrédients aussi soigneusement et parfaitement que la main. En l'occurrence, comme la cuillère en bois leur paraît un peu mince, ils recourent au batteur dont les fils métalliques sont plus épais et plus espacés que ceux du fouet.

Le moule

Le trio moule à cake, moule à kugelhopf et moule à tarte démontable, auquel s'ajoute la plaque du four, vous permet de réaliser à peu près tous les gâteaux du monde. Que le moule à tarte fasse 26 ou 28 centimètres de diamètre n'a en fait que peu d'importance. Vous pouvez y ajouter, au gré de votre fantaisie et de vos besoins, des moules à baba, des moules à charlotte ou des moules à muffins. Le fer-blanc donne un aspect professionnel et décoratif, tandis que les moules en tôle noire ou galvanisée sont plus faciles à utiliser, mais nécessitent plus de soins. À faire absolument : dès que le gâteau est démoulé, rincez le moule à l'eau chaude sans liquide vaisselle et, surtout, sans grattoir.

Le pinceau

Il n'a pas grand-chose à faire lors de la préparation de la pâte et de la cuisson, pourtant vous auriez du mal à vous en passer. C'est souvent le pinceau qui étale le beurre jusque dans les derniers recoins du moule, pour faciliter plus tard le démoulage du gâteau. Utilisez de préférence un pinceau de cuisine classique : plat, en bois, et muni de poils d'au moins 2 centimètres de long. Comme il retient tous les arômes, évitez de le mettre en contact avec le rôti de porc caramélisé et lavez-le soigneusement à l'eau chaude après chaque utilisation. Le pinceau vous sert également à poser le nappage sur les gâteaux au chocolat, à appliquer le jaune d'œuf sur les biscuits, ou encore à balayer la farine de votre plan de travail.

Le gant ou la manique

Lorsque le four est allumé, la manique n'est jamais loin. Sans elle, vos gâteaux seraient perdus. Aux modèles « design « qui vous séduisent par leurs couleurs mais sont incapables de vous protéger correctement des brûlures, préférez ceux qui sont larges et suffisamment épais pour que vous puissiez tenir une plaque de cuisson quelques secondes supplémentaires. Attention, cependant, aux maniques trop épaisses qui laissent glisser le plat. Les gants qui vous engoncent ne constituent donc pas le choix idéal en la matière, pas plus que les maniques rondes ou asymétriques. La meilleure solution reste encore le carré de tissu qui recouvre généreusement la main.

Les 17 ustensiles indispensables

Le tamis

De nos jours, la farine est déjà parfaite quand vous l'achetez. Néanmoins, pour les gâteaux dont la pâte doit être aérée, comme le biscuit, par exemple, tamiser la farine apporte toujours un plus. Le tamis en fil métallique normal est amplement suffisant s'il est à la dimension de vos casseroles et si son maillage est bien serré. Vous vous en servirez également pour rincer les fraises et pour passer le coulis de fraises, pour égoutter les cerises de votre Forêt-Noire, ou pour saupoudrer un gâteau de sucre glace. Pour toutes ces tâches le tamis doit être parfaitement sec, c'est pourquoi nous vous recommandons d'en avoir deux, comme les grands pâtissiers.

La balance

Une balance électronique s'assortit le plus souvent d'un mode d'emploi épais, et pour obtenir le poids de vos ingrédients il vous faudra appuyer plusieurs fois sur les différents boutons. Cela ne signifie pas pour autant qu'il faut passer à la balance mécanique à partir de 50 grammes. Si votre balance est graduée par intervalles de 10 grammes et qu'elle monte jusqu'à 1 voire 2 kilos, tout va bien. Si vos récipients tiennent dessus sans vaciller, c'est parfait. Quant à savoir si la balance elle-même est parfaite, faites le test en magasin : avec le paquet de sucre pour le test du kilo, le paquet de café pour la livre, la plaquette de beurre pour la demi-livre, le chocolat en morceaux pour les petites quantités.

Le four

Nous ne nous perdrons pas en vaines paroles sur les supermodèles, car « si tu ne peux pas avoir ce que tu aimes, aime ce que tu as ». Vous avez un four électrique ? Le plus populaire. Il suffit de savoir que, tout comme le four à gaz, il chauffe un peu moins devant et en bas que dans le fond et en hauteur. Un four à chaleur tournante ? C'est le compagnon idéal : il cuit sans préchauffer à toutes les hauteurs, mais il faut lui éviter les trop grandes chaleurs. Tous les fours sont munis d'une grille qui permet au gâteau de prendre la chaleur de tous les côtés. Notre conseil : connaissez votre four. Notez ses succès, évitez ses faiblesses, cela marquera le début d'une merveilleuse amitié.

La râpe

La râpe idéale pour les zestes de citron a l'air d'avoir été trouée à l'aide de fines aiguilles. Comme les pointes de la tôle se dressent dans toutes les directions, on peut râper dans tous les sens. Le zeste de citron se râpe finement pour obtenir beaucoup d'arôme (jaune) et peu d'amertume (blanc). Pour certains ingrédients, il vaut mieux utiliser une râpe qui ne fonctionne que dans un sens. En fonction de la taille des trous et donc de la hauteur des picots, vous râperez plus ou moins finement. Un bon tuyau : la râpe multifonctions à quatre côtés. La râpe à six côtés est à déconseiller car les surfaces utiles sont trop petites. Si vous n'avez pas de râpe : frottez la peau du citron à l'aide d'un morceau de sucre.

Le papier sulfurisé

A-t-on vraiment besoin de lui ? Le pinceau et le beurre sont, en principe, suffisants pour démouler n'importe quelle tarte ou la retirer de la plaque de cuisson. Toutefois la réalité rencontre trop souvent d'affreux gâteaux qui s'accrochent à leur moule avec l'énergie du désespoir pour que nous fassions confiance à la seule solution naturelle. D'où le papier sulfurisé. Ne l'utilisez qu'avec des moules (démontables, à cake, en tôle) sans aucune striure et lissez-le soigneusement. Le moindre pli ferait accrocher le gâteau. Le papier d'aluminium est également très utile pour cuire à l'étouffée : recouvrez-en le gâteau avant qu'il ne noircisse, en veillant à ce que le côté brillant, réfléchissant la chaleur, soit tourné vers l'extérieur.

Le rouleau à pâtisserie

Cet ustensile sert exclusivement en pâtisserie. D'un diamètre d'au moins 5 centimètres, il dispose d'une poignée à chaque extrémité et il est en bois. Les poignées, solidement fixées, doivent être assez grandes pour vous permettre d'empoigner fermement le rouleau, lequel mesure généralement 30 centimètres de long. Il doit être suffisamment lourd pour remplir parfaitement son office comme, par exemple, le rouleau en marbre qui colle moins mais qui est plus cher. Quel que soit le modèle, veillez à ce que ses bords ne soient pas aigus car ils laisseraient des traces dans la pâte. Dernier conseil : nettoyez toujours votre rouleau à pâtisserie à la main sous l'eau courante.

Le robot

Pétrir la pâte à la main, battre les œufs au fouet ? Tous ceux que ce dur travail manuel rebute en pâtisserie se tourneront vers le batteur électrique. Si sa puissance est d'au moins 300 watts (l'idéal : 500 watts), il vous permet, selon les accessoires utilisés, de battre et de mélanger, de hacher et de pétrir. Si votre batteur est dépassé par certaines pâtes trop collantes ou des morceaux trop durs à hacher, utilisez un robot de cuisine doté de fonctions pâtisserie, avec son grand bol et son batteur capable de tout fouetter, pétrir ou mélanger. Le montage et le démontage des accessoires doivent être simples. L'appareil doit présenter le moins de recoins possible pour faciliter le nettoyage. Réservez-lui une place fixe dans la cuisine.

La poche à douilles

La douille étoilée, qui ne doit pas être pas trop étroite, vous permet de décorer le gâteau de motifs généreux de crème ou de chantilly. Notre conseil : ayez-en deux à disposition, de tailles différentes, et notez que les douilles métalliques adoptent la forme que vous souhaitez. N'oubliez pas la douille simple pour les pois, les boudins ou le remplissage de certains gâteaux. Quant à la poche, elle doit être faite dans un matériau épais et lisse, et n'être pas trop petite. Plus elle est grande, plus son remplissage s'effectue facilement et moins vous avez à le faire souvent. Le nettoyage est simple : remplissez la poche avec de l'eau chaude, puis évacuez-la en appuyant dessus. Faites sécher la poche à l'envers sur une bouteille.

Les recettes

basic

Les fond

L’arôme d’un simple gâteau aux noisettes peut mettre l’eau à la bouche…

amentaux

... Pour moi, pas de crème ni de coulis. Juste le gâteau. C'est ainsi que je le préfère.

Nos gâteaux préférés sont souvent les plus simples. L'arôme d'un gâteau aux noisettes peut mettre l'eau à la bouche bien plus que n'importe quel délice à la crème. Et un gâteau marbré à peine sorti du four est capable de vous transporter, comme par magie, de votre petit studio à la maison de votre enfance où les fêtes d'anniversaire, dans le jardin, duraient des heures.

Un gâteau, c'est comme votre mère, votre père, votre frère ou votre enfant. Il rappelle l'époque où vous mangiez encore de la bouillie. Ce n'est d'ailleurs rien d'autre que de la bouillie cuite. De la farine, du beurre, des œufs et du sucre mélangés et mis au four. Votre morceau de choix est prêt et il n'existe sans doute rien de meilleur au monde.

S.O.S

La réponse à toutes vos questions désespérées, par notre spécialiste :

Un démoulage trop difficile !
J'aime faire des gâteaux et j'adore les manger, mais je déteste la phase intermédiaire du démoulage. Il n'y a rien à faire, le gâteau attache toujours et ne veut jamais sortir. Ou alors, en plusieurs morceaux. Quelle est mon erreur ?

Louise, de Pithiviers

Le conseil de tante Alice :

Dans quel état est votre moule, Louise ? S'il est rayé, il est bon à jeter, mais s'il est bien lisse, continuez avec lui. Il faut bien beurrer le fond, en insistant sur les bords. Si vous utilisez du papier sulfurisé (un papier spécial pour la cuisson), souvenez-vous que chaque pli est un prétexte supplémentaire pour attacher le gâteau.
Mon astuce : j'utilise une feuille pour le fond et une bande pour le bord, partiellement glissée en dessous, que je fais tenir avec du beurre. Pour les moules démontables : je recouvre le fond d'une feuille de papier que je coince à l'aide du bord amovible, et j'arrache ce qui dépasse.

Important : après la cuisson, laissez le gâteau refroidir une dizaine de minutes dans le moule afin qu'il s'affaisse légèrement (attention, complètement froid, il attache). Décollez le bord à l'aide d'un couteau, posez la grille sur le moule, retournez le tout et attendez. Il vient ? Enlevez doucement le papier sulfurisé si nécessaire. Il ne vient pas ? Empoignez la grille et le moule et secouez sèchement vers le bas. Toujours rien ? Entourez le moule d'un torchon mouillé d'eau froide et secouez de nouveau. Rien encore ? Dans ce cas, il ne reste plus qu'à sortir le gâteau en le découpant, ce qui vaut toujours mieux que de le jeter par la fenêtre...

Les moules dans tous leurs états

Un moule d'un diamètre de 10 centimètres suffit déjà pour que la pâte cuise plus vite à l'extérieur qu'à l'intérieur. Qu'à cela ne tienne, à travers les siècles, les fabricants de moules ont affiné leur technique et trouvé différentes solutions au problème :

Le moule à cake

C'est la solution la plus simple, car elle exploite à fond la limite des 10 centimètres tant en hauteur qu'en largeur. Ainsi, la chaleur peut rapidement pénétrer de tous les côtés jusqu'au cœur du gâteau. Le moule est allongé pour une plus grande quantité. Il convient aux pâtes lourdes qui ne montent pas trop, comme l'épaisse pâte à cake.

Le moule à kugelhopf

Cette solution intelligente contourne élégamment la loi des 10 centimètres, aussi bien sur la hauteur que sur la largeur. L'astuce : l'intérieur cuit aussi vite que l'extérieur grâce à la cheminée pratiquée au centre du moule. Il convient aux pâtes levées qui contiennent beaucoup d'œufs et de levure chimique, ou du levain. Pour les pâtes plus lourdes, il existe une version plus aplatie de ce moule, en forme de couronne.

Le moule démontable

C'est la solution rêvée pour les puristes, car on y cuit les pâtes seules, qui serviront ensuite à la réalisation d'un gâteau ou d'une tarte : de la pâte à biscuit pour les fonds de tarte, de la pâte brisée pour les gâteaux fourrés, de la pâte sablée qui gonfle autour des fruits. Seules exceptions notables : la sachertorte, spécialité viennoise, ou le gâteau à l'orange, rapide et plat, originaire d'Espagne.

La plaque en tôle

Cette solution spéciale permet à la pâte de s'étaler en largeur sans se soucier de la hauteur. En fin de compte, les deux s'équilibrent et vous obtenez, par exemple, un merveilleux biscuit aux amandes. Cette méthode de cuisson est idéale pour les pâtes levées consistantes.

Cuire sans moule

La solution minimaliste qui nécessite seulement de mettre la pâte en forme à la main. Elle ne convient donc pas aux pâtes trop liquides, qui se transformeraient en une dure et fine pellicule. Elle est parfaite, en revanche, pour les pâtes stables comme la pâte levée ou la pâte à pain.

À partir du marc
Faire du café

En Italie on le boit après et pendant, en Scandinavie on l'inhale littéralement 24 heures sur 24, et en Autriche c'est une véritable institution. En France, s'il se déguste surtout après les repas, il accompagne néanmoins parfaitement le gâteau de l'après-midi dans les salons de thé. Dans ce cas il est fait au filtre, qui lui donne tout son arôme et sa teneur en caféine. Il est généralement préparé à l'aide de cette machine dont les sifflements et les chuintements font autant partie du cérémonial que la crème Chantilly.

Le summum du rituel est bien sûr le café fait à la maison, qui, s'il est réussi, a un goût particulièrement développé. Dans les deux cas, les ingrédients sont les mêmes : de l'eau, avec un degré de dureté idéal compris entre 8 et 10 (informez-vous auprès de votre compagnie des eaux) ; s'il est inférieur, ajoutez une pincée de sel ; s'il est supérieur, ajoutez une pincée de carbonate de sodium acheté en pharmacie. Et du café moulu à raison de 8 à 10 grammes, soit une bonne cuillerée à soupe, par tasse de 15 centilitres. Si vous remplissez la cafetière, ajoutez une cuillerée « pour le pot ».

Pour la méthode manuelle, le café doit être moulu moins finement car il reste plus longtemps au contact de l'eau. Versez tout d'abord un peu d'eau bouillante sur le café, pour qu'il puisse gonfler. Puis remplissez le filtre et attendez que la totalité de l'eau soit passée avant de recommencer. Quelle que soit la méthode utilisée, c'est pendant la première demi-heure que le café est le meilleur, ensuite il perd rapidement de son arôme et de sa finesse. Mieux vaut donc attendre pour faire la deuxième cafetière. Les garçons de café de Vienne nous donnent ce conseil : le gâteau pur, sans fruits et sans crème, est ce qu'il y a de meilleur pour accompagner le café.

À consommer de préférence avant le...

Si certains gâteaux doivent être consommés le plus rapidement possible après leur cuisson, pour d'autres il faut patienter un peu avant qu'ils développent tout leur goût. Ce tableau synoptique vous permet de voir d'un seul coup d'œil à quel moment manger vos gâteaux

Pâte	Jour même	Lendemain	Quelques jours	Longtemps
Sablée	OK, mais peu aromatisé	moelleux et aromatisé	toujours bon, meilleur avec des fruits si la pâte est plus lourde	au frais et à l'abri de l'air, 1 semaine à 1 mois
Brûlée	au mieux de sa forme	plutôt dur et sec	à mettre dans la soupe	congeler à la sortie du four, 1 mois
Biscuit	au mieux de sa forme	OK, si bien emballé ; idéal pour un fond	sec et dur	sec pour la chapelure ou les soufflés
Brisée (seule)	OK, quand froid	meilleur, car plus friable	OK, si gardé au sec à l'abri de la lumière	congeler la pâte crue (3 mois)
Brisée (tarte)	au mieux de sa forme	OK, mais peut se ramollir	ramolli, goût de vieux	Congeler la pâte crue (3 mois)
Levée légère (brioche)	au mieux de sa forme	peut encore aller	vieux, dur	congeler la pâte crue bien emballée (1 mois)
Levée lourde (kugelhopf ou roulé)	seulement s'il le faut	déjà mieux pour le kugelhopf	encore mieux pour le kugelhopf	le roulé n'est vraiment bon qu'après 4 semaines, bien enveloppé

Gâteau marbré

Simple, classique et bon

N'oubliez pas : le beurre, les œufs, le fromage blanc et le lait doivent être à température ambiante. Sortez-les du réfrigérateur environ 30 minutes avant de commencer.

Pour 25 parts
100 g de chocolat noir
250 g de beurre ramolli
1 cuillerée à soupe de fromage blanc (rend le gâteau particulièrement moelleux, mais, si vous n'en avez pas, vous pouvez vous en passer)
175 g de sucre
5 gros œufs
500 g de farine
1 sachet de levure
1 pincée de sel
12,5 cl de lait
50 g d'amandes en poudre
2 cuillerées à soupe de grappa ou de rhum
Après la cuisson : sucre glace
Pâte sablée • 1 heure à 1 h 15 • 180 °C
Moule à kugelhopf

1 Beurrez le moule, puis versez-y une poignée de farine en pluie. Remuez le moule dans tous les sens pour que la farine le tapisse entièrement.

2 Râpez le chocolat : c'est plus rapide avec le robot, plus long avec la râpe. Comme le chocolat fond entre les doigts, enlevez son papier d'emballage au fur et à mesure seulement.

3 Préchauffez votre four à 180 °C (chaleur tournante : 160 °C sans préchauffage). Coupez le beurre en morceaux et ajoutez-le au fromage blanc et au sucre dans un récipient. Remuez à l'aide d'un moulinet jusqu'à ce que le mélange soit crémeux et clair. Ajoutez les œufs un à un, en remuant juste ce qu'il faut pour que les dernières traces deviennent invisibles.

4 Mélangez la farine avec la levure et le sel. Ajoutez alternativement la farine et le lait à la crème de beurre : cela vous permet de contrôler la consistance de la pâte. À la fin, elle doit être bien lourde et ne se séparer que difficilement du moulinet.

5 Divisez la pâte en deux. Incorporez le chocolat râpé, les amandes et la grappa ou le rhum à l'une des moitiés. À l'aide d'une grande cuillère, faites tomber une grosse portion de pâte claire dans le moule. Juste à côté, ajoutez une portion de pâte foncée, et ainsi de suite jusqu'à épuisement des deux pâtes. Pour les marbrures, plongez une fourchette dans le moule et dessinez des spirales.

6 Mettez au four à mi-hauteur pendant 1 h 15. Au bout de 1 heure, vérifiez la cuisson à l'aide d'un bâtonnet en bois. Laissez refroidir le gâteau 5 à 10 minutes dans le moule, puis renversez-le sur une grille où il refroidira tout à fait. Saupoudrez de sucre glace avant de servir.

Préparation et cuisson : un peu moins de 2 heures, dont 30 minutes seulement de travail effectif
Calories par part : 230

Variante:

Gâteau marbré au beurre de cacahuète

Mélangez 250 grammes de beurre, 200 grammes de beurre de cacahuète et 400 grammes de sucre, puis incorporez les cinq œufs un à un.
Mélangez 230 grammes de farine avec 2 cuillerées à soupe de levure et 1/2 cuillerée à café de sel. Ajoutez alternativement la farine et 12,5 cl de lait à la crème de beurre. Divisez la pâte en deux, ajoutez 100 grammes de chocolat noir fondu à l'une des moitiés, 50 grammes de chocolat râpé à l'autre. Versez les deux pâtes en alternant dans un moule préalablement beurré. Tracez les marbrures dans la pâte à l'aide d'une fourchette et mettez au four à mi-hauteur à 180 °C (chaleur tournante : 160 °C) pendant 50 à 60 minutes.

Rapide à l'orange

Peu onéreux

Pour 12 parts

La pâte :

1 orange non traitée, 4 œufs, 70 g de sucre, 80 g de semoule (fine), 12,5 cl de jus d'orange pressée (environ 3 oranges)

1 pincée de sel, 100 g de farine

Le nappage :

12,5 cl de jus d'orange pressée (voir ci-dessus), 70 g de sucre

Pour le moule : beurre et papier sulfurisé

Pâte à biscuit • 20-25 mn • 190 °C

Moule démontable, 26 ou 28 cm de Ø

1 Rincez les oranges à l'eau chaude et râpez l'équivalent de 1 à 2 cuillerées à café de zeste. Séparez les blancs d'œufs des jaunes. Mélangez les jaunes d'œufs avec le sucre et le zeste d'orange jusqu'à obtention d'une mousse épaisse. Mélangez la semoule avec le jus d'orange et ajoutez le tout à la mousse. Réservez pendant 10 minutes. Battez les blancs en neige avec une pincée de sel.

2 Préchauffez le four à 190 °C (chaleur tournante : 170 °C sans préchauffage). Beurrez le bord du moule et tapissez le fond avec le papier sulfurisé.

3 Incorporez les blancs en neige à la mousse, ajoutez la farine au tamis et mélangez doucement à l'aide d'un fouet. Versez la pâte dans le moule, lissez et mettez au four à mi-hauteur pendant 20 à 25 minutes.

4 Pendant ce temps, préparez le nappage. Versez le jus d'orange et le sucre dans une casserole, et faites cuire à feu moyen jusqu'à obtention d'un sirop épais.

5 Après la cuisson, laissez refroidir le gâteau dans le moule 5 à 10 minutes, puis démoulez-le dans un plat. Badigeonnez le gâteau avec le sirop tiède jusqu'à complète absorption.

Préparation et cuisson : 1 heure, dont 30 minutes de travail effectif
Calories par part : 135

Gâteau aux noisettes
Un gâteau qui fait le poids

Pour 25 parts

2 tablettes de votre chocolat au lait préféré (200 g), 200 g de noisettes en poudre, 6 œufs

130 g de farine, 1 cuillerée à café de levure

1 cuillerée à café de cannelle moulue

200 g de beurre ramolli

250 g de sucre, 1 pincée de sel

200 g de nappage aux noisettes (à acheter tout fait, ou remplacé par un nappage au chocolat)

Pour le moule : beurre

Pâte sablée • 35 à 40 mn • 200 °C

Moule à cake, 30 cm

1 Râpez grossièrement les tablettes de chocolat, mélangez avec les noisettes en poudre. Séparez les blancs d'œufs des jaunes. Mélangez la farine avec la levure et la cannelle.

2 Préchauffez le four à 200 °C (chaleur tournante : 180 °C sans préchauffage). Mélangez le beurre avec le sucre jusqu'à obtention d'une mousse, puis ajoutez les jaunes d'œufs un à un. Incorporez-y le mélange chocolat-noisettes, puis la farine. Battez les blancs d'œufs en neige avec une pincée de sel et ajoutez-les.

3 Beurrez généreusement le moule et versez-y la pâte. Mettez au four à mi-hauteur pendant 35 à 40 minutes. Faites le test du bâtonnet pour plus de sécurité ! Une fois cuit, laissez refroidir le gâteau dans le moule pendant 5 à 10 minutes, puis renversez-le sur une grille et laissez-le refroidir toute une nuit.

4 Faites chauffer le nappage selon les indications figurant sur le sachet et versez-le sur le gâteau. Placez le gâteau au réfrigérateur pendant 15 minutes et servez.

Préparation et cuisson : 1 h 30, dont 50 minutes de travail effectif
Calories par part : 305

Gâteau espagnol à la vanille
Avec de la vraie vanille

Pour 12 parts

100 g de chocolat noir

1 gousse de vanille, 150 g de farine

50 g d'amandes hachées

1 cuillerée à café de levure, 1 pincée de sel

6 gros œufs, 1 cuillerée à café de jus de citron

200 g de pâte d'amandes

150 g de sucre

Pour le moule : beurre

Après la cuisson : 150 g de nappage au chocolat, 2 cuillerées à soupe d'amandes hachées

Pâte sablée • 45 mn • 180 °C

Moule démontable, 26 ou 28 cm de Ø

1 Râpez grossièrement le chocolat, ouvrez la gousse de vanille et grattez-en la chair que vous mélangez avec la farine, les amandes, la levure et le sel.

2 Préchauffez le four à 180 °C (chaleur tournante : 160 °C sans préchauffage). Beurrez soigneusement le moule.

3 Séparez avec précaution les blancs d'œufs des jaunes. Battez les blancs en neige en y ajoutant progressivement le jus de citron. Coupez la pâte d'amandes en petits dés que vous mélangez au sucre à l'aide d'un batteur. Ajoutez d'abord les jaunes d'œufs un à un, ensuite la farine et le chocolat, enfin la moitié des blancs en neige. Puis, à l'aide d'un fouet, incorporez doucement le reste des blancs en neige.

4 Lissez la pâte dans le moule. Mettez au four à mi-hauteur pendant environ 45 minutes. Laissez refroidir le gâteau 10 minutes avant de le démouler.

5 Faites fondre le chocolat, nappez-en le gâteau, et saupoudrez avec les amandes hachées. Laissez sécher avant de servir.

Préparation et cuisson : 1 h 30, dont 45 minutes de travail effectif
Calories par part : 355

Gâteau à la liqueur aux œufs
Supermoelleux

Pour 15 parts

5 œufs, 180 g de sucre glace

2 sachets de sucre vanillé, 1 pincée de sel

25 cl de liqueur aux œufs

25 cl d'huile végétale

150 g de fécule, 100 g de farine

1 sachet de levure

Pour le moule : beurre

Après la cuisson : sucre glace

Pâte sablée • 60 à 70 mn • 180 °C

Moule à kugelhopf

1 Préchauffez le four à 180 °C (chaleur tournante : 160 °C sans préchauffage). Beurrez le moule.

2 Dans un grand récipient, mélangez énergiquement les œufs entiers avec le sucre glace, le sucre vanillé et le sel jusqu'à obtention d'une mousse épaisse. Tout en continuant à travailler ce mélange, ajoutez la liqueur aux œufs, puis l'huile végétale. Continuez à battre pendant encore 2 minutes.

3 Mélangez la fécule, la levure et la farine. Faites tomber en pluie sur la mousse aux œufs et incorporez doucement à l'aide d'un fouet.

4 Versez la pâte dans le moule et mettez au four à mi-hauteur pendant 60 à 70 minutes. Laissez refroidir le gâteau dans le moule pendant 5 à 10 minutes avant de le renverser sur une grille. Laissez refroidir. Avant de servir, saupoudrez de sucre glace.

Préparation et cuisson : 1 h 30, dont 20 à 30 minutes de travail effectif
Calories par part : 270

Cake au vin rouge
À essayer absolument !

Pour 25 parts

100 g de chocolat noir

4 œufs

200 g de beurre ramolli

200 g de sucre

250 g de farine

1/2 sachet de levure

1 cuillerée à café de cannelle

2 cuillerées à café de cacao en poudre

12,5 cl de vin rouge sec

Pour le moule : beurre et farine

Pâte à cake • 1 heure • 180 °C

Moule à cake, 30 cm

1 Hachez finement le chocolat à l'aide d'un grand couteau. Séparez les blancs d'œufs des jaunes et battez-les en neige, puis placez-les au réfrigérateur pour qu'ils restent fermes.

2 Mélangez le beurre et le sucre à l'aide d'un batteur jusqu'à obtention d'une mousse légère de couleur claire.

3 Préchauffez le four à 180 °C (chaleur tournante : 160 °C sans préchauffage). Beurrez le moule, ajoutez-y une poignée de farine, et remuez-le dans tous les sens jusqu'à ce qu'il soit entièrement recouvert de farine.

4 Ajoutez les jaunes d'œufs à la mousse un à un, en mélangeant à chaque fois jusqu'à leur disparition complète. Mélangez la farine avec la levure, la cannelle, le cacao en poudre et le chocolat, et incorporez à la mousse au beurre en alternance avec le vin rouge. Ajoutez un tiers des blancs en neige en mélangeant normalement, puis incorporez doucement le reste à l'aide d'un fouet.

5 Lissez la pâte dans le moule, mettez au four à mi-hauteur pendant 1 heure à peine. Laissez reposer le gâteau dans le moule un bref moment, puis renversez-le sur un plat et laissez-le refroidir.

Préparation et cuisson : 30 minutes de travail effectif, 1 heure de tranquillité
Calories par part : 165

Gâteau sablé
Aussi fin que le sable des Landes

Pour 25 parts
250 g de beurre, 5 œufs
150 g de sucre
2 sachets de sucre vanillé
2 cuillerées à soupe de rhum (au choix)
le zeste de 1/2 citron non traité
1 pincée de sel, 125 g de farine
125 g de fécule
1 cuillerée à café de levure
Pour le moule : beurre et farine
Après la cuisson : sucre glace
Pâte sablée • 1 heure • 180 °C
Moule à cake, 30 cm

1 Faites fondre le beurre dans le récipient à chaleur très douce. (Gardez le papier d'emballage, les restes de beurre suffiront à graisser le moule.) Il ne doit surtout pas brunir. Laissez tiédir.

2 Préchauffez le four à 180 °C (chaleur tournante : 160 °C sans préchauffage). Beurrez le moule à l'aide du papier d'emballage, puis saupoudrez-le de farine.

3 Cassez les œufs dans un récipient, ajoutez le sucre et le sucre vanillé, puis mélangez à l'aide d'un batteur jusqu'à obtenir une mousse légère et de couleur claire. Ajoutez le rhum, le zeste de citron et le sel sans cesser de remuer.

4 Mélangez la farine avec la fécule et la levure. Ajoutez-en tout d'abord une petite partie à la mousse, puis ajoutez le reste en alternance avec le beurre.

5 Versez la pâte dans le moule et lissez-la, puis mettez dans le bas du four pendant environ 1 heure. Faites le test du bâtonnet pour plus de sécurité et, le cas échéant, laissez cuire un peu plus longtemps.

6 Laissez reposer le gâteau dans le moule pendant 5 à 10 minutes, avant de le renverser sur une grille pour le laisser refroidir. Avant de servir, saupoudrez-le de sucre glace.

Préparation et cuisson : 1 h 30, dont seulement 30 minutes de travail effectif
Calories par part : 160

Variantes :

Gâteau au citron
Battez 200 grammes de beurre mou jusqu'à obtention d'une mousse. Ajoutez 180 grammes de sucre, ainsi que 4 œufs et le zeste de 2 grands citrons non traités. Mélangez 250 grammes de farine avec 125 grammes de fécule, 1 pincée de sel et 1/2 sachet de levure, puis ajoutez progressivement à la mousse. Si la pâte devient trop épaisse (elle colle alors à la cuillère), ajoutez quelques cuillerées de lait. Versez la pâte dans un moule beurré et fariné, et mettez au four aussi longtemps et à même température. Mélangez 200 grammes de sucre glace avec 2 ou 3 cuillerées à soupe de jus de citron jusqu'à ce qu'il n'y ait plus de grumeaux. Glacez le gâteau refroidi à l'aide de ce mélange et laissez sécher.

Gâteau au chocolat
Râpez finement 150 grammes de chocolat noir et mélangez-le avec 2 cuillerées à soupe de cacao en poudre. Battez 200 grammes de beurre ramolli avec 150 grammes de sucre et 1 pincée de sel jusqu'à obtention d'une mousse. Ajoutez 4 œufs un à un. Mélangez 500 grammes de farine avec 1 sachet de levure, puis incorporez à la mousse en alternance avec 20 centilitres de lait à température ambiante. Mettez au four à la même température pendant environ 1 heure. Lorsque le gâteau a refroidi, nappez-le de chocolat noir.

Notre conseil
Le sucre vanillé fait maison

Lorsque vous avez ouvert et vidé les gousses de vanille, ne les jetez pas, elles peuvent encore vous faire profiter de leur arôme. Coupez-les en morceaux de 2 centimètres de long et mettez-les dans un récipient en verre à couvercle avec du sucre en poudre. Peu de temps suffit pour que le sucre s'imprègne du goût et de l'odeur de la vanille.

Cake aux courgettes
Les légumes autrement

Pour 25 parts

200 g de jeunes courgettes de petite taille

120 g de graines de potiron, 1 orange non traitée

ou 1 citron, 4 œufs, 1 pincée de sel

200 g de sucre roux, 1 pincée de clou de

girofle en poudre, 1 pincée d'anis moulu

1 cuillerée à café de cannelle, 100 g de farine

1 cuillerée à café de levure

Pour le moule : papier sulfurisé

Après la cuisson : sucre glace

Pâte à biscuit • 50 mn • 180 °C

Moule à cake, 30 cm

1 Rincez les courgettes et râpez-les finement. Hachez les graines de potiron. Rincez l'orange à l'eau chaude, séchez-la et râpez le zeste.

2 Préchauffez le four à 180 °C (chaleur tournante : 160 °C sans préchauffage). Chemisez entièrement le moule de papier sulfurisé.

3 Séparez les blancs d'œufs des jaunes et batte-les en neige avec une pincée de sel. Mélangez les jaunes avec le sucre jusqu'à obtention d'une mousse légère. Ajoutez-y le clou de girofle, l'anis et la cannelle. Mélangez la farine avec la levure et ajoutez-la à la mousse, puis les courgettes et les graines de potiron. Mélangez la moitié des blancs en neige en remuant, et incorporez le reste doucement à l'aide d'un fouet.

4 Versez la pâte dans le moule et lissez-la. Mettez dans le bas du four pendant environ 50 minutes. Après la cuisson, laissez reposer quelques instants, puis démoulez. Lorsqu'il est refroidi, saupoudrez-le de sucre glace.

Préparation et cuisson : 1 h 15, dont 25 minutes de travail effectif
Calories par part : 85

Tarte à la citrouille
Pour Halloween

Pour 12 parts

La garniture :

1 morceau de citrouille (achetez environ 850 g)

4 œufs, 2 cuillerées à soupe de crème fraîche

5 cuillerées à soupe de mélasse, 2 cuillerées à

café de zeste de citron non traité, 1 pincée de

cannelle, 1 pincée de clou de girofle en poudre

La pâte :

200 g de farine, 1 cuillerée à soupe de sucre

125 g de beurre froid, 1 pincée de sel

Pâte brisée • 40 mn • 200 °C

Moule à tarte ou démontable, 28 ou 30 cm de Ø

1 Préchauffez le four à 200 °C (chaleur tournante : 180 °C sans préchauffage). Ôtez les graines et les fibres du morceau de citrouille, disposez-le sur une plaque et mettez au four pendant 40 minutes environ, jusqu'à ce que la chair soit bien tendre.

2 Entre-temps, préparez la pâte : mélangez la farine avec le sucre, le beurre en petits morceaux, le sel et 1 à 2 cuillerées à soupe d'eau froide. Travaillez la pâte jusqu'à ce qu'elle soit bien lisse, puis roulez-la en boule. Abaissez la pâte à l'aide d'un rouleau à pâtisserie, puis déposez-la dans le moule en formant une bordure d'environ 3 centimètres de haut. Réservez le moule avec la pâte au frais pendant 1 heure.

3 Faites tiédir la citrouille, enlevez la chair à l'aide d'une cuillère et réduisez-la en purée. La quantité requise est de 500 grammes. À l'aide du batteur, incorporez les œufs, la crème fraîche, la mélasse, le zeste de citron, la cannelle et le clou de girofle à la purée de citrouille.

4 Refaites chauffer le four à 200 °C (chaleur tournante : 180 °C). Versez la purée de citrouille dans le moule et mettez au four, à mi-hauteur, pendant environ 40 minutes, jusqu'à ce que la garniture soit ferme et dorée. Laissez refroidir et servez très frais. L'idéal : accompagnez cette tarte d'un peu de crème fraîche.

Préparation et cuisson : 3 heures, dont 40 minutes de travail effectif
Calories par part : 200

L'australien
Irrésistible

Il y aurait beaucoup à dire sur la cuisine australienne. Mais une chose est certaine : ils savent faire les gâteaux, aux antipodes.

Pour 25 parts

La pâte :

500 g de carottes

250 g de noix de pecan (ou de noisettes décortiquées)

250 g de farine de blé complète

2 cuillerées à café de bicarbonate (allège le gâteau et se trouve dans tous les grands magasins)

2 cuillerées à café de cannelle, 200 g de raisins de Smyrne

300 g de sucre roux, 4 œufs, 25 cl d'huile végétale

La crème :

200 g de fromage blanc au lait entier

120 g de sucre glace, 80 g de beurre

1 sachet de sucre vanillé

Pour la plaque : beurre

Pâte sablée • 40 à 50 mn • 180 °C

1 Pelez et râpez les carottes. Hachez finement les noix. Mélangez la farine avec le bicarbonate, la cannelle, les raisins de Smyrne et le sucre.

2 Préchauffez le four à 180 °C (chaleur tournante : 160 °C sans préchauffage). Beurrez une plaque à haut bord.

3 Battez les œufs entiers jusqu'à ce qu'ils moussent, et incorporez progressivement l'huile sans cesser de remuer. Ajoutez les carottes, les noix et la farine, puis étalez la pâte sur la plaque. Mettez au four à mi-hauteur pendant 40 à 50 minutes. Laissez refroidir sur la plaque.

4 Pour la crème, mélangez tous les ingrédients jusqu'à ce qu'ils moussent et étalez sur le gâteau. Dessinez des vagues à l'aide d'une cuillère.

Préparation et cuisson : 1 h 20, dont 50 minutes de travail effectif
Calories par part : 305

Douceur suisse à la carotte
Excellents, ces Suisses !

Pour 16 parts

250 g de carottes nouvelles

le zeste et 1 cuillerée à soupe du jus d'un citron non traité

2 cuillerées à soupe de kirsch (pour ceux qui aiment), 250 g d'amandes en poudre

50 g de farine, 2 cuillerées à café de levure

6 œufs, 160 g de sucre

Pour le moule : beurre et chapelure

Après la cuisson : 200 g de sucre glace, 2 à 3 cuillerées à soupe de jus de citron et des carottes en pâte d'amandes (voir page 23)

Pâte à biscuit • 40 mn • 180 °C

Moule démontable, 26 ou 28 cm de Ø

1 Pelez les carottes, rincez-les et râpez-les finement. Mélangez avec le zeste et le jus de citron, ajoutez éventuellement le kirsch.

2 Préchauffez le four à 180 °C (chaleur tournante : 160 °C sans préchauffage). Beurrez le moule et saupoudrez-le de chapelure.

3 Mélangez les amandes, la farine et la levure. Séparez les blancs d'œuf des jaunes. Battez les blancs en neige en ajoutant progressivement le sucre en pluie. Incorporez doucement les jaunes, puis ajoutez les carottes et la farine. Remuez à l'aide d'un fouet.

4 Versez la pâte dans le moule et mettez au four à mi-hauteur pendant environ 40 minutes. N'oubliez pas le test du bâtonnet ! Laissez le gâteau une dizaine de minutes dans le moule avant de le démouler, retournez-le sur une grille et laissez-le refroidir. Masquez le gâteau avec le mélange de sucre glace et de jus de citron.

Préparation et cuisson : 1 h 15, dont 35 minutes de travail effectif
Calories par part : 185

Linzertarte
Pour l'éternité

Pour 16 parts

200 g de farine, 300 g d'amandes en poudre

150 g de sucre, 1 pincée de sel

1 cuillerée à café pleine de cannelle, 1 pincée de clou de girofle en poudre

le zeste de 1/2 citron non traité

200 g de beurre froid, 3 + 1 jaunes d'œufs

250 g de confiture d'airelles ou de framboises

40 g d'amandes effilées

Pâte brisée • 45 mn • 180 °C

Moule démontable, 26 ou 28 cm de Ø

1 Préparez une pâte bien lisse en mélangeant la farine avec les amandes en poudre, le sucre, le sel, la cannelle, le clou de girofle en poudre, le zeste de citron, le beurre en dés et 3 jaunes d'œufs. Laissez reposer au frais pendant 30 minutes.

2 Préchauffez le four à 180 °C (chaleur tournante : 160 °C sans préchauffage). Utilisez les deux tiers de la pâte pour chemiser le moule ; la bordure doit être un plus épaisse que le fond.

3 Étalez la confiture sur le fond de tarte. Abaissez le reste de la pâte sur le plan de travail fariné. À l'aide d'un couteau, découpez la pâte en bandes de 1 à 2 centimètres de large. Déposez les bandes sur la confiture en les croisant.

4 Badigeonnez les bandes de pâte avec le dernier jaune d'œuf. Mettez au four à mi-hauteur pendant environ 45 minutes. Ajoutez les amandes effilées à mi-cuisson.

5 Laissez refroidir le gâteau, enveloppez-le dans une feuille d'aluminium, et attendez deux jours au minimum avant de le consommer. D'ailleurs, la linzertarte se tient facilement pendant deux semaines.

Préparation et cuisson : 1 h 45, dont 35 minutes de travail effectif
Calories par part : 350

Gâteau au chocolat et aux pignons de pin
Presque comme une praline

Pour 12 parts

250 g de beurre, 200 g de chocolat noir

6 œufs, le zeste et le jus de 1 citron non traité

120 g de sucre, 50 g de pignons de pin

2 cuillerées à soupe de fécule

Pour le moule : beurre et farine

Après la cuisson : sucre glace et cacao en poudre

Pâte sablée • 45 mn • 180 °C

Moule démontable, 26 ou 28 cm de Ø

1 Mettez le chocolat et le beurre en dés dans une casserole à feu moyen. Remuez jusqu'à ce qu'ils fondent.

2 Séparez les blancs d'œuf des jaunes, et battez-les en neige en y ajoutant le jus de citron pour les rendre plus fermes. Réservez au frais.

3 Dans un récipient, mélangez les jaunes d'œufs avec le sucre et le zeste de citron à l'aide du même batteur que pour les blancs, jusqu'à obtention d'une crème mousseuse et claire. Incorporez progressivement le mélange de chocolat et de beurre fondu. Ajoutez les pignons de pin.

4 Préchauffez le four à 180 °C (chaleur tournante : 160 °C, sans préchauffage). Beurrez le moule et saupoudrez-le de farine. Incorporez les blancs en neige à la pâte, puis ajoutez la fécule à l'aide d'un tamis. Mélangez doucement avec un fouet.

5 Versez la pâte dans le moule et mettez au four à mi-hauteur pendant environ 45 minutes. Le gâteau doit être bien ferme. Faites le test du bâtonnet pour plus de sécurité. Laissez reposer le gâteau quelques minutes avant de le démouler, puis laissez-le refroidir. Saupoudrez de sucre glace et de cacao en poudre selon votre inspiration.

Préparation et cuisson : 35 minutes de travail effectif, 45 minutes de tranquillité
Calories par part : 360

Gâteau grec au miel
L'enfance de l'art

Pour 25 parts

4 citrons non traités, 6 cuillerées à soupe d'huile d'olive, 60 g de margarine (ou de beurre), 250 g de miel (pas le plus cher)

350 g de farine, 1 1/2 sachet de levure

250 g de semoule fine

1/2 cuillerée à café de noix muscade râpée

45 cl de lait, 6 blancs d'œufs, 1 pincée de sel

4 cuillerées à soupe de graines de sésame

Pour la plaque : papier sulfurisé

Pâte sablée • 25 à 30 mn • 200 °C

1 Rincez les citrons à l'eau chaude et râpez le zeste de 2 d'entre eux. Pressez les 4 citrons. Dans une casserole, faites fondre l'huile, la margarine et 140 grammes de miel à feu doux. Par ailleurs, mélangez la farine avec la levure, la semoule et la noix muscade.

2 Préchauffez le four à 200 °C (chaleur tournante : 180 °C sans préchauffage). Chemisez une plaque à bord haut de papier sulfurisé.

3 Réservez 8 cuillerées à soupe du jus de citron, ajoutez le reste avec le zeste et le lait au miel tiède. Ajoutez la farine. Battez les blancs d'œufs en neige avec une pincée de sel et incorporez-les à la pâte.

4 Versez et lissez la pâte sur la plaque. Saupoudrez de sésame et mettez au four à mi-hauteur pendant 25 à 30 minutes. Vérifiez la cuisson à l'aide d'un bâtonnet en bois. Mélangez le reste du miel avec le jus de citron et nappez-en le gâteau encore chaud. Laissez reposer toute une nuit.

Préparation et cuisson : 1 heure, dont une bonne moitié de travail effectif
Calories par part : 175

Tarte aux noix de l'Engadine
Un gâteau suisse qui tient au corps

Pour 16 parts

La pâte :

350 g de farine, 1 pincée de sel, 1 œuf

80 g de sucre glace, 175 g de beurre froid

La garniture :

350 g de cerneaux de noix, 200 g de sucre

250 g de crème fraîche, 50 g de miel, le zeste et 1 cuillerée à soupe du jus d'un citron non traité

Pour dorer : 1 jaune d'œuf, 1 cuillerée à soupe de lait

Pâte brisée • 45 mn • 180 °C

Moule démontable, 26 ou 28 cm de Ø

1 Travaillez la farine, le sel, l'œuf et le beurre jusqu'à obtention d'une pâte lisse. Enveloppez la pâte dans une feuille de papier d'aluminium et réservez au frais pendant 1 heure.

2 Hachez grossièrement les cerneaux de noix. Versez le sucre dans une casserole et faites cuire à feu doux jusqu'à ce qu'il commence à se liquéfier sur les bords. Réduisez le feu et remuez sans cesse jusqu'à ce qu'il soit entièrement fondu et doré. Ajoutez la crème, le miel et le jus de citron, et continuez à remuer jusqu'à ce que le sucre, figé par l'apport des nouveaux ingrédients, fonde de nouveau. Soyez patient, cela peut prendre une quinzaine de minutes. Ajoutez les noix et le zeste de citron, laissez refroidir.

3 Préchauffez le four à 180 °C (chaleur tournante : 160 °C sans préchauffage). Abaissez les deux tiers de la pâte et mettez-la dans le moule en faisant une bordure de 3 centimètres. Abaissez le reste de la pâte (elle servira à recouvrir le gâteau) et piquez-la à l'aide d'une fourchette.

4 Versez le mélange aux noix dans le moule et recouvrez-le avec le reste de pâte. Fermez bien les bords. Mélangez le jaune d'œuf avec le lait et badigeonnez le gâteau. Mettez au four à mi-hauteur pendant environ 45 minutes. Faites refroidir, démoulez et enveloppez le gâteau dans une feuille de papier d'aluminium. Attendez au moins 2 jours avant de le consommer.

Préparation et cuisson : 2 heures, dont 1 heure environ de travail effectif
Calories par part : 445

Brioche tressée

Succès garanti au petit déjeuner

Pas de panique : la pâte levée n'a rien de difficile et ne demande en fait que peu de travail. Elle lève toujours, pour peu que le levain soit frais, et ne craint pas grand-chose.

Pour 20 tranches

30 g de levure de boulanger fraîche

12,5 cl de lait tiède

150 g de beurre ramolli

80 g de sucre, 1 œuf, 3 jaunes d'œufs

le zeste de 1 citron non traité

50 g d'amandes effilées

500 g de farine, 1 pincée de sel

Pour la plaque : papier sulfurisé

Pour dorer et saupoudrer :

1 cuillerée à soupe de beurre fondu

1 à 2 cuillerées à soupe de gros sucre

Pâte levée • 45 mn • 180 °C

1 Émiettez la levure et mélangez-la avec le lait tiède. Laissez reposer 10 à 15 minutes.

2 Pendant ce temps, battez le beurre et le sucre jusqu'à obtention d'une mousse crémeuse. Ajoutez l'œuf et les 3 jaunes d'œufs l'un après l'autre, puis le zeste de citron et les amandes effilées. Incorporez ensuite la farine avec le sel, puis le mélange lait-levure en remuant vigoureusement. La pâte doit être souple et se détacher en un seul morceau du récipient. Couvrez-la et mettez-la à lever dans un endroit tiède pendant 1 heure. Elle doit approximativement doubler de volume.

3 Chemisez la plaque avec du papier sulfurisé, saupoudrez le plan de travail de farine. Pétrissez une nouvelle fois la pâte et séparez-la en 3 morceaux de taille égale. Roulez chaque morceau en une bande de 3 à 4 centimètres d'épaisseur en veillant à ce que les 3 bandes soient de même longueur.

4 Placez les bandes l'une à côté de l'autre sur la plaque. Collez ensemble les extrémités supérieures, puis faites une tresse en vous souvenant de vos gestes d'enfant : repliez la bande gauche vers l'intérieur sur la bande du milieu, puis la droite, puis de nouveau la gauche. Lorsque la tresse est terminée, collez les extrémités ensemble. Couvrez de nouveau et laissez reposer pendant 15 minutes.

5 Préchauffez le four à 180 °C (chaleur tournante : 160 °C sans préchauffage). Badigeonnez la tresse avec du beurre fondu, saupoudrez de gros sucre, et mettez au four à mi-hauteur pendant environ 45 minutes. La brioche tressée doit lever et prendre une belle teinte brune. Laissez refroidir et régalez-vous !

Préparation et cuisson : 2 h 15, dont seulement 35 minutes de travail effectif
Calories par tranche : 200

Gâteau de la rose
À l'italienne : torta della rosa

Pour 16 parts

La pâte :

400 g de farine, 50 g de sucre
2 sachets de sucre vanillé
1 pincée de sel, 15 cl de lait
100 g de beurre
30 g de levure de boulanger fraîche
3 cuillerées à soupe d'amaretto (ou de marsala)

La garniture :

1 gros citron non traité
75 g de pistaches décortiquées
50 g de pignons de pin
100 g de chocolat noir
250 g de ricotta
50 g de miel, 1 œuf

Pour le moule : beurre
Pour le plan de travail : farine
Pour dorer : 2 cuillerées à soupe de marmelade d'oranges

Pâte levée • 45 mn • 200 °C
Moule démontable à bord haut, 26 ou 28 cm de Ø

1 Dans un récipient, mélangez la farine avec le sucre, le sucre vanillé et le sel. Faites tiédir le lait et le beurre, puis émiettez la levure en remuant sans cesse.

2 Versez le lait et l'amaretto sur la farine et pétrissez jusqu'à obtention d'une boule de pâte souple qui se détache facilement du récipient. Couvrez la pâte et laissez-la reposer dans un endroit tiède pendant 1 heure. Elle doit doubler de volume.

3 Entre-temps, rincez le citron à l'eau chaude, séchez-le et râpez le zeste. Pressez 1/2 citron. Hachez les pistaches et les pignons de pin, ainsi que le chocolat. Mélangez la ricotta avec le jus et le zeste du citron, le miel et l'œuf. Ajoutez ensuite les pistaches, les pignons et le chocolat.

4 Beurrez le moule. Pétrissez une nouvelle fois la pâte, puis abaissez-la au rouleau jusqu'à obtention d'un rectangle de 0,5 cm d'épaisseur. Répartissez la garniture sur la pâte sans aller jusqu'au bord. Enroulez la pâte dans le sens de la longueur, puis coupez des tranches de 3 centimètres d'épaisseur. Disposez les tranches bien serrées dans le moule, section coupée vers le haut, et attendez 15 à 20 minutes avant d'enfourner.

5 Préchauffez le four à 180 °C (chaleur tournante : 160 °C sans préchauffage). Mettez au four à mi-hauteur pendant environ 45 minutes. Faites tiédir la marmelade dans une casserole jusqu'à ce qu'elle devienne fluide. Étalez-la à l'aide d'un pinceau sur le gâteau encore chaud, puis laissez refroidir.

Préparation et cuisson : 2 h 15, dont environ 45 minutes de travail effectif
Calories par part : 295

Notre conseil

La brioche tressée est encore plus moelleuse avec une garniture aux noix ou bien aux graines de pavot : mélangez 250 grammes de noix en poudre ou de pavot moulu avec 50 grammes de sucre, 50 grammes de crème fraîche, 1 pincée de cannelle et 1 œuf. Aplatissez chaque bande, remplissez le centre avec un peu de garniture, refermez et roulez. Tressez la brioche comme décrit plus haut.

Délice à la crème et aux amandes

Un plaisir rare

Pour 16 grandes parts

La pâte :

25 cl de lait, 500 g de farine, 100 g de sucre
1 sachet de sucre vanillé, 1 pincée de sel
1 dé de levure fraîche (42 g), 170 g de beurre

La couverture :

80 g de beurre, 100 g de sucre
100 g de crème fraîche, 200 g d'amandes effilées

La garniture :

3 feuilles de gélatine claire, 1 sachet de flan à la vanille en poudre, 50 cl de lait, 3 cuillerées à soupe de sucre, 1 sachet de sucre vanillé
2 cuillerées à café de zeste de citron (non traité), 250 g de crème fraîche liquide
Pour le moule : papier sulfurisé

Pâte levée • 20 à 25 mn •200 °C

1 Faites tiédir le lait. Mélangez la farine avec le sucre, le sucre vanillé et le sel, et faites un puits au milieu. Émiettez la levure, faites-la dissoudre dans le lait, versez dans le puits et attendez pendant 15 minutes.

2 Entre-temps, faites fondre le beurre. Lorsqu'il est tiède, ajoutez-le à la farine et pétrissez le tout. Couvrez et laissez reposer pendant 1 heure, jusqu'à ce que la pâte ait doublé de volume.

3 Pour la couverture, faites chauffer le beurre, le sucre et la crème fraîche dans une casserole. Ajoutez les amandes effilées et laissez sur feu moyen jusqu'à ce que la crème ait été absorbée. Laissez refroidir. Faites tremper la gélatine dans de l'eau froide. Mélangez le flan en poudre avec un peu de lait. Portez à ébullition le reste du lait additionné de sucre et de zeste de citron, puis préparez le flan. Lorsqu'il est tiède, ajoutez les feuilles de gélatine jusqu'à ce qu'elles fondent. Laissez refroidir le flan.

4 Chemisez la plaque de papier sulfurisé. Pétrissez une nouvelle fois la pâte avant de l'abaisser en rectangle, à une épaisseur d'environ 1,5 cm. Laissez reposer 15 minutes et préchauffez le four à 200 °C (chaleur tournante : 180 °C).

5 Répartissez la couverture aux amandes sur la pâte et mettez au four à mi-hauteur pendant 20 à 25 minutes. Lorsque le gâteau est encore tiède, coupez-le en quatre parts.

6 Fouettez la crème fraîche liquide jusqu'à ce qu'elle soit ferme et incorporez-la au flan à la vanille. Coupez les moitiés supérieures du gâteau en deux. Étalez la crème à la vanille sur les moitiés inférieures, couvrez avec les parties supérieures en appuyant légèrement.

Préparation et cuisson : 2 bonnes heures, dont 1 h 15 de travail effectif
Calories par part : 475

Gâteau au beurre

Peu onéreux et délicieusement désuet

Pour 20 parts

La pâte :

400 g de farine, 50 g de sucre, 1 pincée de sel
30 g de levure de boulanger fraîche
12,5 cl de lait tiède
70 g de beurre fondu, 2 œufs
le zeste de 1 citron non traité

La garniture :

100 g de sucre en gros grains
1 à 2 cuillerées à café de cannelle
125 g de beurre, 100 g d'amandes hachées
Pour le moule : beurre

Pâte levée • 25 mn • 200 °C

1 Mélangez la farine avec le sucre et le sel. Émiettez la levure et faites-la fondre dans le lait tiède. Laissez reposer quelques instants pour qu'elle commence à travailler, puis ajoutez-la à la farine avec le beurre, les œufs et le zeste de citron. Pétrissez vigoureusement.

2 Couvrez la pâte et laissez-la reposer dans un endroit chaud pendant 1 heure. Elle doit doubler de volume. Beurrez la plaque, posez-y la pâte et abaissez-la à l'aide d'un rouleau à pâtisserie enduit de farine.

3 Mélangez le sucre avec la cannelle. Coupez le beurre en petits morceaux. Préchauffez le four à 180 °C (chaleur tournante : 160 °C sans préchauffage). Pratiquez de petits creux dans la pâte et mettez un morceau de beurre dans chacun d'eux. Saupoudrez les amandes et le sucre à la cannelle sur toute la pâte.

4 Mettez au four à mi-hauteur 25 minutes environ, jusqu'à ce que le gâteau ait une belle couleur. Laissez refroidir et servez sans attendre.

Préparation et cuisson : 2 h 30, dont seulement 30 minutes de travail effectif
Calories par part : 220

Kugelhopf
Saveur d'antan

Pour 25 parts

100 g de raisins secs, 2 cuillerées à soupe de rhum ou de jus de pomme, 100 g d'amandes ou de noisettes émondées, 500 g de farine

150 g de sucre, 1 sachet de sucre vanillé

1 pincée de sel, 1 dé de levure de boulanger fraîche (42 g), 12,5 cl de lait tiède, 150 g de beurre, 1 œuf, 4 jaunes d'œuf, 2 cuillerées à café de zeste de citron

Pour le moule : beurre

Après la cuisson : sucre glace

Pâte levée • 1 heure • 180 °C

Moule à kugelhopf

1 Versez les raisins dans le rhum et laissez reposer. Hachez grossièrement les amandes. Mélangez la farine avec le sucre, le sucre vanillé et le sel, faites un puits au milieu. Émiettez et faites fondre la levure dans le lait tiède. Versez dans le puits et attendez 15 minutes. La levure travaille mieux si on lui laisse un peu de temps.

2 Faites fondre et tiédir le beurre, puis ajoutez-le à la farine, ainsi que l'œuf, les jaunes d'œufs, le zeste de citron, les raisins et les amandes. Travaillez bien le tout. La pâte doit être souple et se détacher facilement du récipient.

3 Beurrez le moule et versez-y la pâte. Couvrez et laissez reposer dans un endroit chaud pendant 2 ou 3 heures. La pâte ne lève pas tellement à ce moment-là.

4 Préchauffez le four à 180 °C (chaleur tournante : 160 °C sans préchauffage). Mettez au four à mi-hauteur pendant environ 1 heure. Si le kugelhopf brunit trop vite, couvrez le moule d'une feuille de papier d'aluminium. À la sortie du four, laissez-le reposer quelques instants avant de le démouler sur la grille. Saupoudrez-le de sucre glace avant de servir.

Préparation et cuisson : 1 h 30, sans compter les temps morts, dont 30 minutes de travail effectif
Calories par part : 200

Gâteau au pavot
Se conserve longtemps

Pour 20 parts

La pâte :

150 g de fromage blanc, 6 cuillerées à soupe d'huile végétale, 1 œuf, 2 sachets de sucre vanillé, 1 pincée de sel

le zeste de 1 citron non traité, 300 g de farine

3 cuillerées à café de levure

La garniture :

2 gousses de vanille, 6 œufs

200 g de beurre mou, 200 g de miel

1 pincée de cannelle, 150 g d'amandes en poudre

250 g de pavot fraîchement moulu

Pour la plaque : beurre

Pâte au fromage blanc et à l'huile

• 40 à 45 mn • 180 °C

1 Mélangez le fromage blanc, l'huile, l'œuf, le sucre vanillé, le sel et le zeste de citron. Ajoutez la moitié du mélange farine et levure sans cesser de remuer. Ajoutez la seconde moitié de la farine en travaillant la pâte à la main. Si la pâte est trop sèche, ajoutez-y 1 ou 2 cuillerées à soupe d'eau.

2 Préchauffez le four à 180 °C (chaleur tournante : 160 °C, sans préchauffage). Beurrez la plaque, et étalez-y la pâte avec un rouleau à pâtisserie.

3 Ouvrez les gousses de vanille et grattez la chair. Séparez les blancs d'œufs des jaunes, et battez-les en neige ferme. Mettez la plaque au four à mi-hauteur pendant 10 minutes.

4 Fouettez le beurre jusqu'à ce qu'il soit crémeux et mélangez-y les jaunes d'œufs un à un. Ajoutez ensuite la vanille, le miel, la cannelle, les amandes et le pavot. Incorporez doucement les blancs en neige.

5 Baissez la température de votre four à 160 °C (chaleur tournante : 140 °C). Sortez la plaque et étalez la garniture sur la pâte, puis remettez au four pendant 30 à 40 minutes.

Préparation et cuisson : 1 h 15, dont 35 minutes de travail effectif
Calories par part : 330

Cake à la casserole
À déguster dès les premières pluies d'automne

Le four vous sert à la fin, mais la cuisson à la casserole vous épargne de pétrir la pâte.

Pour 25 à 30 parts

500 g de fruits secs mélangés (raisins de Smyrne, abricots, figues, pommes, etc.)

100 g de cerises confites, 120 g d'amandes émondées (option), 1 cuillerée à café de cannelle

1/2 cuillerée à café de bicarbonate (au supermarché, avec la farine)

200 g de sucre en poudre roux

2 œufs, 1 pincée de sel

250 g de farine, 1 1/2 cuillerée à café de levure

2 cuillerées à soupe de rhum

Pour le moule : beurre et farine

Pâte sablée • 1 heure • 180 °C

Moule à cake, 30 cm

1 Coupez tous les fruits secs à la taille des raisins de Smyrne, puis hachez grossièrement les cerises et les amandes. Mettez le tout dans une casserole avec la cannelle, le bicarbonate, le sucre et 25 centilitres d'eau, et laissez cuire à petit feu pendant 5 minutes.

2 Préchauffez le four à 180 °C (chaleur tournante : 160 °C sans préchauffage). Beurrez le moule et saupoudrez-le de farine.

3 Battez les œufs et le sel jusqu'à ce qu'ils soient crémeux. Mélangez la farine avec la levure et tamisez-la sur la casserole de fruits tout en remuant. Ajoutez les œufs battus et le rhum.

4 Versez la pâte dans le moule et mettez en bas du four pendant 1 heure. Laissez reposer 10 minutes avant de renverser le cake sur une grille. Laissez refroidir toute la nuit. Enveloppez le gâteau dans une feuille de papier d'aluminium et rangez-le dans une boîte hermétique. Attendez de une semaine à un mois avant de le déguster.

Préparation et cuisson : 1 h 30, dont 1 heure de tranquillité
Calories par part : 130

Notre conseil
Les amandes sont meilleures sans leur peau

Il est possible de trouver des amandes déjà émondées, mais elles coûtent assez cher. Pour le faire vous-même : recouvrez-les quelques instants d'eau bouillante, puis égouttez-les. Une simple pression du pouce et de l'index suffit alors pour ôter la peau.

Pain d'épice
Meilleur chaque jour pendant une semaine

Délicieux avec du beurre au petit déjeuner.

Pour 25 à 30 tranches

250 g de miel, 100 g de sucre roux

500 g de farine, 1 sachet de levure

1 cuillerée à café de cannelle, 1/2 cuillerée à café de clou de girofle moulu

100 g d'amandes ou de noisettes en poudre

le zeste d'1 gros citron non traité

1 œuf, environ 200 g de petit-lait

2 cuillerées à soupe d'eau-de-vie (facultatif)

Pour le moule : papier sulfurisé

Pâte sablée • 1 heure • 170 °C

Moule à cake, 30 cm

1 Dans une casserole, faites chauffer le miel et le sucre à feu doux en veillant à ne pas faire brûler celui-ci. Remuez jusqu'à ce que le sucre ait fondu. Laissez refroidir.

2 Mélangez la farine avec la levure, la cannelle, le clou de girofle, les amandes et le zeste de citron. Préchauffez le four à 170 °C (chaleur tournante : 150 °C sans préchauffage). Chemisez le moule avec le papier sulfurisé en évitant les plis. À cet effet, entaillez le papier dans les coins à l'aide de ciseaux pour pouvoir le lisser.

3 Ajoutez l'œuf, le petit-lait et l'eau-de-vie au miel. Incorporez ensuite la farine. Vous obtenez une pâte lourde qui se détache en lambeaux de la cuillère. Si elle est trop compacte, ajoutez un peu de petit-lait. Dans le cas contraire, ajoutez de la farine.

4 Versez et lissez la pâte dans le moule. Mettez dans le four à mi-hauteur pendant environ 1 heure. Faites le test du bâtonnet. Lorsque le pain d'épice est cuit, laissez-le reposer quelques instants avant de le démouler sur une grille pour le laisser refroidir.

Préparation et cuisson : 1 h 30, dont 30 minutes de travail effectif
Calories par tranche (pour 30 tranches) : 120

Brioche aux fruits et au fromage blanc

Un goût de Noël

Pour 24 tranches

La garniture :

50 g d'abricots secs, 50 g de pistaches décortiquées, 100 g de pâte d'amandes

50 g de sucre glace, 1/2 sachet de sucre vanillé

La pâte :

150 g de beurre, 250 g de fromage blanc, 2 œufs

1 sachet de sucre vanillé, 150 g de sucre

5 gouttes d'arôme d'amande amère

3 cuillerées à soupe de rhum

250 g de raisins de Corinthe

150 g d'écorces de citron confites

100 g d'amandes effilées, 500 g de farine

1 sachet de levure

1 cuillerée à café de cannelle

Pour le moule : beurre

Par ailleurs : papier d'aluminium épais

Environ 150 g de beurre pour dorer

80 g de sucre

1 sachet de sucre vanillé

4 cuillerées à soupe de sucre glace

Pâte sablée • 1 heure à 1 h 15 • 180 °C

1 Pour la garniture, hachez les abricots et les pistaches et mélangez-les au reste des ingrédients : vous obtenez une pâte compacte. Faites-en un rouleau de 4 centimètres de diamètre et de 30 centimètres de long. Couvrez et réservez au frais.

2 Pour la pâte, faites fondre puis tiédir le beurre. Mélangez le fromage blanc avec les œufs, le sucre vanillé, le sucre, l'arôme d'amande et le rhum. Lavez les raisins de Corinthe et séchez-les à l'aide d'un torchon, puis hachez les écorces de citron. Faites chauffer raisins et zestes avec les amandes dans une grande poêle sèche, puis ajoutez la farine, la levure, la cannelle et les amandes. Mélangez le tout au fromage blanc, ajoutez le beurre fondu.

3 Préchauffez le four à 180 °C (chaleur tournante : 160 °C sans préchauffage). Beurrez la plaque de cuisson. Mettez un peu de farine sur le plan de travail et faites un grand rouleau de pâte de 30 centimètres de long. Aplatissez le milieu avec le côté de la main. Agrandissez l'espace ainsi obtenu à l'aide de la cuillère en bois jusqu'à ce qu'il soit à la taille du rouleau de pâte d'amandes.

4 Déposez le rouleau de pâte d'amandes dans l'espace prévu à cet effet et rabattez la pâte par-dessus. Disposez la brioche sur la plaque et redressez-la si elle est trop déformée, puis recouvrez-la d'une feuille de papier d'aluminium dont vous plierez soigneusement les extrémités pour qu'elle reste en place.

5 Mettez dans le bas du four pendant 1 heure à 1 h 15. Faites fondre le beurre. Après 20 minutes de cuisson, badigeonnez-en la brioche. Recommencez l'opération plusieurs fois. En fin de cuisson, versez le reste du beurre sur la brioche encore chaude. Mélangez le sucre et le sucre vanillé et saupoudrez-en la brioche. Laissez refroidir et saupoudrez de sucre glace.

Préparation et cuisson : 2 h 30, dont 50 minutes de travail effectif
Calories par tranche : 360

Gâteau d'anniversaire
Un goût de rêve

C'est le gâteau dont tout le monde rêve sans jamais l'obtenir. Aujourd'hui, le rêve devient enfin réalité.

Pour 16 parts

La pâte :

50 g de fécule

2 cuillerées à café de levure

100 g de farine

200 g de sucre

6 blancs d'œufs

1/4 de cuillerée à café de sel

2 sachets de sucre vanillé

3 jaunes d'œufs

Le glaçage :

50 g de beurre ramolli

250 g de sucre glace

2 à 3 cuillerées à café de jus de citron

Pour le moule : papier sulfurisé

Par ailleurs :

bougies d'anniversaire multicolores

vermicelles de couleur ou dragées

Pâte au blanc d'œuf • 40 à 50 mn • 160 °C

Moule démontable, 26 ou 28 cm de Ø

1 Préchauffez le four à 160 °C (chaleur tournante : 140 °C sans préchauffage). Mélangez 1 cuillerée à soupe de fécule avec la levure, et le reste avec la farine et 100 grammes de sucre. Passez ce mélange trois fois au tamis (inhabituel, mais important pour que le gâteau soit bien léger).

2 Battez lentement les blancs pour qu'ils deviennent crémeux, puis ajoutez la levure additionnée de fécule sans cesser de battre. Battez en neige ferme tout en ajoutant le sel, le reste du sucre et le sucre vanillé en pluie.

3 Mélangez les jaunes d'œufs un à un aux blancs en neige. Incorporez la farine au tamis en remuant doucement. Chemisez le fond du moule avec le papier sulfurisé, versez-y la pâte, et mettez au four à mi-hauteur pendant 40 à 45 minutes.

4 Lorsqu'il est cuit, laissez le gâteau reposer dans le four ouvert pendant 15 minutes avant de le démouler. Décollez la bordure, ouvrez le moule et renversez le gâteau sur une grille. Retirez le fond du moule ainsi que le papier sulfurisé et laissez refroidir.

5 Pour le glaçage, battez le beurre jusqu'à ce qu'il soit crémeux. Ajoutez le sucre glace en pluie, ainsi que le jus de citron pour obtenir un liquide épais.

6 Nappez généreusement le gâteau. Le glaçage doit couler sur le bord de façon irrégulière, sans le recouvrir entièrement. Écrivez le chiffre d'anniversaire avec les dragées, saupoudrez de vermicelles colorés, piquez les bougies dans le gâteau, et laissez sécher le glaçage pendant 2 à 3 heures. Joyeux anniversaire !

Préparation et cuisson : 1 h 30, dont environ 35 minutes de travail effectif, plus 2 à 3 heures de séchage
Calories par part : 155

Variantes :

Gâteau d'anniversaire de printemps
Pour le glaçage, remplacez le jus de citron par du sirop de fraise et décorez le gâteau avec de petites roses en sucre.

Gâteau d'anniversaire d'été
Recouvrez le gâteau d'une épaisse couche de crème Chantilly et décorez à l'aide de fruits rouges et de feuilles de menthe

Gâteau d'anniversaire d'automne
Faites fondre 200 grammes de chocolat au lait dans 20 grammes de beurre et 200 grammes de crème fraîche. Laissez refroidir jusqu'à ce que le mélange épaississe et nappez-en le gâteau. Décorez de copeaux de chocolat.

Gâteau d'anniversaire d'hiver
Mélangez 400 grammes de pâte d'amandes avec 250 grammes de sucre glace. Étalez finement la pâte ainsi obtenue sur du papier sulfurisé saupoudré de sucre glace. Découpez un rond au diamètre du gâteau ainsi qu'une bande pour décorer la bordure. Badigeonnez le gâteau avec 150 grammes de confiture d'abricots, puis enveloppez-le dans la pâte d'amandes. Saupoudrez de sucre glace.

HAPPY BIRTHDAY

Tarte au fromage blanc
Un classique indémodable !

Pour 12 parts

La pâte :

230 g de farine, 1 pincée de levure

1 pincée de sel, 50 g de sucre, 110 g de beurre froid, 1 jaune d'œuf, 1 à 2 cuillerées à soupe de crème fleurette ou de yaourt

La garniture :

100 g de beurre, 5 œufs

500 g de fromage blanc, 100 g de sucre

20 cl de lait, le zeste et 4 cuillerées à soupe du jus d'un citron non traité

90 g de semoule, 1/2 cuillerée à café de levure

1 cuillerée à soupe de kirsch ou de grappa (en option)

Pour recouvrir le gâteau : papier d'aluminium, haricots secs ou fèves

Pâte brisée • 1 h 15 • 180 °C

Moule démontable, 26 ou 28 cm de Ø

1 Préparez tout d'abord la pâte : mélangez la farine avec la levure, le sel, le sucre, le beurre en petits morceaux, le jaune d'œuf et la crème fraîche. Pétrissez vigoureusement, puis abaissez la boule de pâte entre 2 feuilles de papier sulfurisé. Posez la pâte dans un moule non beurré, en veillant à laisser un bord de 3 centimètres de haut, et laissez-la rafraîchir pendant 30 minutes.

2 Pendant ce temps, faites fondre le beurre à feu doux. Laissez tiédir. Séparez les blancs d'œufs des jaunes.

3 Préchauffez le four à 180 °C (chaleur tournante : 160 °C sans préchauffage). Posez une feuille d'aluminium sur la pâte et versez les haricots secs en couche épaisse par-dessus. Mettez au four à mi-hauteur pendant 15 minutes.

4 Entre-temps, mélangez le fromage blanc avec le beurre fondu, le sucre, le lait et les jaunes d'œufs. Ajoutez ensuite le zeste et le jus de citron, la semoule, la levure et la grappa. Si votre fond de tarte est prêt avant la pâte, pas de stress. Il peut attendre que vous ayez terminé.

5 Battez les blancs d'œufs en neige. Ajoutez-en d'abord 1 ou 2 cuillerées à soupe au fromage blanc, puis incorporez doucement le reste. Versez sur le fond de tarte et lissez. Remettez dans le bas du four pendant 1 heure, jusqu'à ce que la garniture soit ferme et légèrement brunie.

6 Laissez reposer quelques instants avant de démonter le moule et de renverser doucement la tarte sur une grille. Laissez-la refroidir à l'envers pour éviter que la garniture ne s'affaisse.

Préparation et cuisson : 1 h 45, dont 45 minutes de travail effectif
Calories par part : 370

Cheesecake californien
Le rêve américain

Pour 12 parts

La pâte :

100 g de beurre, 200 g de biscottes ou de gâteaux secs, 1 pincée de cannelle, 1 sachet de sucre vanillé

La garniture :

4 œufs, 200 g de sucre

800 g de fromage blanc au lait entier

2 cuillerées à soupe de jus de citron

200 g de crème fraîche

1 sachet de sucre vanillé

Pâte à la chapelure • 1 h 10 • 150 °C

Moule démontable, 26 ou 28 cm de Ø

1 Faites fondre puis tiédir le beurre. Brisez grossièrement les biscottes, enfermez-les dans un sachet et passez dessus le rouleau à pâtisserie jusqu'à obtention d'une poudre fine.

2 Mélangez le beurre avec la chapelure, la cannelle et le sucre vanillé. Versez ce mélange dans le moule non beurré, et répartissez-le uniformément en appuyant dessus pour faire le fond de tarte.

3 Préchauffez le four à 150 °C (chaleur tournante : 140 °C sans préchauffage). Battez les œufs et le sucre jusqu'à obtention d'une mousse crémeuse. Ajoutez le fromage blanc petit à petit sans cesser de remuer. Terminez par le jus de citron et versez sur le fond de tarte.

4 Mettez au four à mi-hauteur pendant environ 1 heure. Mélangez la crème fraîche avec le sucre vanillé et recouvrez-en le cheesecake. Remettez au four pendant une dizaine de minutes. Laissez refroidir avant de déguster.

Préparation et cuisson : 1 h 45, dont 30 minutes de travail effectif
Calories par part : 480

Gâteau à la ricotta et au citron
À l'italienne

Pour 12 parts

100 g de beurre ramolli, 170 g de sucre

250 g de ricotta, 3 œufs, 250 g de farine

1/2 cuillerée à café de levure

3 cuillerées à café de zeste de citron et

6 cuillerées à soupe de jus de citron (1 ou 2)

1 pincée de sel

Pour le moule : beurre

Après la cuisson : sucre glace

Pâte sablée • 45 mn • 180 °C

Moule démontable, 26 ou 28 cm de Ø

1 Mélangez le sucre et la ricotta jusqu'à obtention d'une mousse crémeuse. Séparez les blancs d'œufs des jaunes et ajoutez les jaunes un à un à la ricotta. Ajoutez ensuite la farine, la levure, le zeste et le jus de citron.

2 Préchauffez le four à 180 °C (chaleur tournante : 160 °C sans préchauffage). Beurrez le moule.

3 Battez les blancs d'œufs en neige avec une pincée de sel et incorporez doucement à la pâte. Versez la pâte dans le moule et mettez au four, à mi-hauteur, pendant environ 45 minutes. Laissez reposer le gâteau pendant quelques minutes avant de le démouler sur une grille. Laissez refroidir. Avant de servir, saupoudrez le gâteau de sucre glace.

Préparation et cuisson : 1 h 10, dont 25 minutes de travail effectif
Calories par part : 255

Gâteau au fromage blanc
Un jeu d'enfant !

Pour 12 parts

100 g de raisins secs, 1 cuillerée à soupe de rhum, 4 œufs

200 g de sucre, 1 sachet de sucre vanillé

1 kg de fromage blanc, le zeste et le jus d'1 gros citron non traité

1 sachet de levure

Pour le moule : beurre et chapelure

Après la cuisson : sucre glace

Mélange au fromage blanc • 1 heure • 170 °C

Moule démontable, 26 ou 28 cm de Ø

1 Faites macérer les raisins dans le rhum. Séparez les blancs d'œufs des jaunes, battez-les en neige ferme et mettez-les au frais. Beurrez soigneusement le moule et saupoudrez-le de chapelure. Préchauffez le four à 170 °C (chaleur tournante : 150 °C sans préchauffage).

2 Battez les jaunes d'œufs avec le sucre et le sucre vanillé. Ajoutez progressivement le fromage blanc, puis le zeste et le jus de citron, ainsi que les raisins. Versez les blancs en neige en une seule fois, ajoutez la levure. Mélangez le tout à l'aide d'un fouet, puis versez la pâte dans le moule.

3 Mettez au four à mi-hauteur pendant environ 1 heure. Le gâteau doit être bien ferme. Laissez refroidir et démoulez. Saupoudrez de sucre glace avant de servir.

Préparation et cuisson : 1 h 20, dont 20 minutes seulement de travail effectif
Calories par part : 220

Les fruit

Faim de gâteau ? Soif de jus de fruits ? Que faire dans un tel cas ?

és

Faim de gâteau ? Soif de jus de fruits ? Que faire dans un tel cas ? Des gâteaux aux fruits, sans doute. Avec des pommes, des cerises, des fraises, des framboises, des groseilles et des quetsches ; des abricots, des pêches et des nectarines ; des fruits de la Passion, des ananas et des mangues ; des raisins, des prunes et des poires. Avec des citrons et des bananes. De la rhubarbe. Et du jus d'orange. Santé !

Meilleur qu'au bistrot

Chocolat chaud

Merci à vous, chers limonadiers, pour les efforts que vous faites afin de nous servir le cappuccino dans les règles de l'art et même parfois le thé autrement qu'en sachet. Malheureusement, votre chocolat chaud reste encore trop souvent une fade mixture à base de poudre instantanée et d'eau, et, quand il est liégeois, la chantilly est toujours en bombe. Pourtant, ce n'est pas difficile de bien faire. Voici notre recette pour boire le bonheur à la tasse :

1 Pour une tasse, hachez finement 2 ou 3 lignes, voire 1/4 de tablette, de chocolat noir, et faites-les fondre dans quelques cuillerées à soupe de lait chaud.

2 Faites bouillir 20 à 25 centilitres de lait (par tasse) avec une minuscule pincée de sel, puis faites-le mousser à l'aide d'un fouet.

3 Versez le lait mousseux dans la tasse et remuez doucement. Du sucre et de la chantilly ? Pourquoi pas, mais goûtez-le nature d'abord, vous pourriez être surpris.

S.O.S

La réponse à toutes vos questions désespérées, par notre spécialiste :

Remplacer la chantilly

La chantilly avec le gâteau, c'est comme la moutarde avec la saucisse... sympa, mais convenu. Quelles sont les alternatives ?

Ferdinand, de Dijon

Le conseil de tante Alice :

La chantilly et les fraises sont aussi inséparables que Blanche-Neige et les sept nains. Mais il existe des princes charmants qui rendent les tartes aux fruits plus féeriques encore, comme le mascarpone ou la crème fraîche additionnés d'un peu de sucre vanillé et de quelques amandes effilées. Ou encore la pulpe du fruit de la Passion dont on nappe le gâteau à la banane.

Il y a encore la glace à la vanille qui accompagne si bien les gâteaux à la pomme, à la rhubarbe, aux nectarines, aux cerises... Un clafoutis à la glace à la vanille, quel délice ! Les fruits d'automne comme les poires et les quetsches s'accompagnent à merveille de glace pralinée. La glace à la pistache est un partenaire idéal pour les fraises et l'ananas (à la noix de coco !). Les gâteaux tout simples à la pâte sablée, imbibés de coulis, apprécient également la glace.

Et au rayon fruits ? Pourquoi pas des quartiers d'orange épluchés (avec une goutte de sherry ?) pour accompagner le gâteau à l'orange ? ou des fraises saupoudrées de sucre glace avec le gâteau à la ricotta ; des poires en compote avec le gâteau au chocolat et la glace à la vanille ; une purée de framboises avec la tarte au citron ? Vos gâteaux n'en reviendront pas.

Cinq tartes aux fruits express

Seul, c'est un fond de tarte. Dès qu'on l'habille, il devient une tarte aux fruits. Et ça peut aller très vite (surtout si on achète de la pâte toute prête).

Tarte aux framboises

Mélangez 150 grammes de yaourt avec 150 grammes de mascarpone et 2 sachets de sucre vanillé. Étalez sur la pâte. Répartissez 250 grammes de framboises dessus et saupoudrez de sucre glace avant de servir.

Tarte exotique

Coupez 4 bananes en rondelles et mélangez-les avec 2 cuillerées à soupe de jus de citron. Fouettez 200 grammes de crème fleurette avec 2 cuillerées à soupe de sucre glace et 1 sachet de fixe chantilly. Mélangez la crème Chantilly ainsi obtenue avec la pulpe de 4 fruits de la Passion. Disposez les rondelles de bananes sur la pâte et recouvrez avec la chantilly aux fruits.

Tarte aux cerises

Fouettez 300 grammes de crème fleurette avec du cacao instantané en poudre. Saupoudrez la pâte avec un peu de chocolat en poudre, répartissez la chantilly dessus à l'aide d'une grande cuillère, et ajoutez 200 grammes de cerises en boîte préalablement égouttées. Quelques gouttes de liqueur à l'œuf et des copeaux de chocolat complètent le tableau.

Tarte aux fraises

Rincez et nettoyez 250 grammes de fraises, puis coupez-les en deux et recouvrez-en un fond de tarte. Écrasez une petite boîte d'abricots avec leur jus pour obtenir 25 centilitres de coulis. Mélangez le coulis avec du gélifiant (en suivant les indications figurant sur le sachet) et versez-le sur les fraises. Servez avec de la crème Chantilly.

Tarte fine aux pommes

Épluchez 3 pommes, épépinez-les et coupez-les en dés. Faites-les cuire avec 25 centilitres de jus de pomme, 200 grammes de crème fleurette et 1 cuillerée à soupe de sucre. Liez le mélange avec 1 sachet de pudding à la vanille (en suivant les indications du sachet). Ajoutez un jaune d'œuf et un blanc en neige. Étalez la crème sur un fond de tarte et saupoudrez de cannelle.

Les fruits et leurs époques

Les fruits qu'il vous faut

pour un gâteau de printemps :
fraises ; rhubarbe ; les premières nectarines et les premières mangues

pour un gâteau d'été :
tous les fruits rouges ; mirabelles ; pêches ; abricots ; melons ; rhubarbe ; kiwis

pour un gâteau d'automne :
pommes ; poires ; raisins ; quetsches et prunes ; figues fraîches

pour un gâteau d'hiver :
oranges ; mandarines ; kumquats ; citrons verts ; ananas ; fruits de la Passion et autres fruits exotiques ; et toujours des pommes

Un plan en 15 fruits

Peut-on cuire les oranges avec le gâteau ? Pourquoi le roulé au kiwi et à la crème est-il aussi amer ? Et que faire de la caisse de pommes du grand-père ? Voici notre plan pour une utilisation optimale des fruits

	Cuire ou non ?	Attention !	Qu'en faire ?
Ananas, Kiwi	Mieux sur le gâteau que dedans	Ces fruits rendent le gâteau amer. Les cuire dans du sirop	Tarte, biscuit à la crème de vanille
Pomme, poire	Toujours	Ces fruits s'oxydent vite. Le remède : jus de citron et rapidité	Sablé, tarte, strudel ou chausson
Abricot, pêche	Peuvent cuire crus ; les cuire au préalable pour une tarte	Épluchez-les : entaillez la peau et ébouillantez	Sablé à l'abricot, biscuit à l'abricot
Mûre, fraise, framboise	Ne pas les cuire	Sucrés, ces fruits rendent rendent beaucoup de jus. Égouttez et épongez, ou achetez des fruits mûrs	Tarte, roulé aux fraises, gâteaux
Myrtille	L'un ou l'autre	Pour la cuisson, utilisez des fruits fermes	Cuite : muffins, carrés de myrtille Crue : tartes, roulés, gâteaux
Groseille	L'un ou l'autre	Très acide : sucrez généreusement	Gâteau à la meringue
Cerise	L'un ou l'autre	Pour la cuisson, utilisez des fruits fermes	Cuite : crumble, clafoutis, tarte
Orange, citron	Cuire la peau avec le reste	Utilisez uniquement des fruits non traités	Le zeste et le jus dans les gâteaux et les biscuits ; le jus dans les crèmes pour tartes ; les quartiers de fruits

Apfelstrudel
Valse de Vienne et chantilly

Les amateurs de raisins secs en ajoutent environ 100 grammes sur les pommes lorsqu'elles sont disposées sur la pâte.

Pour 2 strudels (10 parts)

La pâte :

200 g de farine

1 pincée de sel

2 cuillerées à soupe d'huile végétale

1 jaune d'œuf

La garniture :

1,5 kg de pommes acides

2 à 3 cuillerées à café de zeste de citron non traité

1 cuillerée à soupe de jus de citron

50 g de beurre

2 poignées (environ 40 g) de noisettes ou d'amandes en poudre

70 à 100 g de sucre (en fonction de l'acidité des pommes)

1 cuillerée à café de cannelle

200 g de crème fraîche

Pâte à strudel • 1 heure • 180 °C

Moule à soufflé ou plaque de cuisson

1 Commencez par la pâte. Dans un récipient, mélangez la farine avec le sel, l'huile, le jaune d'œuf et environ 6 centilitres d'eau tiède. Continuez à pétrir la pâte sur le plan de travail. Travaillez-la vigoureusement pendant au moins 5 minutes jusqu'à ce qu'elle soit bien lisse. Astuce de grand-mère : frappez régulièrement la pâte sur le plan de travail (pensez à votre pire ennemi et allez-y à fond), elle sera parfaite.

2 Laissez-la reposer au chaud pendant 30 minutes. La bonne solution : faites bouillir de l'eau et versez-la dans un saladier en porcelaine ou en verre ; attendez que le récipient soit bien chaud et jetez l'eau ; puis retournez le saladier chaud sur la boule de pâte préalablement enveloppée dans une feuille de papier d'aluminium.

3 Pendant ce temps, épluchez, épépinez et coupez les pommes en tranches fines. Mélangez-les avec le zeste et le jus de citron. Si les pommes s'oxydent un peu, ce n'est pas grave, car elles bruniront de toute façon à la cuisson. Faites fondre le beurre dans une casserole.

4 Coupez la boule de pâte en deux. Remettez une moitié dans l'aluminium sous le récipient. Étalez un torchon propre (de préférence avec des motifs, voir plus loin) sur le plan de travail et saupoudrez-le de farine. Pétrissez une nouvelle fois la pâte, posez-la sur le torchon, et abaissez-la à l'aide d'un rouleau à pâtisserie. Lorsque vous êtes au maximum, posez la pâte sur le dos de vos deux mains. Faites glisser plusieurs fois vos mains du milieu vers le bord de la pâte qui mincit de plus en plus. Lorsqu'elle est si fine qu'on peut craindre qu'elle ne se déchire, reposez-la sur le torchon. Parvenez-vous à voir les motifs par transparence ? Si ce n'est pas le cas, la pâte n'est pas assez fine. Abaissez doucement la bordure de la pâte, plus épaisse. Si vous êtes trop paresseux, contentez-vous de la couper.

5 Badigeonnez la feuille de pâte avec le beurre fondu. Versez la moitié des pommes sans aller jusqu'au bord. Répartissez la moitié de tous les autres ingrédients sur les pommes : noisette, sucre, cannelle et crème fraîche (sans oublier les raisins pour les amateurs).

6 Beurrez le moule à soufflé. Il doit être suffisamment long et large pour accueillir les deux strudels côte à côte. Si vous n'avez pas de moule assez grand, la plaque de votre four fera l'affaire. Néanmoins, le strudel cuit au moule est plus moelleux, c'est pourquoi nous préférons cette méthode. Rabattez légèrement la bordure de la pâte vers l'intérieur sur tout le tour, puis soulevez doucement le côté du torchon qui vous fait face. Encore un peu, et la pâte commence à s'enrouler sur elle-même. À la fin, le strudel se retrouve à l'autre bout du torchon. Soulevez-le avec le torchon, approchez le tout du moule et laissez-le rouler dedans.

7 Préchauffez le four à 180 °C (chaleur tournante : 160 °C sans préchauffage). Préparez et garnissez la seconde moitié de la pâte comme la première. Lorsque les deux strudels sont dans le moule, badigeonnez-les de beurre et mettez-les au four, à mi-hauteur, pendant environ 1 heure. Ils sont cuits lorsqu'ils sont bien dorés et croustillants. Le strudel se déguste chaud avec, par exemple, de la sauce à la vanille tiède ou froide. Bon appétit.

Préparation et cuisson : 2 heures, dont 1 heure de travail effectif
Calories par part : 145

Variante:

Strudel au fromage blanc et aux cerises

Faites la pâte comme pour le strudel aux pommes. Pour la garniture, battez ensemble 30 grammes de beurre mou, 100 grammes de sucre, 1 sachet de sucre vanillé, le zeste d'un citron non traité et 3 jaunes d'œufs. Ajoutez 1 kilo de fromage blanc et 4 cuillerées à soupe de crème fraîche. Battez 3 blancs d'œufs en neige ferme avec 1 à 2 cuillerées à café de jus de citron et incorporez-les. Lavez et dénoyautez 1 kilo de cerises. Abaissez et étirez les deux moitiés de pâte, badigeonnez-les de beurre, saupoudrez-les d'amandes en poudre et étalez le fromage blanc par-dessus. Ajoutez les cerises. Roulez les strudels, faites-les glisser dans le moule et badigeonnez-les de beurre. Mettez au four à 180 °C (chaleur tournante : 160 °C) à mi-hauteur pendant environ 1 heure. Saupoudrez de sucre glace avant de servir.

Tarte aux abricots, au thym et au miel

Saveur de soleil et d'été

Pour 12 parts

La pâte :

200 g de farine, 1 pincée de sel, 3 cuillerées à soupe de sucre

1 cuillerée à café de zeste de citron (non traité)

100 g de beurre froid, 1 œuf

1 cuillerée à soupe de yaourt (ou d'eau froide)

La garniture :

700 g d'abricots, 5 à 6 branches de thym frais

2 cuillerées à soupe de miel, 50 g de beurre

1 œuf, 2 cuillerées à soupe de crème fleurette

4 cuillerées à soupe d'amandes en poudre

200 g de crème fraîche

Pour la cuisson : papier d'aluminium, haricots secs ou fèves

Pâte brisée • 35 mn • 200 °C

Moule à tarte ou démontable, 28 ou 30 cm de Ø

1 Mélangez la farine avec le sel, le sucre, le zeste de citron, le beurre en petits morceaux, l'œuf et le yaourt. Pétrissez rapidement la pâte jusqu'à ce qu'elle soit lisse. Roulez-la en boule et laissez-la reposer au frais pendant 1 heure.

2 Rincez les abricots, coupez-les en deux et dénoyautez-les. Rincez et séchez le thym, puis ôtez-en les feuilles. Dans une poêle, faites fondre le beurre avec le miel et le thym. Ajoutez les abricots, côté arrondi vers le bas, et laissez cuire à feu moyen pendant 3 ou 4 minutes. Retournez les abricots et laissez cuire de nouveau 3 à 4 minutes.

3 Préchauffez le four à 200 °C (chaleur tournante : 180 °C sans préchauffage). Abaissez la pâte et posez-la dans un moule non beurré en veillant à laisser un bord de 2 centimètres de haut.

4 Étalez une feuille de papier d'aluminium sur la pâte et remplissez de haricots secs. Mettez au four à mi-hauteur 15 minutes environ. Videz les haricots secs, mélangez l'œuf avec la crème fleurette et les amandes et étalez sur la pâte. Remettez au four pendant environ 20 minutes jusqu'à ce que la couverture soit bien dorée. Laissez refroidir quelques minutes.

5 Lissez la crème fraîche et étalez-la sur la pâte. Disposez les abricots par-dessus, côté arrondi vers le haut. Ce gâteau est meilleur lorsqu'il vient d'être fait.

Préparation et cuisson : 2 heures, dont environ 40 minutes de travail effectif
Calories par part : 285

Pain perdu aux cerises

Superfacile, supermoelleux

Pour 20 tranches

1 bocal de griottes (680 g), 150 g de pain noir (de préférence un peu rassis), 4 gros œufs

150 g de sucre, 1 cuillerée à café de cannelle

1/4 de cuillerée à café de clou de girofle moulu

Pour le moule : beurre et chapelure

Après la cuisson : sucre glace

Pâte au pain • 50 mn • 180 °C

Moule à cake, 30 cm

1 Laissez égoutter les griottes. Émiettez finement le pain. Préchauffez le four à 180 °C (chaleur tournante : 160 °C sans préchauffage). Beurrez le moule et saupoudrez-le de chapelure.

2 Battez les œufs avec le sucre jusqu'à obtention d'une crème mousseuse. Ajoutez la cannelle, le clou de girofle et le pain. Versez cette pâte dans le moule et répartissez les griottes dessus.

3 Mettez au four à mi-hauteur pendant environ 50 minutes. Laissez reposer dans le moule une dizaine de minutes, démoulez et laissez refroidir. Saupoudrez de sucre glace.

Préparation et cuisson : 1 h 05, dont 15 minutes seulement de travail effectif
Calories par tranche : 85

Tarte aux groseilles
Un vrai péché

Pour 12 parts

La pâte :

300 g de farine, 70 g de sucre

1 pincée de sel, 100 g de beurre froid, 1 œuf

La garniture :

500 g de groseilles, 80 g de beurre

200 g d'amandes en poudre, 200 g de sucre

40 g de fécule, 2 oublies (de grande taille)

3 blancs d'œufs, 1 pincée de sel

Pour le moule : beurre

Après la cuisson : sucre glace

Pâte brisée • 50 à 60 mn • 200 °C

Moule démontable, 26 ou 28 cm de Ø

1 Mélangez la farine avec le sel, le sucre, le beurre en petits morceaux et l'œuf. Pétrissez jusqu'à ce que la pâte soit lisse et réservez au frais pendant 30 minutes

2 Lavez et égrappez les groseilles. Dans une poêle, faites fondre le beurre à feu moyen, puis ajoutez la moitié des amandes et 100 grammes de sucre. Laissez dorer sans cesser de remuer. Ajoutez les groseilles et la fécule. Réservez.

3 Préchauffez le four à 200 °C (chaleur tournante : 180 °C sans préchauffage). Abaissez la pâte, puis posez-la dans le moule non beurré en laissant un bord de 2 centimètres de haut. Piquez la pâte à l'aide d'une fourchette et disposez les oublies par-dessus.

4 Battez les blancs d'œufs en neige ferme avec une pincée de sel et ajoutez progressivement le reste du sucre en pluie. Incorporez les blancs à la préparation aux groseilles avec le reste d'amandes. Versez et lissez la pâte dans le moule. Mettez au four à mi-hauteur pendant 50 à 60 minutes. Saupoudrez de sucre glace et laissez reposer pendant 20 minutes. Démoulez avec précaution et laissez refroidir tout à fait.

Préparation et cuisson : 2 heures, dont la moitié de travail effectif
Calories par part : 425

Tarte Tatin
La trouvaille des sœurs Tatin

Pour 12 parts

La pâte :

250 g de farine, 1 pincée de sel

2 cuillerées à soupe de sucre

125 g de beurre froid, 1 jaune d'œuf

La garniture :

1 bon kg de pommes acides pas trop grosses

100 g de beurre, 100 g de sucre glace

Pâte brisée • 25 mn • 220 °C

Moule à tarte, 30 cm de Ø

1 Mélangez la farine avec le sel, le sucre, le beurre et le jaune d'œuf. Pétrissez jusqu'à ce que la pâte soit lisse, puis enveloppez-la dans un film plastique et mettez-la au frais.

2 Attendez 30 minutes avant d'éplucher, d'épépiner et de couper les pommes en huit.

3 Mettez le moule sur la gazinière. Si vous n'avez pas de moule à tarte, utilisez une poêle et transférez le tout dans un moule démontable en fin de cuisson. Coupez le beurre en petits morceaux et laissez-le fondre à feu doux pour éviter qu'il ne brunisse. Mélangez bien avec le sucre glace. Ajoutez les tranches de pommes, remuez et laissez cuire pendant 10 à 15 minutes. Il se forme alors un caramel d'une belle couleur brune. Ne cessez jamais de remuer car les pommes attachent vite. S'il se forme un jus, augmentez le feu pour qu'il s'évapore. Retirez le moule du feu et laissez refroidir les pommes. Si vous avez utilisé une poêle, c'est le moment de verser les pommes dans le moule démontable.

4 Préchauffez le four à 220 °C (chaleur tournante : 200 °C sans préchauffage). Pétrissez une dernière fois la pâte et abaissez-la à l'aide du rouleau à pâtisserie. Pour que la pâte forme un rond, tournez-la régulièrement. Elle doit être légèrement plus grande que le moule.

5 Disposez la pâte au-dessus des pommes dans le moule, en faisant attention à ne pas la déchirer. Rentrez les bords à l'intérieur, puis appuyez légèrement sur la pâte avec le plat de la main.

6 Mettez au four à mi-hauteur pendant environ 25 minutes, jusqu'à ce que la pâte soit croustillante. Attendez 10 minutes puis décollez le bord de la tarte à l'aide d'un couteau. Posez un plat sur le moule et retournez le tout. La tarte Tatin se déguste tiède avec un peu de crème fraîche ou une boule de glace à la vanille.

Préparation et cuisson : 1 h 30, dont 55 minutes de travail effectif
Calories par part : 295

Galette italienne aux raisins

Recette toscane – idéale avec le vin nouveau

Les vignerons ne tiennent plus en place lorsque approche la période des vendanges. Il y a alors beaucoup à faire, en particulier cette succulente « schiacciata con l'uva ».

Pour 1 galette de la taille d'une pizza

70 g de raisins secs

2 cuillerées à soupe de grappa ou d'eau

100 g de cerneaux de noix

2 branches de romarin frais

1 cuillerée à café de graines de fenouil (ou d'anis)

150 g de sucre

30 g de levure de boulanger fraîche

12,5 cl de lait tiède

500 g de farine

1 cuillerée à soupe d'huile d'olive

800 g de raisins noirs

1 cuillerée à soupe de sucre en poudre

Pour la plaque : huile ou beurre

Pâte levée • 35 mn • 180 °C

1 Faites gonfler les raisins secs dans la grappa ou l'eau. Hachez grossièrement les noix. Lavez le romarin et retirez les feuilles. Écrasez les graines de fenouil dans le mortier afin qu'elles donnent tout leur arôme. Si vous n'avez pas de mortier, la lame à plat d'un grand couteau fera l'affaire.

2 Versez le sucre dans une casserole que vous mettrez ensuite à feu moyen, et attendez que le sucre se liquéfie sur les bords. Puis remuez jusqu'à ce qu'il ne reste plus un seul grain de sucre. Le liquide brunit légèrement. Ajoutez 12,5 l d'eau tiède sans cesser de remuer. Il se forme alors de petits grumeaux de sucre qui vont se dissoudre. Laissez refroidir.

3 Émiettez la levure dans le lait tiède. Versez la farine dans un récipient et ajoutez la levure, les raisins secs, les graines de fenouil, les feuilles de romarin, les noix, le sucre liquide et l'huile. Pétrissez, couvrez et laissez reposer environ 1 heure jusqu'à ce que la pâte ait doublé de volume.

4 Entre-temps, lavez, égrenez et coupez les raisins noirs en deux. Les perfectionnistes peuvent enlever les pépins avec la pointe d'un couteau. Préchauffez le four à 180 °C (chaleur tournante : 160 °C sans préchauffage). Beurrez la plaque. Pétrissez une dernière fois la pâte, versez un peu de farine sur le plan de travail et étalez la pâte en rond. Posez la pâte sur la plaque.

5 Répartissez les raisins sur la surface et saupoudrez de sucre. Mettez au four à mi-hauteur pendant environ 35 minutes. La galette doit gonfler, dorer et s'imprégner de traces rouges de jus de raisin.

Préparation et cuisson : 3 heures, dont 1 heure maximum de travail effectif
Calories par part : 335

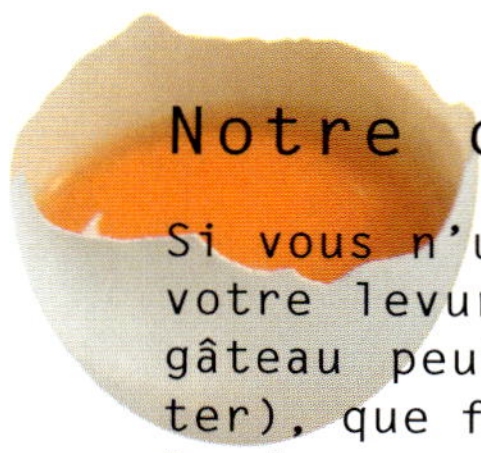

Notre conseil

Si vous n'utilisez pas la totalité de votre levure (trop de levure dans le gâteau peut l'empêcher de bien monter), que faire du reste ? Enveloppez-le dans un film plastique transparent et conservez-le au réfrigérateur jusqu'à la date de péremption, il vous servira pour un prochain gâteau. N'oubliez pas de reporter la date limite de consommation sur votre emballage.

Gâteau aux pommes invisibles
Un secret craquant

Pour 12 parts

1 citron non traité

750 g de pommes acides

100 g de pâte d'amandes

200 g de beurre mou

100 g de sucre

1 sachet de sucre vanillé, 4 œufs

3 cuillerées à soupe de calvados, de grappa ou de lait

200 g de farine

1 cuillerée à café de levure

2 cuillerées à soupe d'amandes effilées

2 cuillerées à soupe de sucre glace

Pour le moule : beurre et farine

Après la cuisson : sucre glace

Pâte sablée • 45 mn • 180 °C

Moule démontable, 26 ou 28 cm de Ø

1 Lavez soigneusement le citron à l'eau chaude, séchez-le et râpez-en le zeste. Coupez le citron en deux et pressez-en une moitié. Pelez, coupez les pommes en huit et épépinez-les. Mélangez les pommes avec le jus de citron. Coupez la pâte d'amandes en petits dés.

2 Préchauffez le four à 180 °C (chaleur tournante : 160 °C sans préchauffage). Beurrez le moule et saupoudrez-le de farine : versez 1 cuillerée à soupe de farine et tournez le moule dans tous les sens jusqu'à ce qu'il soit entièrement tapissé.

3 Battez le beurre dans un récipient jusqu'à ce qu'il éclaircisse et devienne crémeux. Ajoutez le sucre, le sucre vanillé et le zeste de citron. Ajoutez ensuite les œufs un à un et remuez juste le temps qu'il faut pour les incorporer. Versez le calvados. Ajoutez la farine et la levure, puis les dés de pâte d'amandes.

4 Versez la pâte dans le moule et lissez-la du dos de la cuillère en bois. Si la pâte est trop collante, mouillez d'abord la cuillère sous l'eau courante froide. Disposez les pommes sur la pâte, elles disparaîtront au cours de la cuisson.

5 Mettez au four à mi-hauteur pendant environ 45 minutes. Pour plus de croquant, allumez le gril. Mélangez les amandes effilées et le sucre glace, puis saupoudrez le gâteau. Remettez le gâteau sous le gril pendant 1 ou 2 minutes. Le sucre fond et caramélise. Ne le perdez pas des yeux car il noircit vite. Si votre four n'est pas équipé d'un gril, montez-le à la température maximum et laissez le gâteau un peu plus longtemps. Il ne sera pas tout à fait aussi croquant, mais vous le dégusterez quand même avec plaisir.

6 Laissez reposer le gâteau pendant 10 minutes avant de le démouler sur une grille et de le laisser refroidir. Saupoudrez de sucre glace avant de servir.

Préparation et cuisson : 1 h 20, dont 35 minutes de travail effectif
Calories par part : 345

Apple pie
Comme une tourte, mais avec des pommes

Pour 12 parts

La pâte :

350 g de farine, 1 cuillerée à soupe de sucre

1/4 de cuillerée à café de sel

80 g de saindoux, 125 g de beurre froid

La garniture :

1 kg de pommes acides, 1 cuillerée à soupe de jus de citron, 1 cuillerée à soupe de farine

100 g de sucre roux, 1 pincée de cannelle

1 pincée de noix muscade râpée

1 pincée de clou de girofle moulu

Pour le moule : beurre ou saindoux

Pour dorer : 1 à 2 cuillerées à soupe de beurre fondu

Pâte au saindoux • 55 mn • 180 °C

Moule à tarte ou démontable, 28 ou 30 cm de Ø

1 Mélangez la farine avec le sel et le sucre. Ajoutez le saindoux et le beurre. Pétrissez, roulez la pâte en boule et laissez reposer au frais pendant 1 heure.

2 Épluchez et coupez les pommes en quartiers, puis épépinez-les. Coupez les quartiers en fines lamelles et mélangez avec le jus de citron.

3 Beurrez le moule. Divisez la pâte en deux et abaissez les morceaux obtenus aux dimensions du moule.

4 Préchauffez le four à 180 °C (chaleur tournante : 160 °C sans préchauffage). Posez la première moitié de la pâte dans le fond du moule en faisant un petit bord. Mélangez délicatement les pommes avec la farine, le sucre et les épices, et versez cette préparation sur la pâte. Posez la seconde moitié de la pâte par-dessus en fermant bien les bords, et entaillez-la en plusieurs endroits avec la pointe d'un couteau.

5 Mettez au four à mi-hauteur pendant 35 minutes. Badigeonnez de beurre fondu et remettez au four pendant environ 20 minutes jusqu'à ce que le gâteau soit bien bronzé. L'apple pie est meilleur lorsqu'il est tiède, accompagné de crème Chantilly, de glace à la vanille ou de crème anglaise.

Préparation et cuisson : 2 h 15, dont environ 1 heure de travail effectif
Calories par part : 330

Gâteau au cidre

Dit aussi gâteau normand

Quand les pommes sont acidulées, il faut les adoucir. Comme dans ce gâteau qui va réconcilier tout le monde avec le cidre.

Pour 12 parts

La pâte :

120 g de margarine (ou de beurre) ramollie

120 g de sucre, 1 sachet de sucre vanillé

1 œuf, 250 g de farine, 1/2 sachet de levure

La garniture :

3 ou 4 pommes acides à la chair ferme (300 g)

1 cuillerée à café de jus de citron

75 cl de cidre (ou de vin blanc sec)

200 g de sucre

2 sachets de pudding à la vanille

400 g de crème fleurette

1 sachet de sucre vanillé

Pâte sablée • 1 heure • 180 °C

Moule démontable, 26 ou 28 cm de Ø

1 Pour la pâte, mélangez la margarine avec le sucre et le sucre vanillé jusqu'à obtention d'une crème mousseuse, puis incorporez l'œuf. Ajoutez la farine et la levure, et pétrissez. Roulez la pâte en boule, enveloppez-la dans un film plastique et mettez-la au réfrigérateur pendant 30 minutes.

2 Pendant ce temps, épluchez et coupez les pommes en quartiers, puis épépinez-les. Coupez les quartiers en lamelles d'environ 0,5 cm d'épaisseur et arrosez-les de jus de citron.

3 Dans une casserole, portez 65 centilitres de cidre à ébullition avec le sucre, puis retirez du feu. Mélangez le pudding à la vanille avec le reste du cidre, et ajoutez à la casserole. Refaites bouillir pendant 3 minutes sans cesser de remuer.

4 Préchauffez le four à 180 °C (chaleur tournante : 160 °C sans préchauffage). Sortez la pâte du réfrigérateur, étalez-la et mettez-la dans un moule non beurré. Aplatissez-la avec les mains et faites monter une bordure à mi-hauteur du moule.

5 Mélangez les pommes avec le cidre cuit, puis versez le tout sur la pâte. Mettez au four à mi-hauteur pendant environ 1 heure et laissez refroidir le gâteau dans le moule. Montez la crème fleurette avec le sucre vanillé en chantilly bien ferme et étalez sur le gâteau. Mettez le gâteau au frais pendant 1 heure avant de le servir.

Préparation et cuisson : 2 h 45, dont seulement 45 minutes de travail effectif
Calories par part : 450

Croustade aux pêches
Pour les bricoleurs

Pour 12 à 14 parts

La pâte :

300 g de farine, 1 pincée de sel

2 sachets de sucre vanillé

125 g de beurre froid coupé en dés

1 œuf, 1 jaune d'œuf

La garniture :

4 grosses pêches mûres ou 8 petites

(peuvent être remplacées par des prunes des quetsches : dans ce cas, 700 g)

100 g de miel

2 cuillerées à soupe d'amaretto ou de lait et quelques gouttes d'arôme d'amande amère

le zeste et 1 cuillerée à soupe du jus d'un citron non traité

Pour dorer :

1 jaune d'œuf, 1 cuillerée à soupe de lait

1 cuillerée à soupe d'amaretto et

3 à 4 gouttes d'arôme d'amande amère

Pâte brisée • 45 mn • 180 °C

Moule à tarte ou démontable, 28 ou 30 cm de Ø

1 Pétrissez la farine avec le sel, le sucre vanillé, le beurre, l'œuf et le jaune d'œuf jusqu'à ce que la pâte soit lisse. Roulez la pâte en boule, enveloppez-la dans un film plastique et mettez-la au réfrigérateur pendant 1 heure.

2 Pendant ce temps pelez les pêches. Ébouillantez-les pendant quelques secondes, puis passez-les sous l'eau froide ; la peau se défait toute seule. Coupez-les en deux et enlevez les noyaux. Coupez les pêches en petits dés que vous mélangez avec le miel, l'amaretto, le zeste et le jus de citron.

3 Préchauffez le four à 180 °C (chaleur tournante : 160 °C sans préchauffage). Divisez la pâte en deux, à raison d'un tiers/deux tiers. Roulez la plus grosse part en boule et abaissez-la à la dimension du moule. Posez la pâte dans le moule non beurré en laissant un bord de 2 centimètres de haut. Abaissez le reste de la pâte en forme de carré. Découpez des bandes de pâte d'1 bon centimètre de large à l'aide d'un couteau pointu.

4 Disposez la préparation aux pêches dans le moule. Par-dessus, faites un grillage avec les bandes de pâte. Mélangez le jaune d'œuf, le lait et l'amaretto, et badigeonnez-en les bandes ainsi que la bordure. Mettez au four à mi-hauteur pendant 45 minutes jusqu'à ce que la croustade soit digne de son nom : bien croustillante !

Préparation et cuisson : 1 h 30, dont la moitié de travail effectif
Calories par part (pour 14 parts) : 215

Gâteau aux fraises
Plaisir du début de l'été

Pour 12 parts

La pâte :

4 œufs, 100 g de sucre

110 g de farine, 1 pointe de levure

La garniture :

2 gousses de vanille

1 cuillerée à soupe de fécule (25 g)

3 jaunes d'œufs, 25 cl de lait, 80 g de sucre

800 g de fraises

2 cuillerées à soupe de jus de citron

2 cuillerées à soupe de sirop de fruit

100 g de crème fleurette

1 cuillerée à café de sucre glace

Pour le moule : beurre et farine

Pâte à biscuit • 40 mn • 180 °C

Moule démontable, 26 ou 28 cm de Ø

1 Préchauffez le four à 180 °C (chaleur tournante : 160 °C sans préchauffage). Beurrez et farinez le moule.

2 Séparez les blancs d'œufs des jaunes et battez-les en neige tout en y versant le sucre glace en pluie. Battez les jaunes, puis versez-les sur les blancs en neige avec la farine et la levure.

Mélangez à l'aide d'un fouet. Versez la pâte dans le moule et lissez-la. Mettez dans le bas du four 40 minutes. Laissez refroidir avant de démouler, puis laissez reposer 1 heure ou 2.

3 Ouvrez les gousses de vanille, grattez la chair et mettez le tout dans une casserole. Mélangez la fécule, les jaunes d'œufs et la moitié du lait.

4 Versez le reste du lait et le sucre dans la casserole contenant la vanille, puis faites chauffer. Retirez du feu, ôtez les gousses et ajoutez le mélange de fécule et d'œufs. Remettez sur le feu et remuez sans cesse en veillant à ne pas faire bouillir. Lorsque la crème commence à épaissir, versez-la dans un récipient et laissez-la refroidir en remuant de temps en temps.

5 Rincez les fraises et ôter leurs feuilles. Réservez quelques fruits et coupez le reste en dés.

6 Ouvrez le gâteau en deux. Mélangez le jus de citron avec le sirop et nappez-en la moitié inférieure. Ajoutez les fraises en dés à la crème à la vanille. Versez la moitié de cette crème sur la moitié inférieure du gâteau. Posez la seconde moitié du gâteau par-dessus. Montez la crème fleurette en chantilly en versant le sucre glace en pluie. Ajoutez-la au reste de crème, puis nappez-en le gâteau. Décorez avec les fraises réservées.

Préparation et cuisson : 2 heures, dont 1 heure de travail effectif – sans compter les temps de pause
Calories par part : 170

Tarte aux fruits de la Passion

La plus chère et la meilleure recette de l'ouvrage

Pour 12 parts

La crème :

150 g de sucre, 150 g de crème fraîche

12,5 cl de nectar de fruit de la Passion (il vous faut 8 à 10 fruits : ouvrez, sortez la chair à l'aide d'une cuillère et passez-la au tamis)

5 cuillerées à soupe de jus de citron

La pâte :

70 g de beurre froid, 250 g de farine

90 g de sucre glace, sel, 5 cuillerées à soupe de lait froid, 2 jaunes d'œufs

Pour la cuisson : papier d'aluminium et haricots secs

Pâte brisée • 1 h 10 • 180/150 °C

Moule à tarte ou démontable, 28 ou 30 cm de Ø

1 Pour que la crème aux fruits de la Passion reste bien épaisse pendant la cuisson, nous vous conseillons de la préparer la veille. Battez les œufs et le sucre jusqu'à obtention d'une mousse crémeuse. Incorporez doucement la crème fraîche, puis les jus de fruits. Couvrez et mettez au frais.

2 Pour la pâte, coupez le beurre en petits morceaux et mélangez-le avec la farine, le sucre glace, 1 pincée de sel, le lait et les jaunes d'œufs. Pétrissez rapidement. Enveloppez la pâte dans un torchon et laissez-la refroidir pendant 30 minutes.

3 Préchauffez le four à 180 °C (chaleur tournante : 160 °C sans préchauffage). Abaissez la pâte entre deux feuilles de papier sulfurisé, puis mettez-la dans un moule non beurré.

4 Découpez un cercle aux dimensions du moule dans du papier d'aluminium et couvrez-en la pâte. Couvrez d'une couche de légumes secs et mettez au four pendant 30 minutes. Sortez le moule du four, ôtez les légumes secs et baissez la température à 150 °C (chaleur tournante : 120 °C sans préchauffage).

5 Attendez environ 15 minutes pour verser la crème dans le moule. Si vous êtes très maladroit, posez d'abord le moule sur une grille avant de le remplir. Remettez au four à mi-hauteur.

6 Laissez cuir la tarte aux fruits de la Passion pendant environ 40 minutes. Elle est prête lorsque la garniture est ferme sur les bords et un peu « tremblotante » au milieu. Laissez refroidir pendant 4 heures.

Préparation et cuisson : 2 h 15, dont 30 minutes de travail effectif, sans compter les temps de refroidissement
Calories par part : 300

Savarin aux fraises
Bien rond et coloré

Pour 16 parts

La pâte :

400 g de farine, 60 g de sucre, 1 pincée de sel

le zeste de 1 citron non traité

17,5 cl de lait environ

1 dé de levure de boulanger fraîche (42 g)

100 g de beurre mou, 3 œufs

Le nappage :

15 cl de jus d'orange (frais pressé ou de qualité supérieure)

150 g de sucre

2 cuillerées à soupe de Grand Marnier

La décoration :

700 g de fraises

200 g de crème fleurette

2 cuillerées à soupe de sucre

1 sachet de sucre vanillé

Pour le moule : beurre et farine

Pâte levée • 30 mn • 180 °C

Moule à savarin ou couronne, 28 ou 30 cm de Ø

1 Beurrez et farinez le moule. Pour la pâte, mélangez la farine avec le sucre, le sel et le zeste de citron. Faites tiédir le lait et délayez la levure dedans.

2 Ajoutez la levure, le beurre et les œufs à la farine et pétrissez vigoureusement à la main. La pâte doit se détacher de la main et être bien homogène.

3 Mettez la pâte dans le moule sans attendre et étalez-la à l'aide d'une fourchette, par exemple. Couvrez avec un torchon et laissez reposer pendant environ 1 heure à une température douce. La pâte doit doubler de volume.

4 Préchauffez le four à 180 °C (chaleur tournante : 160 °C sans préchauffage). Mettez le moule au four à mi-hauteur pendant environ 30 minutes, jusqu'à ce qu'il brunisse.

5 Pendant ce temps, versez le jus d'orange et le sucre dans une casserole et faites cuire pendant 5 minutes sans cesser de remuer. Ajoutez le Grand Marnier et enlevez du feu.

6 Lorsque le savarin est cuit, laissez-le reposer 5 à 10 minutes dans le moule. Percez-le profondément, sans aller jusqu'au fond, à plusieurs reprises à l'aide d'une aiguille à tricoter ou d'un bâtonnet en bois. Renversez-le sur un plat puis remettez-le à l'endroit. Enfin, badigeonnez-le avec le sirop d'orange en veillant à ce que celui-ci coule bien dans les trous. Quartier libre pendant 1 heure.

7 Rincez rapidement les fraises dans de l'eau froide et égouttez-les sur du papier absorbant. Ôtez les feuilles et les queues à l'aide d'un couteau. Montez la crème fleurette en chantilly ferme avec le sucre et le sucre vanillé. Incorporez les fraises. Versez dans le trou au milieu du savarin et servez sans attendre.

Préparation et cuisson : 3 heures, dont 50 minutes de travail effectif
Calories par part : 280

Variante :
Savarin à la noix de coco et à l'ananas

Préparez la pâte comme décrit plus haut en utilisant seulement 300 grammes de farine et 150 grammes de noix de coco râpée. Remplacez le sucre par du sucre roux ou de la mélasse (magasin bio). Pour le nappage, remplacez le jus d'orange par du jus de citron vert et ajoutez de la liqueur de noix de coco ou du rhum blanc en fin de cuisson. Remplacez les fraises par un ananas frais que vous épluchez et coupez en rondelles puis en dés, en ôtant le cœur. Si ce n'est pas la saison, prenez des rondelles d'ananas en boîte. Mélangez les morceaux d'ananas à la crème battue. Dégustez sans attendre, car la chantilly devient amère au contact de l'ananas. Vous pouvez également remplacer la chantilly par du lait de coco (jetez une partie du liquide) que vous mélangez avec du sucre vanillé.

Charlotte alcoolisée

Pour vous réchauffer, même sans allumer le four

Interdite aux enfants, géniale pour les ambiances de nuits d'été. À servir en dessert.

Pour 8 parts

750 g de framboises, 170 g de sucre

10 cl de kirsch (ou autre eau-de-vie de fruit)

5 cl de crémant ou de vin blanc

30 biscuits à la cuillère,

200 g de crème fleurette

1 Triez les framboises : ôtez les fruits blets, les feuilles, etc. Dans un récipient, mélangez-les avec le sucre, le kirsch et le crémant (ou le vin blanc) en faisant attention à ne pas les abîmer. Laissez macérer environ 5 minutes jusqu'à ce que le sucre se soit dissous. Versez les framboises dans une passoire en récupérant le jus.

2 Prenez une terrine évasée à bords hauts. Son diamètre ne doit pas excéder 20 centimètres. Trempez chaque biscuit 1 à 2 minutes dans le jus de framboise. Attention à ne pas trop les ramollir. Tapissez le fond et les bords du récipient avec les biscuits trempés.

3 Ajoutez une couche de framboises, puis une nouvelle couche de biscuits trempés. N'hésitez pas à les raccourcir et à les tailler pour obtenir une couche homogène. Continuez avec une nouvelle couche de framboises, et ainsi de suite. Terminez par une couche de biscuits.

4 Couvrez la charlotte avec une feuille de papier d'aluminium et mettez-la au réfrigérateur. Attendez 10 heures pour pouvoir la démouler sur un plat. Garnissez de crème fouettée et du reste de jus de framboise. Santé et bon appétit.

Préparation : 20 minutes, puis 10 heures de pause
Calories par part : 295

Bouchées d'été

Quand il fait trop chaud pour allumer le four

Pour 4 parts

750 g de fruits rouges mélangés

(fraises, framboises et myrtilles)

50 g de sucre

environ 12 tranches de pain de mie

(pas nécessairement fraîches)

4 boules de glace à la vanille

1 Essuyez les fruits rouges dans un torchon et équeutez-les. Dans une casserole, mélangez-les avec le sucre et faites chauffer à feu doux. Laissez mijoter pendant 1 minute jusqu'à ce que le sucre ait fondu et que les fruits aient rendu leur jus, sans pour autant se transformer en purée. Versez les fruits dans une passoire, récupérez le jus et laissez refroidir le tout.

2 Enlevez la croûte du pain de mie. Taillez quatre tranches en rond pour qu'elles tapissent entièrement le fond de quatre grands bols ou ramequins (d'une contenance de 20 centilitres). Découpez le reste des tranches en bandes de 2 à 3 centimètres de large. Trempez quelques instants les tranches arrondies dans le jus de fruits rouges et disposez-les au fond des bols. Trempez ensuite les bandes de pain dans le jus et garnissez-en les bords des bols.

3 Remplissez chaque bol à moitié de fruits rouges, couvrez avec les bandes de pain imbibées, versez le reste des fruits et terminez par une couche de pain. Les bols doivent être pleins à ras bord. Couvrez chaque bol avec un film plastique et lestez-le en lui superposant, par exemple, un autre bol à moitié rempli d'eau. Mettez au réfrigérateur et laissez reposer toute une nuit.

4 Le lendemain, ôtez le film plastique, renversez les bouchées d'été sur des assiettes à dessert, et servez-les avec une boule de glace à la vanille et le reste du jus.

Préparation : 30 minutes, sans compter le temps de pause
Calories par part : 315

Gâteau au jus d'orange

Pas besoin de le cuire

Pour 12 parts

1 l de jus d'orange (de bonne qualité)

50 g de confiture d'abricots

1 fond de tarte tout prêt

2 sachets de flan à la vanille

50 g de sucre

200 g de crème fleurette

1 sachet de sucre vanillé

environ 20 biscuits à la cuillère

100 g de chocolat noir

1 Prélevez 20 centilitres de jus d'orange, mélangez-en 2 cuillerées à soupe avec la confiture d'abricots, et étalez sur le fond de tarte.

2 Sur les 80 centilitres de jus d'orange restants, prélevez 10 centilitres que vous mélangez avec le flan en poudre, et faites cuire le reste dans une casserole avec le sucre en remuant bien. Hors du feu, ajoutez le flan délayé dans le jus d'orange. Remettez sur le feu et portez à ébullition pendant 3 minutes sans cesser de remuer.

3 Laissez refroidir. Le jus d'orange est maintenant suffisamment épais pour que vous puissiez l'étaler sur le fond de tarte. Montez la crème en chantilly avec le sucre vanillé et étalez-la sur la crème à l'orange.

4 Trempez les biscuits à la cuillère dans le reste de jus d'orange (20 centilitres moins les 2 cuillerées à soupe du point 1.) et enfoncez-les légèrement, à plat, dans la chantilly. Recouvrez entièrement le gâteau (s'il reste des biscuits, ils sont pour vous ; grignotez-les).

5 Coupez le chocolat en petits morceaux dans un bol et faites-le fondre au bain-marie, puis versez-le sur les biscuits à l'aide d'une cuillère à café. Mettez le gâteau au frais pendant 1 heure.

Préparation : 35 minutes, sans compter le temps de pause de 1 heure
Calories par part : 280

Truffon froid

Le must des anniversaires d'enfants

Petite tricherie dans ce chapitre, car ce gâteau n'est pas fruité, même s'il est délicieux. En revanche, il n'a pas besoin de cuisson, comme les autres recettes de cette double page.

Pour 16 tranches

100 g de chocolat noir

120 g de beurre

80 g de sucre glace

3 cuillerées à soupe d'amandes hachées

2 cuillerées à soupe de chocolat au lait râpé

environ 24 gâteaux secs au beurre

Pour saupoudrer : poudre de cacao

1 Coupez le chocolat et le beurre en morceaux et faites-les fondre à feu doux dans une casserole. Remuez régulièrement pour obtenir un mélange homogène.

2 Ajoutez le sucre glace, les amandes et le chocolat au lait râpé.

3 Tapissez un moule à cake de 20 centimètres de long avec une couche de gâteaux secs. Versez par-dessus une couche pas trop épaisse de chocolat fondu et lissez-la. Mettez une nouvelle couche de gâteaux et ainsi de suite jusqu'à épuisement des ingrédients.

4 Mettez le truffon froid au frais pendant 1 heure au minimum. Renversez-le sur un plat, saupoudrez-le de cacao en poudre et coupez-le en tranches.

Préparation : 1 h 15, dont 15 minutes seulement de travail effectif
Calories par tranche : 165

Clafoutis aux groseilles à maquereau
Quel moelleux !

Pour 12 parts

La pâte :

200 g de fromage blanc, 250 g de farine

1 pincée de sel, 2 cuillerées à soupe de sucre

La garniture :

750 g de groseilles à maquereau

250 g de fromage blanc, 100 g de crème fraîche

1 œuf, 1 cuillerée à soupe de fécule

le zeste de 1 citron non traité

1 sachet de sucre vanillé

50 g de miel (si les groseilles sont encore un peu acides, n'hésitez pas à en mettre plus)

Pour le moule : beurre ou huile

Après la cuisson : sucre glace

Pâte au fromage blanc • 45 mn • 180 °C

Moule à tarte ou démontable, 28 ou 30 cm de Ø

1 Mélangez le fromage blanc avec la farine, 5 centilitres d'eau froide, le sel et le sucre. Pétrissez jusqu'à ce que la pâte soit homogène.

2 Beurrez le moule, puis mettez-y la pâte que vous étalez à la main en faisant un bord de 2 centimètres de haut environ. Mettez le tout au réfrigérateur pendant 1 heure.

3 Rincez soigneusement les groseilles à maquereau. Équeutez-les à la main, même si ce travail est un peu fastidieux.

4 Préchauffez le four à 180 °C (chaleur tournante : 160 °C sans préchauffage). Mettez la pâte au four à mi-hauteur pendant 10 minutes. Pendant ce temps, préparez la garniture : mélangez le fromage blanc avec la crème fraîche, l'œuf, la fécule, le zeste de citron, le sucre vanillé et le miel.

5 Disposez les groseilles sur la pâte et versez la crème par-dessus. Remettez le clafoutis au four pendant 35 minutes. La garniture doit prendre une appétissante teinte brune. Laissez refroidir, saupoudrez de sucre glace et dégustez !

Préparation et cuisson : 2 h 15, dont seulement 35 minutes de travail effectif
Calories par part : 195

Conseil venu de Suisse

Il ne faut pas nécessairement du fromage blanc et de la crème fraîche pour ce dessert. Un vrai Suisse mélange tous les laitages (le yaourt et la faisselle aussi) qui se trouvent dans le réfrigérateur. Seul impératif : il en faut 350 grammes.

Gâteau mangue et choco
Du plaisir pour tous les palais

Pour 12 parts

100 g de chocolat noir

1 grande mangue mûre mais ferme (ou 2 petites)

2 cuillerées à soupe de jus de citron

5 œufs

180 g de sucre

1 sachet de sucre vanillé

250 g d'amandes en poudre

150 g de farine, 1/2 sachet de levure

100 g de crème fraîche

50 g de noix de coco râpée

Pour le moule : beurre et farine

Pâte sablée • 1 heure • 180 °C

Moule démontable, 26 ou 28 cm de Ø

1 Coupez le chocolat en morceaux puis hachez-le finement. Pelez les mangues. Coupez 1/2 mangue en fines lamelles dont vous vous servirez pour la décoration. Coupez le reste de la chair en petits dés. Arrosez les lamelles avec 1 cuillerée à soupe de jus de citron et couvrez-les. Mélangez les dés de mangue avec le reste de jus de citron.

2 Préchauffez le four à 180 °C (chaleur tournante : 160 °C sans préchauffage). Beurrez et farinez soigneusement le moule.

3 Séparez les blancs d'œufs des jaunes et battez-les en neige ferme tout en versant la moitié du sucre en pluie. Mettez-les au frais.

4 Mélangez le reste du sucre avec le sucre vanillé et les jaunes d'œufs jusqu'à obtention d'une crème mousseuse et de couleur claire. Incorporez ensuite les amandes, la farine et la levure, ainsi que la crème fraîche.

5 Ajoutez les dés de mangue (pas les lamelles) et le chocolat, puis les blancs en neige. Mélangez soigneusement le tout à l'aide d'un fouet. Versez la pâte dans le moule et lissez-la.

6 Mettez au four à mi-hauteur pendant environ 1 heure. Faites le test du bâtonnet. Après la cuisson, laissez reposer le gâteau de 5 à 10 minutes avant de le démouler sur une grille. Laissez-le refroidir complètement, puis saupoudrez-le de noix de coco râpée. Décorez avec les lamelles de mangue. Vous pouvez accompagner ce gâteau de crème Chantilly épicée de gingembre en poudre ou de petits morceaux de gingembre confit.

Préparation et cuisson : 1 h 30, dont 40 minutes de travail effectif
Calories par part : 380

Crumble aux cerises

Cuit sur la plaque

Pour 20 parts

La garniture et le crumble :

1 kg de cerises (nous recommandons les griottes)

150 g de beurre froid, 200 g de farine

120 g de sucre, 1 pincée de sel

1 cuillerée à café de cannelle

La pâte :

150 g de beurre mou, 100 g de sucre

3 gros œufs

le zeste de 1 citron non traité

1 pincée de sel, 375 g de farine

3 cuillerées à soupe de levure, 10 cl de lait

Pour la plaque : beurre et farine

Pâte sablée • 35 mn • 200 °C

1 Lavez les cerises. Et maintenant la grande question : faut-il ou non les dénoyauter ? Sans le noyau, les cerises donnent plus de jus, la pâte est plus teintée, plus imbibée. Avec le noyau, on peut faire des concours de lancer ! Alors, à vous de choisir.

2 Pour le crumble, coupez le beurre en petits morceaux. Dans un récipient, mélangez la farine avec le sucre, le sel et la cannelle. Ajoutez le beurre et travaillez la pâte du bout des doigts jusqu'à obtention de grumeaux de taille moyenne.

3 Préchauffez le four à 200 °C (chaleur tournante : 180 °C sans préchauffage). Beurrez et farinez soigneusement la plaque. Jetez les résidus de farine qui ne collent pas au beurre.

4 Pour la pâte : battez le beurre et le sucre jusqu'à obtention d'une crème mousseuse. Ajoutez les œufs un à un en remuant jusqu'à leur complète disparition. Ajoutez le zeste de citron et le sel.

5 Mélangez la farine avec la levure et incorporez-la à la crème au beurre en alternant avec le lait. La pâte doit être lourde et se détacher lentement de la cuillère en bois.

6 Versez la pâte sur la plaque et étalez-la régulièrement à l'aide d'une spatule ou d'un grand couteau préalablement humecté à l'eau froide). Disposez les cerises par-dessus, terminez par le crumble.

7 Mettez au four à mi-hauteur 35 minutes. Le crumble lève légèrement et prend une appétissante teinte brune. Laissez refroidir complètement, puis coupez le crumble en carrés que vous enlevez de la plaque.

Préparation et cuisson : 1 h 30, dont 50 minutes de travail effectif (en comprenant le dénoyautage)
Calories par part : 300

Crumble aux quetsches et aux noix

À faire au moins une fois avant la fin de l'été

Pour 20 parts

La pâte :

350 g de farine, 1 pincée de sel

50 g de sucre

environ 18 cl de lait

30 g de levure de boulanger fraîche

50 g de beurre mou, 1 œuf

La garniture :

2 kg de quetsches

130 g de beurre froid

100 g de farine

100 g de noix en poudre (à préparer soi-même ou à acheter en sachet)

1 cuillerée à café de cannelle

130 g de sucre roux

Pour la plaque : beurre

Pâte levée • 35 mn • 200 °C

1 Mélangez la farine avec le sel et le sucre dans un récipient. Délayez la levure dans le lait tiède. Coupez le beurre en morceaux et ajoutez-le au lait. Remuez jusqu'à ce qu'il fonde.

2 Versez le lait et l'œuf dans la farine et pétrissez jusqu'à ce que la pâte devienne élastique et qu'elle se décolle de la paroi du récipient. Couvrez et laissez reposer cette pâte pendant 1 heure dans un endroit chaud.

3 Entre-temps, lavez, ouvrez et dénoyautez les quetsches. Fendez chaque moitié aux deux extrémités pour pouvoir les mettre bien à plat.

4 Beurrez la plaque, pétrissez une dernière fois la pâte et posez-la au milieu de la plaque. Abaissez-la à l'aide d'un rouleau enduit de farine jusqu'à ce qu'elle recouvre toute la plaque. Néanmoins, il est presque plus facile, et certainement plus amusant, de l'étaler à la main. Couvrez de nouveau et laissez reposer pendant 15 minutes.

5 Pendant ce temps, préparez le crumble : coupez le beurre en petits morceaux. Ajoutez-y la farine, les noix, la cannelle et le sucre, et travaillez le tout du bout des doigts jusqu'à la formation de petits grumeaux.

6 Préchauffez le four à 200 °C (chaleur tournante : 180 °C sans préchauffage). Disposez les quetsches en rangs serrés sur la pâte et répartissez le crumble par-dessus.

7 Mettez au four à mi-hauteur pendant environ 35 minutes. Laissez refroidir. Servez tiède avec de la crème Chantilly. Et restez zen si votre chef-d'œuvre attire toutes les abeilles du jardin !

Préparation et cuisson : 2 heures, dont environ 40 minutes de travail effectif
Calories par part : 275

Gâteau à la banane et au citron
Rapide, carré et bon

Pour 20 parts

3 citrons non traités

4 bananes mûres (environ 500 g avec la peau)

150 g de beurre mou

150 g de sucre roux

4 gros œufs

350 g de farine

2 cuillerées à café de levure

2 cuillerées à soupe de rhum (en option)

Pour la plaque : beurre

Pâte sablée • 30 mn • 200 °C

1 Frottez les citrons sous l'eau chaude, puis séchez-les et râpez-en le zeste ; enfin, pressez-les tous les 3.

2 Préchauffez le four à 200 °C (chaleur tournante : 180 °C sans préchauffage). Beurrez la plaque. Pelez les bananes et écrasez-les en purée à la fourchette.

3 Mélangez le beurre avec le sucre jusqu'à obtention d'une crème onctueuse qui s'éclaircit malgré le sucre roux. Ajoutez les œufs un à un, puis les bananes, le zeste et le jus des citrons. Mélangez ensuite la farine, la levure et le rhum.

4 Étalez la pâte sur la plaque, puis mettez-la au four à mi-hauteur pendant environ 30 minutes jusqu'à ce qu'elle prenne une belle teinte dorée. Laissez refroidir et découpez en carrés.

Préparation et cuisson : 50 minutes, dont 20 minutes de travail effectif
Calories par part : 220

Notre conseil

Pour un crumble qui soit encore plus croquant, concassez grossièrement une poignée de cerneaux de noix que vous répartirez sur les quetsches.

Flan aux poires
Fondant à souhait

Pour 20 parts

La pâte :

150 g de fromage blanc

6 cuillerées à soupe d'huile végétale, 1 œuf

2 sachets de sucre vanillé

1 pincée de sel

1 cuillerée à soupe de cacao en poudre

300 g de farine

3 cuillerées à café de levure

La garniture :

1,5 kg de poires mûres et juteuses

le zeste et le jus d'1 gros citron non traité

3 œufs

250 g de fromage blanc

250 g de crème fraîche

75 g de sucre

1 sachet de sucre vanillé

1 cuillerée à soupe de fécule

1 pincée de clou de girofle moulu

Pour la plaque : beurre

Pâte au fromage blanc • 30 mn • 200 °C

1 Mélangez le fromage blanc, l'huile, l'œuf, le sucre vanillé, le sel et le cacao en poudre. Mélangez la farine avec la levure et ajoutez-la au fromage blanc. Pétrissez vigoureusement. Si la pâte est trop sèche, ajoutez 1 ou 2 cuillerées à soupe d'eau. Beurrez la plaque, posez la pâte dessus et abaissez-la à l'aide d'un rouleau à pâtisserie.

2 Pelez les poires, coupez-les en quartiers et retirez les pépins. Coupez les quartiers en lamelles suffisamment épaisses pour se tenir à la cuisson. Arrosez-les de jus de citron et ajoutez le zeste. Préchauffez le four à 200 °C (chaleur tournante : 180 °C sans préchauffage).

3 Séparez les blancs d'œufs des jaunes et battez-les en neige ferme. Mélangez les jaunes avec le fromage blanc, la crème fraîche, le sucre, le sucre vanillé, la fécule et le clou de girofle moulu. Incorporez doucement les blancs en neige à l'aide d'un fouet.

4 Disposez les poires sur la pâte, puis recouvrez de crème. Mettez au four à mi-hauteur pendant environ 30 minutes jusqu'à ce que le flan soit bien ferme. Laissez refroidir avant de déguster.

Préparation et cuisson : 45 minutes de travail effectif, 30 minutes de tranquillité
Calories par part : 220

Tarte à la rhubarbe
Encore meilleure meringuée

Pour 20 parts

La pâte :

400 g de farine, 100 g de sucre

1 pincée de sel, 200 g de beurre froid

2 jaunes d'œufs, 2 cuillerées à soupe de yaourt

La garniture :

2 kg de rhubarbe, 120 g de sucre

1 gousse de vanille, 50 cl de lait

2 cuillerées à soupe de fécule, 50 g de noisettes en poudre, 4 jaunes d'œufs, 2 blancs d'œufs

La meringue :

3 blancs d'œufs, 150 g de sucre, 1 cuillerée à café de jus de citron

Pâte brisée • 40 à 45 mn • 200 °C

1 Mélangez la farine avec le sucre, le sel, le beurre, les jaunes d'œufs et le yaourt. Pétrissez vigoureusement, roulez la pâte en boule et mettez-la environ 30 minutes au réfrigérateur.

2 Lavez la rhubarbe et ôtez-en un morceau à chaque extrémité. Si la peau se défait, retirez-la. Sinon, coupez les branches telles qu'elles sont en morceaux d'1 centimètre de large. Mélangez avec 40 grammes de sucre et laissez dégorger.

3 Pour la garniture, ouvrez la gousse de vanille, grattez la chair et mettez le tout dans une casserole avec le lait et le reste de sucre. Délayez la fécule dans 2 ou 3 cuillerées à soupe de lait et versez-la dans la casserole. Ajoutez les noisettes et les jaunes d'œufs, puis faites chauffer le lait à feu doux sans cesser de remuer (important !), jusqu'à ce qu'il épaississe. Hors du feu, ôtez la gousse de vanille. Battez les blancs d'œufs en neige ferme et incorporez-les à la crème tiède.

4 Préchauffez le four à 200 °C (chaleur tournante : 180 °C sans préchauffage). Abaissez la pâte sur la plaque non beurrée en faisant un petit bord. Mettez au four à mi-hauteur pendant 10 minutes environ.

5 Égouttez la rhubarbe et posez-la sur la pâte. Versez la crème à la vanille par-dessus. Remettez au four pendant 20 minutes.

6 Après une dizaine de minutes, battez les blancs en neige pour la meringue. Lorsqu'ils sont presque fermes, ajoutez le sucre en pluie et le jus de citron sans cesser de battre. Versez-les dans une poche à douilles (voir page 23).

7 Appliquez le blanc d'œuf sur le gâteau à l'aide de la poche à douilles selon le motif de votre choix, puis remettez au four pendant 10 à 15 minutes. Laissez refroidir et servez frais.

Préparation et cuisson : 1 h 30, dont 50 minutes environ de travail effectif
Calories par part : 285

Gâteau Blanche-Neige
Un vrai conte de fées

Pour 20 parts

La pâte :

2 bocaux de griottes (670 g chacun)
200 g de beurre mou, 180 g de sucre
1 pincée de sel, 6 œufs, 400 g de farine
3 cuillerées à café de levure, 4 cuillerées à soupe de lait, 2 cuillerées à soupe de cacao en poudre, 2 cuillerées à soupe de rhum ou de lait

La garniture :

1 sachet de flan à la vanille en poudre
50 cl de lait, 1 cuillerée à soupe de sucre
200 g de beurre mou, 50 g de sucre glace
200 g de chocolat noir à cuire
25 g de beurre de coco
Pour la plaque : beurre

Pâte sablée • 30 mn • 180 °C

1 Préchauffez le four à 180 °C (chaleur tournante : 160 °C sans préchauffage). Beurrez la plaque.

2 Égouttez les griottes. Déposez le beurre en morceaux dans un récipient, ajoutez le sucre et le sel, et battez jusqu'à obtention d'une crème onctueuse. Ajoutez les œufs un à un en remuant jusqu'à leur complète disparition.

3 Mélangez la farine avec la levure et ajoutez-la à la crème aux œufs. Ajoutez le lait. Comme toujours, la pâte doit être lourde et se détacher difficilement du batteur. Versez-en la moitié sur la plaque et lissez-la à l'aide d'une spatule passée à l'eau. Foncez le reste avec le cacao en poudre, puis incorporez le rhum ou le lait. Étalez la pâte foncée sur la pâte claire, puis disposez les cerises par-dessus en les enfonçant légèrement.

4 Mettez au four à mi-hauteur pendant 30 minutes environ. Ensuite laissez refroidir le gâteau sur la plaque.

5 Pour la garniture, mélangez le flan vanillé en poudre avec quelques cuillerées à soupe de lait et le sucre. Portez le reste du lait à ébullition et ajoutez-y la crème vanillée sans cesser de remuer afin d'obtenir un mélange homogène. Laissez cuire le temps indiqué sur le sachet, puis laissez refroidir en remuant de temps en temps.

6 Battez le beurre avec le sucre glace, ajoutez la crème vanillée une cuillerée à la fois, puis étalez le tout sur le gâteau refroidi.

7 Coupez le chocolat en morceaux et faites-le fondre au bain-marie avec le beurre de coco. Versez délicatement le nappage sur le gâteau et étalez-le avec le dos d'une cuillère. Laissez refroidir. Le Blanche-Neige se déguste bien frais de préférence.

Préparation et cuisson : 1 h 45, dont 1 h 15 de travail effectif
Calories par part : 465

Roulé aux fraises et au citron
Souvenir d'enfance

Parfait ou non, peu importe, car le roulé reste délicieux même s'il n'a pas tout à fait la forme de celui qu'on trouve chez le pâtissier.

Pour 20 parts

La pâte :

4 œufs

1 pincée de sel

50 g de sucre

1 sachet de sucre vanillé

2 jaunes d'œufs

125 g de farine

1 pincée de levure

La garniture :

600 g de fraises

50 g de sucre glace

2 sachets de sucre vanillé

500 g de crème fleurette

Pour la plaque : papier sulfurisé

Après la cuisson : sucre glace

Pâte à biscuit • 8 à 10 mn • 200 °C

1 Préchauffez le four à 200 °C (chaleur tournante : 180 °C sans préchauffage). Chemisez la plaque avec le papier sulfurisé.

2 Séparez les blancs d'œufs des jaunes, et battez-les en neige dans un récipient froid. Lorsqu'ils commencent à figer, ajoutez le sel, le sucre et le sucre vanillé en pluie. Continuez à battre jusqu'à ce qu'ils soient bien fermes.

3 Ajoutez les 6 jaunes d'œufs un à un, puis la farine préalablement mélangée avec la levure, et mélangez soigneusement le tout à l'aide d'un fouet.

4 Versez la pâte sur le papier sulfurisé sans attendre et lissez-la à l'aide d'une spatule ou d'un couteau à lame large. Vous devez obtenir une couche d'environ 1 centimètre d'épaisseur.

5 Mettez au four à mi-hauteur pendant 8 à 10 minutes. La pâte doit rester claire et humide, mais ne plus attacher au doigt. Très important : pendant qu'elle est au four, mouillez un torchon à l'eau chaude, essorez-le et posez-le sur le plan de travail.

6 Renversez immédiatement la pâte sur le torchon mouillé et retirez délicatement le papier sulfurisé. Enroulez la pâte avec le torchon et laissez refroidir.

7 Entre-temps, lavez le citron à l'eau chaude, séchez-le et râpez finement son zeste, puis coupez en deux le citron et pressez-le.

8 Lavez délicatement les fraises dans de l'eau froide, séchez-les et équeutez-les. Réservez quelques belles fraises entières et écrasez le reste en purée à l'aide d'une fourchette. Mélangez avec le sucre glace.

9 Montez la crème en chantilly avec le sucre vanillé. Mélangez les fraises avec le zeste et le jus de citron, puis incorporez la chantilly.

10 Déroulez la pâte et garnissez-la de chantilly aux fraises sans aller jusqu'au bord. S'il vous en reste, vous pourrez en décorer le roulé lorsqu'il sera terminé. Soulevez le bord du torchon, la pâte s'enroule de nouveau presque d'elle-même. Faites glisser le roulé sur un plat ; idéalement, le côté ouvert se retrouve dessous. Étalez le reste de chantilly sur le roulé et saupoudrez de sucre glace. Coupez les fraises en rondelles et décorez-en le gâteau.

Préparation : 45 minutes
Calories par part : 160

Variantes :

Garniture au citron

Incorporez à la crème Chantilly le zeste et le jus de 2 citrons non traités, ainsi que 250 grammes de fromage blanc.

Garniture au chocolat

Faites fondre puis tiédir 150 grammes de votre chocolat préféré. Mélangez-le avec 200 grammes de fromage blanc, de ricotta ou de mascarpone. Montez 500 grammes de crème fleurette en chantilly avec 1 sachet de sucre vanillé et 1 pincée de cannelle. Mélangez la crème chocolatée avec la chantilly.

Tarte légère aux nectarines et aux framboises

Voilà l'été, voilà l'été…

Pour 12 parts

4 nectarines

le zeste et 2 cuillerées à soupe du jus d'un citron non traité

4 œufs, 2 jaunes d'œufs

150 g de sucre

1 sachet de sucre vanillé

500 g de ricotta

150 g d'amandes en poudre

400 g de framboises

1 sachet de gélifiant

25 cl de jus de framboise ou de groseille

Pour le moule : papier sulfurisé

Pâte à la ricotta • 1 heure • 180 °C

Moule démontable, 26 ou 28 cm de Ø

1 Lavez les nectarines, ouvrez-les à l'aide d'un couteau et ôtez-en délicatement le noyau. Coupez les nectarines en tranches d'environ 1 centimètre d'épaisseur, puis arrosez-les de jus de citron.

2 Préchauffez le four à 180 °C (chaleur tournante : 160 °C sans préchauffage). Chemisez le moule de papier sulfurisé : découpez un cercle pour le fond et une bande pour la bordure.

3 Séparez les 4 blancs d'œufs des jaunes. Commencez par monter les blancs en neige ferme. Ensuite, battez tous les jaunes avec le sucre, le sucre vanillé et le zeste de citron jusqu'à obtention d'une crème onctueuse et légère. Ajoutez progressivement la ricotta, puis les amandes en poudre. Incorporez les blancs en neige à la fin.

4 Versez la moitié de la pâte dans le moule, disposez-y les nectarines et recouvrez avec le reste de la pâte. Mettez au four à mi-hauteur pendant près d'une heure. La pâte doit être ferme et légèrement brunie. Laissez refroidir le gâteau dans le moule.

5 Il est temps, maintenant, d'ajouter les fruits. Ne lavez pas les framboises, contentez-vous de retirer toutes celles qui sont abîmées. Disposez les framboises restantes sur le gâteau (toujours dans son moule).

6 Préparez le gélifiant avec le jus en suivant les indications du sachet, et arrosez-en le gâteau. Laissez figer. Vous pouvez maintenant faire glisser le gâteau sur un plat avec le papier de cuisson pour qu'il ne se casse pas.

Préparation et cuisson : 1 h 50, dont 50 minutes de travail effectif

Calories par part : 280

Tarte au citron

Un classique qui ne pouvait pas manquer au tableau !

Pour 12 parts

La pâte :

200 g de farine

50 g de sucre

1 sachet de sucre vanillé

le zeste de 1/2 citron non traité

100 g de beurre froid

1 jaune d'œuf

La garniture :

2 1/2 citrons non traités

4 œufs, 1 jaune d'œuf

200 g de sucre

125 g de crème fleurette

1 cuillerée à soupe de sucre glace

Pour la cuisson : papier d'aluminium et légumes secs (haricots, fèves…)

Pâte brisée • 1 heure • 180/150 °C

Moule à tarte ou démontable, 28 ou 30 cm de Ø

1 Mélangez la farine avec le sucre, le sucre vanillé et le zeste de citron. Coupez le beurre en petits morceaux et ajoutez-le à la farine avec le jaune d'œuf. Passez-vous les mains sous l'eau froide (et séchez-les) avant de pétrir la pâte.

2 Sans attendre, abaissez la pâte entre deux feuilles de papier sulfurisé, et disposez-la dans le moule non beurré en formant une bordure de 2 à 3 centimètres de haut. Mettez le tout au frais pendant 1 heure.

3 Préchauffez le four à 180 °C (chaleur tournante : 160 °C sans préchauffage). Piquez la pâte à plusieurs reprises à l'aide d'une fourchette. Découpez un rond à la dimension du moule dans une feuille de papier sulfurisé et posez-le sur la pâte. Lestez avec une couche de légumes secs. Mettez au four à mi-hauteur pendant 10 minutes.

4 Pour la garniture, lavez les citrons et râpez le zeste. Pressez les citrons. Mélangez les œufs entiers, le jaune et le sucre à l'aide d'un batteur. Ajoutez le zeste et le jus de citron. Montez la crème fleurette en chantilly et incorporez-la délicatement aux œufs à l'aide d'un fouet.

5 Enlevez les légumes secs et le papier du moule. Versez la crème au citron sur la pâte et remettez au four à 150 °C (chaleur tournante : 130 °C) pendant environ 50 minutes. La tarte ne doit pas trop brunir, mais la crème doit être ferme.

6 Sortez la tarte du four et laissez-la refroidir dans le moule. Avant de servir, allumez le gril, saupoudrez la tarte de sucre glace et mettez-la sous le gril pendant 1 minute environ. Ne quittez pas la tarte des yeux, le sucre brûle très vite ! Si votre four n'est pas équipé d'un gril, il vous faut renoncer à la couche croquante, ce qui ne vous empêche pas de la saupoudrer de sucre glace.

Préparation et cuisson : 35 minutes de travail effectif, 1 h 45 de tranquillité
Calories par part : 290

Tarte aux poires rapide

À faire en un tournemain pour une envie soudaine ou des invités surprises

Pour 12 parts

300 g de pâte feuilletée surgelée

1 sachet de pudding chocolaté en poudre

2 sachets de sucre vanillé

45 cl de lait

100 g de crème fleurette

1 cuillerée à soupe de cacao en poudre

1 grosse boîte de poires coupées (poids net 460 g)

Pour la cuisson : papier d'aluminium et légumes secs (haricots, fèves...)

Pâte feuilletée • 20 mn • 200 °C

Moule à tarte ou démontable, 28 ou 30 cm de Ø

1 Déroulez la pâte feuilletée, enveloppez-la dans un torchon et laissez-la décongeler pendant 15 minutes.

2 Pendant ce temps, délayez le pudding chocolaté et le sucre vanillé dans 12,5 cl de lait. Portez le reste du lait à ébullition et ajoutez-y le pudding. Reportez-vous aux indications du sachet pour le temps de cuisson, puis laissez refroidir. Remuez de temps à autre pour éviter la formation d'une peau épaisse sur le dessus.

3 Fouettez la crème et ajoutez-la avec le cacao au pudding au chocolat. Égouttez les moitiés de poires et coupez-les en lamelles.

4 Préchauffez le four à 200 °C (chaleur tournante : 180 °C). Rincez le moule à l'eau froide et ne l'essuyez pas.

5 Disposez la pâte feuilletée dans le moule en formant une bordure de 2 centimètres de haut. Si votre pâte est de forme carrée, recoupez-la aux bonnes dimensions. Posez une feuille de papier d'aluminium sur la pâte et lestez-la d'une couche de légumes secs. Mettez au four à mi-hauteur pendant 12 minutes environ.

6 Laissez refroidir, puis versez la crème au chocolat sur la pâte. Ajoutez les lamelles de poires. Mettez au réfrigérateur pendant 1 heure ou 2.

Préparation et cuisson : 50 minutes, dont 20 minutes de travail effectif
Calories par part : 235

Les petit

Juste un peu, s'il vous plaît… mais un peu de tout !

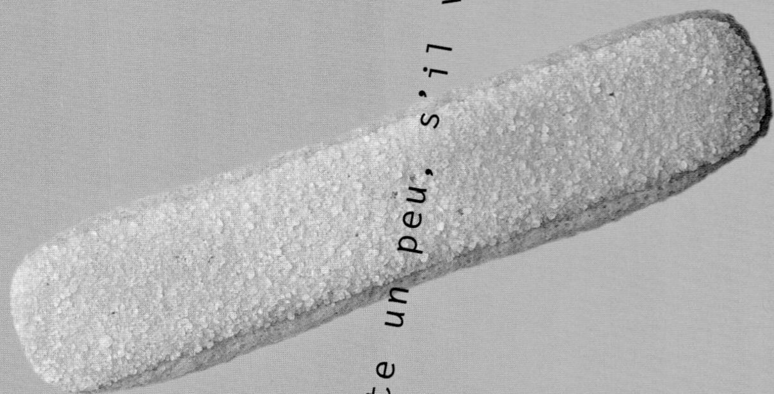

S

« Je veux tout, et tout de suite ! » Comme c'est mignon. Comme c'est naïf. Il suffit de faire via Internet une recherche sur « tarte aux pommes » pour constater le nombre incroyable de résultats disponibles. Si vous n'êtes pas connecté, regardez à « Durand » dans l'annuaire parisien, cela vous donnera une idée !

Cela dit, si vous refusez de passer le restant de vos jours chez Durand à manger des tartes aux pommes, facilitez-vous donc la vie et faites des gâteaux plus petits. Des muffins, par exemple. Ou des amandines, des triangles aux noisettes, des biscuits à la vanille ou des boudoirs. Ces gâteaux sont les « portables » de la pâtisserie : plus petits, plus simples et plus pratiques que leurs grands frères. Ce qui ne les empêche pas d'avoir tout ce qu'il faut.

Si vous ne voulez pas vous encombrer d'un moule ou si vous en avez assez que la Forêt-Noire se désagrège à chaque fois dans votre sac à dos, vous êtes mûr pour passer aux miniatures. Vous verrez, c'est rapide et sympa !

Comme au bistrot

Le café autour du monde

Pour vous y retrouver dans cette jungle internationale de la consommation du café

NOIR

France
café : espresso ou café filtre

Allemagne
Tasse Kaffee : une tasse de café noir au filtre
Kännchen Kaffee : généralement un peu moins de deux tasses de café filtre ; fait gagner de l'argent aux patrons
Mokka : petit café filtre corsé, torréfaction spéciale

Italie
caffè : espresso dans le reste du monde ; ce café est fait à la machine, ce qui lui donne beaucoup d'arôme, un peu de mousse et presque pas de caféine
ristretto : espresso serré
doppio : double espresso
lungo : espresso allongé
americano : espresso très allongé

Autriche
Schwarzer : café filtre noir, corsé, petit ou grand
Verlängerter : café noir allongé
Mokka : petit café filtre noir, corsé ; torréfaction spéciale
Lauf : mokka allongé

Reste du monde
short black (Australie) : espresso le plus souvent lungo
mokka (Turquie) : petit café corsé et sucré avec son marc, plusieurs fois réchauffé
coffee (U.S.A., Royaume-Uni) : espresso ou café filtre
Schümli-Café (Suisse) : tasse de café frais couronné de crème

NOIR ET BLANC

Allemagne
Pharisäer : tasse de café avec du rhum et de la crème Chantilly

Italie
caffè macchiato : espresso surmonté de mousse de lait, parfois mélangé avec une goutte de lait
caffè con panna : café viennois (avec de la chantilly)

Autriche
Einspänner : mokka servi dans un verre avec de la chantilly sur le dessus

MARRON

Allemagne
Kaffee mit Milch : tasse de café avec un trait de lait (frais ou concentré) froid
Kapputschino : tasse de café surmontée de gouttes de chantilly (rien à voir avec le cappuccino italien)

Italie
cappuccino : 1/3 de café, 1/3 de lait chaud, 1/3 de mousse de lait

Autriche
Brauner : café noir, grand ou petit, avec un trait de lait chaud
Kapuziner : mokka avec un trait de lait chaud

Reste du monde
flat white (Australie) : short black avec du lait chaud, peu ou pas de mousse

DORÉ

France
café au lait : tasse de café filtre avec beaucoup de lait chaud sans mousse
café crème : grand espresso avec du lait chaud et un peu de mousse
noisette : petit espresso avec très peu de lait

Allemagne
Milchkaffee : tasse de café avec beaucoup de lait chaud sans mousse

Italie
caffè latte : espresso servi dans un verre avec beaucoup de lait chaud, peu ou pas de mousse
latte macchiato : lait chaud mousseux servi dans un verre avec un peu de café

Autriche
Melange : mokka et lait chaud en quantités égales, peu ou pas de mousse
Franziskane : comme le verkehrter, mais avec de la chantilly

S.O.S

La réponse à toutes vos questions désespérées par notre spécialiste :

Et la pâte feuilletée ?
Tout cela est bel et bon, mais personne n'a parlé de pâte feuilletée. Comment doit-on la faire ? Et que faire avec ? Qu'en est-il de la pâte feuilletée surgelée ? Je suis plutôt contre les surgelés, mais ma mère me dit que c'est OK. Elle a raison ? Ou est-ce qu'elle est seulement trop paresseuse ? Merci de votre réponse.

Phil, de Montauban

Le conseil de tante Alice :

Vous êtes bien curieux, cher Phil de Montauban. Je vais répondre à votre question en la prenant par la fin. Savez-vous ce que contient une pâte feuilletée surgelée ? Il y a bien 200 grammes de beurre et plusieurs couches de pâte incroyablement travaillée. Avec tout mon respect, cher Phil, voilà une chose que vous ne réussirez jamais. Et je ne dis pas cela parce que j'ai des actions dans les surgelés. Juste parce que je suis aussi paresseuse que votre mère. Pour une fois, vous pouvez lui faire confiance.

Faites décongeler la pâte feuilletée pendant 15 à 20 minutes (pas plus, sinon elle deviendrait trop molle). Pour la travailler, il y a deux solutions : superposez les couches de pâte en humectant juste les bords, saupoudrez de farine et étalez au rouleau à pâtisserie. Le résultat est assez compact. Ou humectez toutes les couches de pâte à l'exception d'une, superposez-les en terminant par la couche sèche, puis étalez au rouleau. Le résultat est alors plus aéré.

Soulevez un peu la pâte et étirez-la délicatement à la main. Vous pouvez la percer de petits trous à l'aide d'une fourchette si vous n'avez pas l'intention de la garnir d'une préparation trop liquide. Pour couper la pâte aux dimensions voulues, utilisez un couteau très aiguisé afin d'éviter de coller les bordures. Attention également au jaune d'œuf pour « fermer » les chaussons, car il peut lui aussi coller les bordures. Dans les deux cas, la pâte ne peut pas lever.

Mettez la pâte au four sur une plaque préalablement mouillée avec de l'eau froide. Pourquoi ? En s'évaporant, l'eau fait lever la pâte et la rend encore plus feuilletée. Que faire avec la pâte feuilletée ? demandez-vous. Écoutez un peu votre mère, cher Phil. Les femmes paresseuses ont souvent l'esprit pratique. C'est moi qui vous le dis.

Incursion dans l'univers des cookies

Une chose est certaine, la nature ne connaît pas la ligne droite, mais elle est pleine de formes arrondies. Pour s'en convaincre, il suffit d'observer l'Univers. Le plus raide des rayons de soleil, par exemple, finit par s'incurver en rencontrant quelque matière que ce soit ; et toute matière laissée à elle-même pendant quelques millénaires finit par former des planètes à la rondeur presque parfaite.

Ce phénomène s'observe aussi couramment dans la vie quotidienne. Regardez ce qui se passe dans un four, par exemple, lorsque la matière rencontre l'énergie de la chaleur, et particulièrement dans les moules de petite taille. L'expérience suivante le prouve.

Que l'on prenne une cuillerée à soupe de pâte sablée, qu'on la dépose sur une plaque et que l'on mette le tout dans un four chaud. Quelques minutes suffisent pour que la masse informe se transforme en un joli palet bien rond, ou encore un délicieux et fondant biscuit.

Intéressant. Mais alors, pourquoi la Terre n'est-elle pas en forme de galet ? Parce qu'elle n'est pas soumise à la force de la pesanteur. S'il existait des fours équipés d'annulateurs de gravité, on pourrait y mettre la pâte, laquelle se transformerait alors en boule à la cuisson ! Toutefois, cela compliquerait nettement la tâche déjà difficile qui consiste à couper le gâteau en parts égales.

Qu'avons-nous appris de cette expérience ? Pour les cookies, beignets ou muffins, la perfection réside dans le cercle. Toute autre forme est due à une intervention humaine, qu'il s'agisse du chausson au fromage blanc, du croissant ou de l'étoile à la cannelle.

Au fond, est-ce bien indispensable de songer à tout cela ? Le plus important n'est-il pas de déguster toute ces bonnes choses sorties du four ? Cédons à notre seule gourmandise…

Muffins aux myrtilles
Très facile !

Pour 12 parts

250 g de myrtilles fraîches (ou surgelées et décongelées)

250 g de farine de froment ou d'épeautre

2 cuillerées à café de levure, 1 pincée de sel

1 œuf, 100 g de sucre, 1 sachet de sucre vanillé

250 g de petit-lait, 2 cuillerées à café de beurre fondu ou d'huile végétale

Pour le moule : beurre

Pâte sablée • 20 minutes • 200 °C

Moule à muffins ou moules en papier

1 Mettez les myrtilles dans une passoire, passez-les sous un filet d'eau froide et laissez-les égoutter. Si les myrtilles sont surgelées, faites-les décongeler dans la passoire. Préchauffez le four à 200 °C (chaleur tournante : 180 °C). Graissez le moule à muffins (lequel peut généralement contenir 6 ou 12 gâteaux). Si vous n'avez pas de moule à muffins, utilisez des moules en papier (superposez-en deux par muffin), et disposez-les sur la plaque de votre four.

2 Mélangez la farine avec la levure et le sel. Mettez l'œuf dans un grand bol, ajoutez le sucre et le sucre vanillé, et battez jusqu'à obtenir une crème onctueuse. Ajoutez le petit-lait sans cesser de battre, puis incorporez progressivement la farine. Terminez par le beurre fondu (ou l'huile) et les myrtilles.

3 À l'aide d'une cuillère, versez la pâte dans les creux du moule à muffins en les remplissant seulement aux deux tiers pour que la pâte puisse bien lever. Mettez au four à mi-hauteur pendant environ 20 minutes. Les muffins doivent avoir une belle teinte brune. Laissez refroidir, démoulez et dégustez !

Préparation et cuisson : 40 minutes, dont 20 minutes de travail effectif
Calories par muffin : 130

Muffins au chocolat
Pour les plus gourmands

Pour 12 parts
200 g de chocolat au lait
100 g de beurre, 20 cl de lait
1 œuf, 100 g de crème fraîche
50 g de sucre roux
250 g de farine
1 cuillerée à soupe de fécule
2 cuillerées à café de levure
3 cuillerées à soupe de cacao en poudre
1 pincée de sel
Pour le moule : beurre et sucre roux
Pâte sablée • 20 à 25 minutes • 180 °C
Moule à muffins ou moules en papier

1 Coupez le chocolat en petits morceaux. Dans une casserole, faites fondre le beurre à feu doux avec 30 grammes de chocolat. Mélangez le lait avec l'œuf, la crème fraîche et le sucre à l'aide d'un batteur.

2 Préchauffez le four à 180 °C (chaleur tournante : 160 °C). Mélangez la farine avec la fécule, la levure, le cacao en poudre et le sel. Versez-y le lait aux œufs, puis le beurre au chocolat, enfin, le reste de chocolat en morceaux, et remuez le tout avec une cuillère en bois jusqu'à épaississement.

3 Beurrez le moule à muffins et versez un peu de sucre dans le fond de chaque creux, ou doublez les moules en papier. Versez et lissez la pâte. Les creux (ou les moules) doivent être remplis aux deux tiers.

4 Mettez au four à mi-hauteur pendant 20 à 25 minutes. Laissez reposer dans le moule 5 minutes après la cuisson. Démoulez et laissez refroidir sur une grille.

Préparation et cuisson : 40 à 45 minutes, dont la moitié de travail effectif
Calories par muffin : 275

Muffins au citron
Fraîcheur acidulée

Pour 12 parts
2 citrons non traités
50 g de pistaches non salées ou d'amandes hachées
250 g de farine
2 cuillerées à café de levure
1 pincée de sel
2 œufs
150 g de sucre roux
12,5 cl de lait
125 g de yaourt
Pour le moule : beurre
Pâte sablée • 20 minutes • 200 °C
Moule à muffins ou moules en papier

1 Lavez les citrons à l'eau chaude, essuyez-les et râpez les zestes. Pelez entièrement un citron en ôtant la peau blanche. Enlevez la peau de chaque quartier, puis coupez les quartiers en dés en retirant tous les pépins. Hachez grossièrement les pistaches avec un grand couteau, et réservez-en quelques-unes.

2 Mélangez la farine avec la levure et le sel. Préchauffez le four à 200 °C (chaleur tournante : 180 °C). Beurrez le moule à muffins ou doublez des moules en papier.

3 Versez l'œuf et le sucre dans un récipient et battez vigoureusement. Ajoutez le lait et le yaourt sans cesser de battre, puis incorporez progressivement la farine. Terminez par le zeste de citron, les dés de citron et les pistaches hachées.

4 À l'aide d'une cuillère, versez la pâte dans les creux du moule à muffins ou dans les moules en papier. Ne remplissez pas complètement afin d'éviter que la pâte ne déborde en cuisant. Décorez chaque muffin avec les pistaches réservées.

5 Mettez au four à mi-hauteur pendant environ 20 minutes. Les muffins gonflent et prennent une belle teinte brune. Laissez-les reposer quelques instants avant de les démouler et faites-les refroidir sur une grille.

Préparation et cuisson : 50 minutes, dont 30 minutes de travail effectif
Calories par muffin : 170

Chaussons au fromage blanc
Idéal à congeler

Pour 16 chaussons

La pâte :

150 g de fromage blanc, 6 cuillerées à soupe d'huile végétale, 1 œuf, 2 sachets de sucre vanillé, 1 pincée de sel, 300 g de farine

3 cuillerées à soupe de levure

La garniture :

350 g de fromage blanc ou de faisselle

3 cuillerées à soupe de crème fraîche ou fleurette, 1 œuf, 70 g de sucre, 2 sachets d'orangeat (au supermarché), 1 cuillerée à soupe de copeaux de chocolat (en option)

Pour dorer : 1 jaune d'œuf

1 cuillerée à soupe de lait

Pour la plaque : papier sulfurisé

Pâte au fromage blanc • 20 minutes • 200 °C

1 Mélangez le fromage blanc avec l'huile, l'œuf, le sucre vanillé et le sel jusqu'à ce qu'il soit bien lisse. Mélangez la farine avec la levure et incorporez-la au fromage blanc. Pétrissez à la main.

2 Préchauffez le four à 200 °C (chaleur tournante : 180 °C). Chemisez la plaque avec du papier sulfurisé. Pour la garniture, mélangez le fromage blanc avec la crème fraîche, l'œuf, le sucre, l'orangeat et les copeaux de chocolat.

3 Mélangez l'œuf avec le lait. Farinez le plan de travail et abaissez la pâte à l'aide d'un rouleau à pâtisserie jusqu'à 2 millimètres d'épaisseur. Découpez des carrés d'environ 10 x 10 centimètres dans la pâte, et versez une cuillerée à soupe de garniture au centre de chacun d'eux. Badigeonnez les coins de chaque carré de pâte avec du jaune d'œuf, rabattez-les vers l'intérieur, et pressez légèrement pour les faire tenir.

4 Disposez les chaussons sur la plaque en vous aidant d'une pelle à tarte. Badigeonnez-les avec le reste du jaune d'œuf et mettez-les au four à mi-hauteur pendant 20 minutes environ. Ils doivent prendre une belle teinte dorée. Laissez refroidir et régalez-vous.

Préparation et cuisson : 1 heure, dont environ 40 minutes de travail effectif
Calories par chausson : 210

Croissants aux noisettes
Irrésistibles !

Pour 18 croissants

6 plaques de pâte feuilletée surgelée

150 g de noisettes ou d'amandes en poudre

5 cuillerées à soupe de crème fraîche

4 cuillerées à soupe de miel, 1 cuillerée à café de cannelle, le zeste et 1 cuillerée à soupe de jus de 1/2 citron non traité

Pour dorer : 2 cuillerées à soupe de beurre fondu

Après la cuisson : sucre glace

Pâte feuilletée • 20 minutes • 200 °C

1 Laissez décongeler les feuilles de pâte pendant une quinzaine de minutes.

2 Pour la garniture, mélangez soigneusement les noisettes en poudre avec la crème fraîche, le miel, la cannelle, le zeste et le jus de citron. Préchauffez le four à 200 °C (chaleur tournante : 180 °C). Rincez la plaque à l'eau froide et ne l'essuyez pas.

3 À l'aide d'un rouleau à pâtisserie, étalez les feuilles de pâte jusqu'à ce qu'elles atteignent le double de leur taille initiale et découpez 3 triangles dans chacune d'elles. Garnissez chaque triangle avec la crème aux noisettes. Roulez en partant du plus grand côté, incurvez-les en croissants, disposez-les sur la plaque et badigeonnez-les de beurre fondu.

4 Mettez au four à mi-hauteur pendant environ 20 minutes jusqu'à ce que les croissants prennent une appétissante teinte dorée. Laissez refroidir. Saupoudrez de sucre glace.

Préparation et cuisson : 1 heure, dont environ 25 minutes de travail effectif
Calories par croissant : 120

Brioches
Au petit déjeuner !

Pour 12 brioches

500 g de farine

30 g de levure de boulanger fraîche

1 sachet de sucre vanillé, 5 œufs

1 bonne pincée de sel, 200 g de beurre mou

Pour dorer : 1 jaune d'œuf

Pâte levée • 20 minutes • 220 °C

24 petits moules en papier

1 Versez la farine sur le plan de travail et faites un puits au milieu. Délayez la levure dans 3 cuillerées à soupe de lait tiède et versez dans le puits.

2 Ajoutez le sucre vanillé, les œufs, le sel et mélangez. Ajoutez ensuite le beurre coupé en petits morceaux, et pétrissez jusqu'à sa disparition complète. Mettez la pâte dans un récipient, couvrez avec un torchon, et laissez reposer au réfrigérateur toute une nuit.

3 Pétrissez une nouvelle fois la pâte, et coupez-la en 12 morceaux. Pour chaque morceau, prélevez le quart de la pâte et faites-en une petite boule, puis roulez le reste en une boule plus grosse. Doublez les moules en papier. Déposez la grosse boule dans le moule, ajoutez la petite boule par-dessus en appuyant légèrement. Remplissez les 12 moules de la même manière.

4 Laissez reposer les brioches dans un endroit chaud pendant 1 heure environ. Préchauffez le four à 220 °C (chaleur tournante : 200 °C). Déposez les brioches sur la plaque du four et badigeonnez-les de jaune d'œuf. Mettez au four à mi-hauteur pendant environ 20 minutes, jusqu'à ce qu'elles lèvent et prennent une belle teinte dorée. Dégustez-les sans attendre avec un peu de beurre et de confiture.

Préparation et cuisson : 2 heures, dont environ 35 minutes de travail effectif, sans compter le temps de pause de la nuit
Calories par brioche : 315

Friands
Ne battez pas les blancs, S.V.P. !

Biscuits moelleux et croquants qui semblent tout droit sortis d'une vraie pâtisserie. Si vous n'avez pas de moules à friands, utilisez un moule à muffins.

Pour 12 friands

190 g de beurre, 250 g de sucre glace

80 g de farine

130 g d'amandes en poudre, 1 pincée de sel

6 blancs d'œufs, 50 g d'amandes effilées

Pâte brisée aux amandes •20 minutes • 200 °C

Moules ovales ou moule à muffins

1 Faites fondre le beurre dans une casserole à feu moyen et laissez-le sur le feu jusqu'à ce qu'il commence à brunir : c'est ce qui donne aux friands leur goût inimitable. Ôtez la casserole du feu. Préchauffez le four à 200 °C (chaleur tournante : 180 °C).

2 Mélangez le sucre glace avec la farine, les amandes et le sel. Dans un autre bol, mélangez les blancs d'œufs sans les battre. Ajoutez le mélange de sucre glace et de farine, et remuez jusqu'à obtention d'une pâte bien lisse.

3 Incorporez le beurre tiède. Terminez par les amandes effilées. Beurrez soigneusement les moules à friands (ou le moule à muffins) et remplissez-les aux trois quarts avec la pâte. Mettez au four à mi-hauteur pendant 5 minutes jusqu'à ce que la température soit descendue à 180 °C (chaleur tournante : 160 °C). Laissez cuire ensuite pendant 20 minutes : les friands doivent prendre un aspect doré. Éteignez le four et laissez-y les friands à l'intérieur pendant encore 5 minutes. Puis laissez-les reposer 10 minutes avant de les démouler et de les faire refroidir sur une grille.

Préparation et cuisson : 55 minutes, dont environ 30 minutes de travail effectif
Calories par friand : 320

Triangles aux noisettes

Parfait pour un goûter

Pour 20 à 30 triangles

La pâte :

220 g de beurre mou, 150 g de sucre glace

1 œuf, 1 jaune d'œuf

1 cuillerée à café de zeste de citron (non traité)

350 g de farine

1 1/2 cuillerée à café de levure

La garniture :

60 g d'orangeat

60 g d'écorces de citron confites

70 g de noisettes ou d'amandes décortiquées

60 g de pistaches décortiquées

200 g de miel, 200 g de beurre

8 cuillerées à soupe de crème fraîche

370 g de noisettes ou d'amandes en poudre

1/2 cuillerée à café de cannelle, 1 pincée de clou de girofle moulu, 70 g d'amandes effilées

Après la cuisson : 300 g de nappage au chocolat

Pâte brisée • 20 à 25 minutes • 180 °C

1 Pour préparer la pâte, battez et faites mousser le beurre, puis ajoutez progressivement le sucre glace. Incorporez l'œuf entier, le jaune d'œuf et le zeste de citron, puis rapidement la farine et la levure. Lorsque la pâte est prête, déposez-la sur une plaque non beurrée et abaissez-la à l'aide d'un rouleau à pâtisserie.

2 Préchauffez le four à 180 °C (chaleur tournante : 160 °C). Pour la garniture, hachez finement l'orangeat et l'écorce de citron, concassez les noisettes et les pistaches. Dans une casserole, mélangez le miel avec le beurre, la crème fraîche, les noisettes en poudre et les épices. Faites chauffer jusqu'à obtention d'une bouillie épaisse.

3 Ajoutez les noisettes, les pistaches et les amandes effilées sans cesser de remuer, puis laissez reposer pendant 5 minutes. Versez et lissez cette crème sur la pâte. Mettez au four à mi-hauteur pendant 20 à 25 minutes. Laissez refroidir toute une nuit.

4 Coupez le gâteau en carrés de 10 centimètres de côté, puis chaque carré en diagonale pour obtenir des triangles. Faites fondre le chocolat pour le nappage au bain-marie, et trempez-y les côtés des triangles aux noisettes. Faites-les refroidir sur une grille. Les triangles se conservent 10 jours.

Préparation et cuisson : 1 h 30, dont environ 1 heure de travail effectif
Calories par triangle (pour 30 triangles) : 385

Variantes :

Triangles à la noix de coco

Mélangez 375 grammes de farine avec 175 grammes de beurre, 60 grammes de sucre, 1 œuf et 1 pincée de sel. Préchauffez le four à 180 °C (chaleur tournante : 160 °C). Étendez la pâte sur la plaque du four à l'aide d'un rouleau à pâtisserie. Mélangez 4 œufs avec 200 grammes de crème fraîche, 150 grammes de sucre, 2 cuillerées à café de zeste de citron et 250 grammes de noix de coco râpée. Versez et lissez cette préparation sur la pâte. Mettez au four à mi-hauteur pendant environ 30 minutes. Laissez refroidir, coupez en carrés puis en triangles. Faites fondre 100 grammes de chocolat au bain-marie et trempez-y les coins des triangles. Laissez sécher. Attendez le lendemain avant de déguster.

Brownies aux cacahuètes

Le goût de l'Amérique

Pour 40 brownies

150 g de chocolat noir, 200 g de beurre

100 à 200 g de cacahuètes décortiquées fraîches, non salées

6 œufs, 350 g de sucre roux

150 g de beurre de cacahuète

150 g de crème fraîche

200 g de farine, 4 cuillerées à soupe de cacao en poudre, 1 pincée de sel

Pour la plaque : papier sulfurisé

Pâte sablée • 30 mn • 180 °C

1 Hachez finement le chocolat et faites-le fondre au bain-marie avec le beurre. Laissez tiédir. Hachez grossièrement les cacahuètes. Mélangez les œufs avec le sucre jusqu'à obtenir une crème onctueuse. Ajoutez-y le chocolat fondu et le beurre de cacahuète, puis la crème fraîche.

2 Mélangez la farine avec le cacao en poudre et le sel. Préchauffez le four à 180 °C (chaleur tournante : 160 °C sans préchauffage). Ajoutez progressivement la farine et les cacahuètes hachées à la crème au chocolat en remuant avec une cuillère en bois.

3 Étalez la pâte sur une plaque préalablement chemisée de papier sulfurisé. Mettez au four à mi-hauteur pendant environ 30 minutes. La pâte doit rester un peu humide au centre sans pour autant adhérer au bâtonnet avec lequel vous testerez la cuisson.

4 Laissez refroidir complètement le gâteau sur la plaque, puis découpez-le en morceaux d'environ 8 x 5 centimètres.

Préparation et cuisson : 1 heure, dont environ 30 minutes de travail effectif
Calories par brownie : 180

Carrés aux abricots
Un concentré d'énergie

Pour environ 18 carrés

50 g d'abricots secs (hachés fins), 180 g de beurre

2 à 3 cuillerées à soupe de miel, 250 g de céréales (pétales de maïs ou blé au miel)

80 g d'amandes hachées, 1 œuf, 1 jaune d'œuf

100 g de farine, 100 g de confiture d'abricots

1 cuillerée à soupe de jus de citron

Pour la plaque : beurre

Pâte au beurre • 30 mn • 180 °C

1 Dans une grande casserole, faites fondre le beurre à feu doux avec les abricots et le miel. Émiettez les céréales dans une pochette en plastique à l'aide d'un rouleau à pâtisserie. Mélangez-les avec les amandes, l'œuf, le jaune d'œuf et la farine. Préchauffez le four à 180 °C (chaleur tournante : 160 °C sans préchauffage). Beurrez la moitié de la plaque.

2 Ajoutez la pâte avec les céréales dans la casserole, sans cesser de remuer. Versez la moitié de la pâte ainsi obtenue sur la partie beurrée de la plaque, et compressez-la. Badigeonnez-la d'une couche de confiture délayée dans le jus de citron. Couvrez avec le reste de la pâte.

3 Mettez au four à mi-hauteur pendant 30 minutes, jusqu'à ce que la surface prenne une belle teinte brune. Laissez tiédir, puis coupez en carrés de 5 x 5 centimètres.

Préparation et cuisson : 50 minutes, dont 20 minutes de travail effectif
Calories par carré : 205

Carrés au chocolat
Sans cuisson

Pour 16 carrés environ

100 g de chocolat noir, 100 g de chocolat au lait,

80 g de beurre, 1 cuillerée à soupe de miel

2 cuillerées à soupe de crème fraîche

100 g de pruneaux, 50 g de cerneaux de noix,

100 g de biscuits à la cuillère

2 cuillerées à soupe de noix de coco râpée

1 Dans une casserole, faites fondre les chocolats à feu doux avec le beurre, le miel et la crème fraîche.

2 Découpez les pruneaux en petits morceaux, hachez finement les noix, émiettez les biscuits à la cuillère. Ajoutez le tout au chocolat fondu et versez dans un moule carré (18 x 18 centimètres). Saupoudrez de noix de coco râpée et laissez refroidir dans le réfrigérateur. Coupez en carrés.

Préparation : 15 minutes (sans refroidissement)
Calories par carré : 170

Beignets aux pommes
Un vrai régal

À faire frire rapidement dans l'huile chaude. C'est prêt !

Pour 14 beignets

3 grosses pommes acides, 2 cuillerées à soupe de sucre

2 cuillerées à soupe de jus de citron

125 g de farine

1 pincée de sel

1 œuf, 12,5 cl de bière (peu importe la marque) ou d'eau minérale

1 blanc d'œuf

Pour la friture : 750 g d'huile

Pour saupoudrer : sucre à la cannelle (du sucre mélangé avec un peu de cannelle)

1 Pelez entièrement les pommes et ôtez-en la partie centrale. À l'aide d'un couteau pointu, évidez chaque pomme. S'il reste des pépins, ôtez-les avec la pointe d'un économe. Si votre pomme s'est cassée pendant l'opération (cela peut arriver), coupez-la simplement en dés que vous ajouterez plus tard à la pâte.

2 Une fois toutes les pommes évidées, coupez-les en tranches épaisse. Saupoudrez-les de sucre, arrosez-les de jus de citron, et laissez reposer le tout.

3 Pour la pâte, mélangez la farine et le sel dans un récipient. Séparez le blanc d'œuf du jaune, puis ajoutez le jaune et la bière à la farine. La pâte doit être suffisamment épaisse pour adhérer aux pommes. Battez les 2 blancs en neige et incorporez-les à la pâte.

4 Faites chauffer l'huile dans une friteuse ou, à défaut, dans un faitout (pour la bonne température, voyez notre conseil en bas de page). Plongez les rondelles de pommes dans la pâte et jetez-les dans l'huile. Mettez-en juste assez à la fois pour qu'elles aient la place de nager les unes à côté des autres. Faites dorer 1 minute de chaque côté. Sortez et épongez à l'aide de papier absorbant. Si vous avez des dés de pommes, il est temps maintenant de les plonger dans la pâte et de les jeter un à un dans l'huile à l'aide d'une cuillère. Sortez-les avec une écumoire et épongez-les avec du papier absorbant. Mangez les beignets chauds, saupoudrés de sucre à la cannelle.

Préparation : 30 minutes
Calories par beignet : 135

Notre conseil
Pour une huile digeste et légère

Afin de limiter la teneur en graisses des fritures, l'huile doit être vraiment très chaude. Il se forme alors immédiatement une croûte autour de l'aliment qui empêche un trop plein d'huile de pénétrer. Or, toutes les huiles ne supportent pas les fortes chaleurs. Certaines graisses, comme le beurre, brûlent, d'autres matières grasses deviennent dangereuses pour la santé. Aussi, utilisez de préférence des pains d'huile végétale ou des huiles liquides supportant les fortes températures.
Pour savoir si l'huile a atteint la bonne température, procédez au test suivant, très simple : plongez-y une cuillère en bois. Si de petites bulles se forment tout autour, vous avez le feu vert. Vous pouvez également jeter un petit morceau de baguette dans l'huile : il devra mettre moins de 1 minute pour rissoler.

Feuilletés à la crème de citron

À déguster quand il fait chaud ou quand il fait froid. Et le lendemain !

Pour 10 feuilletés

2 plaques de pâte feuilletée surgelée (450 g)

1 citron non traité + 3 citrons

4 œufs

40 g de beurre mou

150 g de sucre glace

200 g de crème fleurette

1 sachet de sucre vanillé

Pâte feuilletée • 15 mn • 220 °C

1 Étalez les plaques de pâte feuilletée et recouvrez-les d'un torchon. Laissez-les entièrement décongeler pendant une quinzaine de minutes.

2 Pendant ce temps, lavez le citron non traité à l'eau chaude, séchez-le et râpez-en le zeste. Pressez le jus de tous les citrons.

3 Préchauffez le four à 220 °C (chaleur tournante : 200 °C). Superposez les plaques de pâte feuilletée et donnez-leur une forme rectangulaire à l'aide d'un rouleau à pâtisserie. Coupez en 3 parts égales. Faites couler de l'eau froide sur la plaque et ne l'essuyez pas. Disposez la pâte feuilletée sur la plaque et mettez dans le four à mi-hauteur environ 15 minutes. Laissez refroidir quelques minutes, puis coupez l'une des parts de pâte en 10 morceaux.

4 Préparez un récipient avec de l'eau froide et des glaçons. Dans une casserole, faites réchauffer les œufs, le beurre, le sucre glace, le zeste et le jus de citron à feu doux en remuant sans cesse. Le mélange doit épaissir sans bouillir. Déposez ensuite la casserole dans le récipient d'eau froide, et remuez jusqu'à ce que la crème soit complètement refroidie.

5 Battez la crème fleurette additionnée de sucre vanillé et incorporez-la à la crème. Étalez la moitié de la crème sur l'un des rectangles de pâte feuilletée, couvrez avec le deuxième rectangle, étalez le reste de crème dessus, et décorez avec des petits carrés de pâte. Mettez au frais environ 30 minutes avant de servir.

Préparation et cuisson : 45 minutes, dont environ 30 minutes de travail effectif
Calories par part : 370

Tartelettes au chocolat

Presque sans farine

Pour 4 tartelettes

200 g de chocolat noir, 4 œufs

4 cuillerées à soupe de sucre, 4 cuillerées à soupe de sucre glace, 200 g de beurre mou

4 cuillerées à soupe rases de farine

Pour les moules : beurre et farine

Après la cuisson : sucre glace

Pâte aux œufs • 30 mn • 180 °C

4 moules à tartelettes, 10 ou 12 cm de Ø

1 Faites fondre le chocolat au bain-marie. Séparez les blancs d'œufs des jaunes. Battez les blancs en neige en ajoutant le sucre en pluie. Mélangez les jaunes avec le sucre glace jusqu'à obtention d'une mousse épaisse.

2 Préchauffez le four à 180 °C (chaleur tournante : 160 °C sans préchauffage). Mélangez le chocolat avec le beurre et ajoutez-le aux jaunes d'œufs. Incorporez les blancs en neige et la farine. Répartissez la pâte dans les moules beurrés et farinés. Mettez au four à mi-hauteur pendant environ 30 minutes. Laissez reposer les tartelettes, four éteint et ouvert, une dizaine de minutes avant de les démouler, puis laissez-les refroidir entièrement sur une grille. Saupoudrez de sucre glace avant de servir.

Préparation et cuisson : 1 heure, dont la moitié de travail effectif
Calories par tartelette : 840

Tartelettes à la vanille et aux fruits rouges

Songe d'une nuit d'été

Pour 8 tartelettes

La pâte :

200 g de farine, 1 pincée de sel

2 sachets de sucre vanillé

100 g de beurre froid

Pour la cuisson : papier d'aluminium et légumes secs

La garniture :

2 gousses de vanille, 25 cl de lait

50 g de sucre, 2 jaunes d'œufs

20 g de fécule, 100 g de crème fleurette

1 cuillerée à café de jus de citron

400 g de fruits rouges

Pâte brisée • 18 mn • 200 °C

8 moules à tartelettes, 10 cm de Ø

1 Mélangez la farine avec le sel, le sucre vanillé et le beurre, ajoutez environ 2 cuillerées à soupe d'eau froide. Pétrissez jusqu'à ce que la pâte soit homogène. Laissez reposer la pâte au réfrigérateur pendant 1 heure.

2 Préchauffez le four à 200 °C (chaleur tournante : 180 °C). Coupez la pâte en 8 morceaux de taille égale et étalez-les à la main dans les moules sans oublier de former un bord. Découpez 8 cercles dans le papier d'aluminium, posez-les dans les moules et couvrez-les de légumes secs.

3 Mettez au four à mi-hauteur pendant environ 18 minutes, jusqu'à ce que la pâte prenne une appétissante teinte brune. Ôtez les légumes secs et le papier d'aluminium. Posez les tartelettes sur une grille et laissez-les refroidir.

4 Ouvrez les gousses de vanille, grattez la chair et mettez le tout dans une casserole avec le lait. Faites chauffer à feu doux, puis retirez du feu. Mélangez le sucre avec les jaunes d'œufs, la fécule et un quart du lait vanillé à l'aide d'un batteur. Ajoutez ce mélange au reste du lait (ôtez les gousses au préalable) sans cesser de remuer. Faites chauffer de nouveau à feu doux. Lorsque la crème commence à épaissir et à bouillonner, retirez du feu. Laissez refroidir entièrement en remuant de temps à autre.

5 Fouettez la crème fleurette en ajoutant le jus de citron. Incorporez la crème fouettée à la crème vanillée. Triez et nettoyez les fruits rouges. Répartissez la crème à la vanille dans les tartelettes préalablement démoulées, ajoutez les fruits rouges. C'est prêt !

Préparation et cuisson : 2 h 20, dont 1 heure de travail effectif
Calories par tartelette : 315

Tartelettes à la crème de vanille

Avec un grand café crème

Pour 6 tartelettes

2 plaques de pâte feuilletée surgelée

1 gousse de vanille

5 jaunes d'œufs, 200 g de crème fraîche

1 cuillerée à café de fécule

30 g de sucre

le zeste de 1/2 citron non traité

Après la cuisson : 2 cuillerées à café de sucre glace, 1/4 ou 1/2 cuillerée à café de cannelle

Pâte feuilletée • 10 mn • 220 °C

6 moules à tartelettes, 8 ou 10 cm de Ø

1 Faites décongeler les feuilles de pâte. Ouvrez les gousses de vanille dans le sens de la longueur et grattez la chair. Versez les jaunes d'œufs dans un tamis et lissez-les au-dessus d'une casserole. Ajoutez-y la chair de la vanille.

2 Mélangez 2 cuillerées à soupe de crème fraîche avec la fécule. Ajoutez le reste de la crème, le sucre et le zeste de citron aux œufs. Faites chauffer à feu très doux sans cesser de remuer. Lorsque la crème est tiède, ajoutez la fécule. La crème doit épaissir doucement sans bouillir. Lorsque la crème a atteint la consistance voulue, retirez-la du feu et laissez-la tiédir.

3 Préchauffez le four à 220 °C (chaleur tournante : 200 °C). Passez les moules à l'eau froide, ne les essuyez pas. Abaissez chaque feuille de pâte sur le plan de travail fariné. Posez les moules à l'envers sur la pâte et découpez tout autour en laissant une marge de 1 centimètre. Disposez la pâte dans les moules.

4 Posez les moules sur la plaque du four. Remplissez-les presque à ras bord de crème à la vanille. Mettez au four à mi-hauteur pendant environ 10 minutes. La surface doit se piquer de points bruns. Laissez refroidir avant de saupoudrer de sucre et de cannelle.

Préparation et cuisson : 30 minutes, dont environ 20 minutes de travail effectif
Calories par tartelette : 230

Roulés aux quetsches

C'est la beauté intérieure qui compte le plus

Pour 15 roulés environ

500 g de farine, 1 pincée de sel

environ 20 cl de lait

1/2 dé de levure de boulanger fraîche (21 g)

50 g de sucre

1 sachet de sucre vanillé

50 g de beurre mou

1 œuf

100 g de pâte d'amandes

15 grosses quetsches environ

Pour le moule : 50 g de beurre

Après la cuisson : sucre à la cannelle (1 cuillerée à soupe de sucre avec 1/4 de cuillerée à café de cannelle)

Pâte levée • 30 mn • 180 °C

1 Dans un récipient, mélangez la farine avec le sel. Délayez le dé de levure dans le lait tiède.

2 Ajoutez le lait, le sucre, le sucre vanillé, le beurre et l'œuf à la farine, et pétrissez vigoureusement afin d'obtenir une pâte souple. Couvrez la pâte avec un torchon et laissez-la reposer dans un endroit chaud. Au bout de 1 heure, son volume doit avoir sensiblement augmenté.

3 Coupez la pâte d'amandes en 15 morceaux. Lavez les quetsches, ouvrez-les et dénoyautez-les. Remplacez le noyau par un morceau de pâte d'amandes. Posez le morceau de beurre dans un grand plat à four, et faites-le fondre rapidement à feu moyen.

4 Pétrissez une nouvelle fois la pâte, et découpez-la en 15 morceaux. Roulez chaque morceau en une boule, aplatissez-la légèrement entre vos mains. Déposez une quetsche sur chaque morceau et rabattez la pâte par-dessus. Roulez quelques instants entre vos mains pour redonner une forme arrondie. Déposez les roulés dans le beurre fondu en laissant un espace entre chacun d'eux. Laissez reposer environ 15 minutes.

5 Préchauffez le four à 180 °C (chaleur tournante : 160 °C sans préchauffage). Mettez au four à mi-hauteur pendant 30 minutes. La pâte doit lever et brunir. Laissez reposer quelques instants avant de disposer les roulés dans un plat. Saupoudrez-les de sucre à la cannelle pendant qu'ils sont encore tièdes.

Préparation et cuisson : 2 heures, dont environ 35 minutes de travail effectif
Calories par roulé : 230

Beignets

Une simple friteuse suffit

Une astuce simple pour avoir de beaux beignets bien ronds : lorsque vous les plongez dans l'huile de friture, couvrez le récipient avec un couvercle. La vapeur les fait gonfler.

Pour environ 10 beignets

1/2 dé de levure de boulanger fraîche (21 g)

5 à 7 cuillerées à soupe de lait tiède, 2 cuillerées à soupe de sucre

200 g de farine, 2 jaunes d'œufs, 2 cuillerées à soupe de beurre fondu

Pour la friture :

2 l d'huile de friture, sucre (glace ou en poudre, selon vos goûts)

Pâte levée • par bain, 3 mn

1 Émiettez la levure et délayez-la dans le lait tiède avec le sucre. Ajoutez-la à la farine et mélangez, puis ajoutez les jaunes d'œufs et le beurre fondu, en pétrissant vigoureusement.

2 Couvrez la pâte et laissez-la reposer dans un endroit chaud pendant 10 minutes. Retravaillez-la et laissez-la de nouveau reposer pendant 10 minutes. Étalez la pâte et découpez-y des ronds de 8 à 10 centimètres de diamètre, à l'aide d'un grand verre renversé.

Disposez les ronds de pâte sur une feuille de papier sulfurisé, couvrez-les et laissez-les gonfler pendant 10 à 20 minutes. Ils devraient doubler de volume.

3 Faites chauffer l'huile à 180 °C (voir notre conseil page 92) et remplissez la friteuse avec les ronds de pâte. Ils doivent avoir assez d'espace pour nager à la surface. Couvrez la friteuse, laissez dorer les beignets 1 minute 30 environ avant de les tourner en vous aidant de deux cuillères en bois. Laissez frire 1 minute 30 supplémentaire sans couvercle.

4 Sortez les beignets à l'aide d'une écumoire, égouttez-les rapidement sur du papier absorbant, et roulez-les dans le sucre pendant qu'ils sont encore tièdes (vous pouvez également attendre qu'ils aient refroidi pour les saupoudrer de sucre glace). Faites frire le reste des beignets de la même manière.

Préparation et cuisson : 1 h 30, dont environ 40 minutes de travail effectif
Calories par beignet : 205

Variante :

Les beignets américains, ou *doughnuts*, ont un trou au milieu. La pâte étant plus ferme, prenez 500 grammes de farine et environ 37 centilitres de lait. Les proportions des autres ingrédients ne changent pas. Une fois que vous avez fait les ronds dans la pâte, évidez-les en leur centre.

Choux au chocolat

Attention, danger d'accoutumance !

Pour 16 choux

La pâte :

80 g de beurre, 1 cuillerée à soupe de sucre,
1 pincée de sel, 150 g de farine, 4 œufs
1 cuillerée à café de levure

La garniture :

1 sachet de flan au chocolat en poudre
50 cl de lait, 50 g de sucre
2 cuillerées à soupe de crème fraîche
1 cuillerée à soupe de copeaux de chocolat
1 pincée de cannelle
Pour la plaque : papier sulfurisé
Après la cuisson : sucre glace ou cacao en poudre

Pâte à choux • 35 mn • 180 °C

1 Pour la pâte, versez 25 centilitres d'eau dans une casserole. Ajoutez le beurre en morceaux, le sucre et le sel, et portez à ébullition. Réduisez le feu et ôtez la casserole.

2 Versez la farine en une seule fois dans l'eau et remuez. Remettez la casserole sur le feu et continuez à remuer jusqu'à ce que la pâte forme une boule compacte et qu'un mince film blanc se forme au fond de la casserole.

3 Mettez la pâte dans un récipient et laissez-la refroidir pendant 15 minutes. Ajoutez les œufs un à un. Ajoutez la levure avec le dernier œuf.

4 Préchauffez le four à 180 °C (chaleur tournante : 160 °C). Chemisez la plaque avec le papier sulfurisé. À l'aide de deux cuillères à café, prélevez de généreuses portions de pâte et disposez-les sur la plaque en laissant de l'espace entre elles. Mettez au four à mi-hauteur pendant environ 35 minutes : les choux doivent lever et dorer. N'ouvrez sous aucun prétexte la porte du four pendant les 20 premières minutes de cuisson, sinon vos choux ne lèveront pas.

5 Pendant ce temps, mélangez le flan au chocolat en poudre avec 6 cuillerées à soupe de lait et le sucre. Dans une casserole, portez le reste du lait à ébullition. Hors du feu, incorporez-y le mélange chocolaté. Portez de nouveau à ébullition pendant 1 minute sans cesser de remuer. Versez le pudding dans un récipient et laissez-le refroidir en le remuant de temps à autre pour empêcher la formation d'une peau.

6 Dès que les choux sont cuits, coupez-les en deux à l'aide de grands ciseaux de cuisine, puis laissez-les refroidir. Ajoutez au pudding la crème fraîche, les copeaux de chocolat et la cannelle. Remplissez les choux de pudding au chocolat. Saupoudrez-les de sucre glace et dégustez-les sans attendre.

Préparation et cuisson : 2 heures, dont environ 35 minutes de travail effectif
Calories par chou : 155

Cookies de Noël
Un don du ciel !

Pour environ 40 cookies

La pâte :

80 g de beurre mou

100 g de sucre

1 sachet de sucre vanillé

1 œuf

2 cuillerées à soupe de crème fraîche

250 g de farine

130 g de fécule

1 sachet de levure

Avant la cuisson :

farine pour le plan de travail

emporte-pièce

La décoration :

1 blanc d'œuf

250 g de sucre glace

2 cuillerées à soupe de jus de citron ou d'orange, de rhum, de calvados, de café ou de n'importe quel autre liquide

colorants alimentaires

vermicelles en chocolat

dragées

sucre en gros grains

vermicelles colorés

et toutes les décorations que vous pourrez trouver au rayon pâtisserie

Pour la plaque : beurre ou papier sulfurisé

Pâte brisée • 8 mn • 180 °C

1 Fouettez le beurre jusqu'à ce qu'il devienne mousseux, puis ajoutez progressivement le sucre, le sucre vanillé, l'œuf et la crème fraîche sans cesser de remuer.

2 Ajoutez ensuite la farine et la levure, et pétrissez jusqu'à ce que la pâte soit homogène. Enveloppez-la alors dans un film plastique et mettez-la au frais pendant 1 heure.

3 Préchauffez le four à 180 °C (chaleur tournante : 160 °C). Beurrez la plaque ou chemisez-la avec le papier sulfurisé. Saupoudrez de la farine sur le plan de travail, abaissez la pâte et découpez des formes avec les emporte-pièce tout en plongeant régulièrement ceux-ci dans la farine pour qu'ils ne collent pas. Lorsque vous avez terminé, roulez le reste de pâte en boule et recommencez depuis le début jusqu'à ce qu'il n'en reste plus.

4 Disposez les cookies sur la plaque et mettez-les au four, à mi-hauteur, pendant environ 8 minutes. Ne les laissez pas trop foncer. Puis faites-les refroidir toute la nuit sur une grille.

5 Pour le glaçage, mélangez le blanc d'œuf avec le sucre glace et le jus de citron (ou le liquide de votre choix) et ajoutez vos colorants alimentaires préférés. Recouvrez vos cookies de glaçages multicolores et décorez-les au gré de votre fantaisie.

Préparation et cuisson : 3 heures, dont environ 2 heures de travail effectif, sans compter le temps de pause de la nuit
Calories par cookie : 90

Notre conseil

Vous obtiendrez un glaçage à la tenue parfaite en y ajoutant 2 cuillerées à soupe d'huile de coco fondue tiède.

Petits croissants à la vanille
Incontournables à Noël

Pour environ 50 croissants

180 g de beurre froid, 70 g de sucre

1 sachet de sucre vanillé naturel

100 g d'amandes en poudre

250 g de farine, 1 pincée de sel

Pour la plaque : papier sulfurisé

Pour finir : 4 sachets de sucre vanillé naturel

Pâte brisée • 12 mn • 170 °C

1 Mélangez le beurre avec le sucre, le sucre vanillé, les amandes et la farine. Pétrissez jusqu'à obtenir une pâte homogène. Enveloppez la pâte dans un film plastique et mettez-la au frais pendant au moins 1 heure.

2 Recouvrez la plaque de papier sulfurisé. Préchauffez le four à 170 °C (chaleur tournante : 150 °C). Prélevez des boules de pâte et formez de petits croissants. Disposez-les sur la plaque.

3 Mettez au four à mi-hauteur environ 12 minutes. Roulez les croissants dans le sucre vanillé lorsqu'ils sont encore chauds.

Préparation et cuisson : 2 heures, dont 1 heure de travail effectif
Calories par croissant : 65

Macarons à la cannelle
Croquants au cœur tendre

Pour environ 50 macarons

1 gousse de vanille

300 g de noisettes en poudre

2 cuillerées à café de cannelle, 4 blancs d'œufs

2 cuillerées à café de jus de citron

125 g de sucre glace

Pour la plaque : papier sulfurisé

Meringue • 20 mn • 160 °C

1 Ouvrez la gousse de vanille, grattez la chair et mélangez-la avec les noisettes et la cannelle.

2 Préchauffez le four à 160 °C (chaleur tournante : 140 °C). Chemisez la plaque.

3 Battez les blancs d'œufs en neige ferme en ajoutant progressivement le jus de citron. Ajoutez le sucre glace, puis battez de nouveau.

4 Incorporez délicatement les noisettes aux blancs en neige à l'aide d'un fouet. Prélevez de petites portions de pâte à l'aide de 2 cuillères à café et déposez-les sur la plaque. Mettez dans le bas du four pendant environ 20 minutes.

Préparation et cuisson : 40 minutes, dont la moitié de travail effectif
Calories par macaron : 50

Biscuits aux épices
Une spécialité de Noël

Pour environ 28 biscuits

100 g de citron confit, 100 g d'orangeat

5 œufs, 150 g de sucre, 150 g de miel

3 cuillerées à café d'épices en poudre (cannelle, girofle, anis étoilé, gingembre et cardamome)

le zeste et le jus de 1 gros citron non traité

500 g d'amandes ou de noisettes en poudre

environ 28 oublies rondes (70 mm de Ø)

Pour le nappage : 150 g de chocolat noir

Pâte au miel • 25 minutes • 150 °C

1 Hachez finement l'orangeat et le citron confit. Mélangez les œufs avec le sucre, le miel et les épices à l'aide d'un fouet. Ajoutez le zeste et le jus de citron, les amandes, l'orangeat et le citron confit. Étalez 1 centimètre de pâte sur les oublies. Répartissez-les sur deux plaques et laissez sécher pendant 1 heure.

2 Préchauffez le four à 150 °C (chaleur tournante : 130 °C sans préchauffage). Mettez au four 25 minutes. Faites fondre le chocolat pour le nappage, et lissez-le sur les biscuits.

Préparation et cuisson : 1 heure, dont environ 35 minutes de travail effectif
Calories par biscuit : 215

Barres au chocolat
D'une simplicité enfantine

Pour environ 60 barres

250 g de chocolat noir

250 g d'amandes en poudre

100 g de farine, 250 g de beurre mou

125 g de sucre, 6 œufs

100 g de chocolat noir pour nappage

Pour la plaque : papier sulfurisé

Pâte sablée • 35 à 40 mn • 170 °C

1 Râpez le chocolat et mélangez-le avec les amandes et la farine.

2 Préchauffez le four à 170 °C (chaleur tournante : 150 °C sans préchauffage). Chemisez la plaque avec le papier sulfurisé. Fouettez le beurre avec le sucre. Ajoutez les œufs un à un. Incorporez la farine avec le chocolat et les amandes.

3 Étalez la pâte sur la plaque. Mettez au four pendant 35 à 40 minutes. Sans laisser refroidir, découpez des bandes d'environ 1,5 cm de large et 4 à 5 centimètres de long. Laissez refroidir avant d'ôter les barres de la plaque. Faites fondre le chocolat et nappez-en les barres.

Préparation et cuisson : 1 bonne heure, dont la moitié de travail effectif
Calories par barre : 110

Friandises à la pâte d'amandes
À déguster sans attendre

Pour environ 35 pièces

200 g de pâte d'amandes, coupée en dés

100 g d'amandes en poudre

1 œuf, 80 g de sucre glace

2 cuillerées à soupe d'amaretto

100 g de farine

Pour la plaque : papier sulfurisé

Pour dorer et saupoudrer : 1 jaune d'œuf,

1 à 2 cuillerées à soupe d'amandes hachées

Pâte d'amandes • 12 à 15 mn • 150 °C

1 Travaillez la pâte d'amandes avec les amandes en poudre, le sucre glace, l'amaretto et la farine. Préchauffez le four à 150 °C (chaleur tournante : 130 °C). Chemisez la plaque. Prélevez des petits morceaux de pâte, roulez-les en boule et posez-les sur la plaque en les aplatissant légèrement. Humectez régulièrement vos mains.

2 Badigeonnez les boules de pâte de jaune d'œuf et saupoudrez-les d'amandes hachées. Mettez au four à mi-hauteur pendant 12 à 15 minutes.

Préparation et cuisson : 40 minutes, dont environ 20 minutes de travail effectif
Calories par friandise : 70

Losanges à l'orange
Les saveurs de l'Orient

Pour environ 40 losanges

100 g d'orangeat haché, 3 oranges non traitées

2 œufs, 250 g de sucre

400 g d'amandes en poudre

2 cuillerées à soupe de pistaches hachées

Pour la plaque : papier sulfurisé

Pâte sablée • 10 à 12 mn • 160 °C

1 Râpez les zestes des oranges, puis pressez celles-ci en filtrant le jus pour enlever la pulpe.

2 Préchauffez le four à 160 °C (chaleur tournante : 150 °C). Battez les œufs avec 150 grammes de sucre jusqu'à obtention d'une crème. Ajoutez les amandes, les zestes d'orange et l'orangeat. Abaissez la pâte entre deux feuilles de papier sulfurisé. Découpez la pâte en losanges et disposez-en la moitié sur la plaque, puis mettez au four à mi-hauteur 10 à 12 minutes. Répétez l'opération pour le reste des losanges.

3 Portez à ébullition le reste du sucre et le jus d'orange. Trempez les losanges dans le sirop tiédi, égouttez-les et recommencez. Saupoudrez de pistaches et laissez sécher deux jours.

Préparation et cuisson : 1 h 15
Calories par losange : 100

Biscuits à la cuillère
Spécialité parisienne

Pour environ 60 biscuits

4 œufs, 1 pincée de sel

100 g de sucre

1 sachet de sucre vanillé

125 g de farine (tamisée !)

2 cuillerées à soupe de sucre glace

Pour la plaque : papier sulfurisé

ou beurre et farine

Pâte à biscuit • 12 mn • 180 °C

1 Chemisez la plaque avec le papier sulfurisé et préchauffez le four à 180 °C (chaleur tournante : 160 °C). Séparez les blancs d'œufs des jaunes.

2 Battez les blancs en neige en ajoutant une pincée de sel. Lorsqu'ils sont fermes, ajoutez un tiers du sucre en pluie. Continuez à battre jusqu'à ce qu'ils soient bien brillants.

3 Mélangez le reste du sucre avec les jaunes d'œufs et le sucre vanillé jusqu'à obtention d'une mousse onctueuse. Ajoutez la farine, puis incorporez délicatement les blancs en neige.

4 Remplissez une poche à douilles (ou équivalent, voir page 23) avec cette pâte et alignez des boudins d'environ 10 centimètres de long sur la plaque. Les extrémités doivent être un peu plus épaisses que le milieu du biscuit. Saupoudrez de sucre glace à l'aide d'un tamis et mettez au four à mi-hauteur pendant 12 minutes. Surveillez la cuisson, car les biscuits ne doivent pas foncer. Laissez-les refroidir sur une grille.

Préparation et cuisson : 50 minutes, dont environ 35 minutes de travail effectif
Calories par biscuit : 20

Cookies aux pépites de chocolat
Faciles et rapides à faire

Pour environ 50 cookies

200 g de chocolat noir, 180 g de beurre mou

180 g de sucre, 1 œuf

le zeste de 1/2 orange (non traitée)

250 g de farine

1 cuillerée à café de levure

1 pincée de sel

Pour la plaque : papier sulfurisé

Pâte sablée • 20 minutes • 160 °C

1 Coupez 100 grammes de chocolat en morceaux de 0,5 cm. Faites fondre le reste au bain-marie. Ajoutez progressivement le sucre, l'œuf et le zeste d'orange, sans cesser de remuer. Battez le beurre jusqu'à ce qu'il soit crémeux.

2 Préchauffez le four à 160 °C (chaleur tournante : 150 °C). Mélangez la farine avec la levure et le sel. Versez-en la moitié dans le beurre à l'aide d'un tamis, ajoutez le chocolat tiède. Incorporez le reste de la farine et les morceaux de chocolat et pétrissez.

3 Prélevez des morceaux de pâte à l'aide d'une cuillère à café et disposez-les sur la plaque préalablement recouverte de papier sulfurisé, à 4 centimètres de distance les uns des autres. Mettez au four à mi-hauteur pendant environ 20 minutes. Laissez tiédir les cookies sur la plaque, renversez-les sur une grille, et laissez-les refroidir une nuit entière.

Préparation et cuisson : 50 minutes, dont environ 30 minutes de travail effectif
Calories par cookie : 80

Variante :

Cookies aux cacahuètes
Remplacez 50 grammes de beurre par du beurre de cacahuète, utilisez du sucre roux au lieu de sucre raffiné, et ajoutez 100 grammes de cacahuètes hachées (non salées) et 2 cuillerées à soupe de cacao en poudre à la pâte.

Amaretti
Tout droit sortis d'une pâtisserie italienne

Pour environ 35 pièces

3 blancs d'œufs, 1 pincée de sel

150 g de sucre

350 g d'amandes en poudre

1 flacon d'arôme d'amande amère

Pour la plaque : papier sulfurisé

Pour saupoudrer : sucre glace

Meringue • 30 mn • 140 °C

1 Préchauffez le four à 140 °C (chaleur tournante : 120 °C sans préchauffage). Chemisez la plaque avec du papier sulfurisé.

2 Battez en neige les blancs d'œufs avec une pincée de sel. Ajoutez-y le sucre en pluie lorsqu'ils commencent à se figer, et continuez à battre jusqu'à ce qu'ils soient bien fermes et brillants.

3 Incorporez les amandes en poudre et l'arôme d'amande amère aux blancs en neige. Prélevez des portions de pâte de la grosseur d'une noix à l'aide de 2 cuillères à café et déposez-les sur la plaque.

4 Si vous vous souvenez soudain que vous avez autre chose à faire, n'hésitez pas. Les amaretti supportent très bien de sécher pendant une journée entière à l'air libre. N'oubliez pas dans ce cas d'éteindre votre four ! Sinon, n'attendez pas et mettez au four à mi-hauteur pendant 30 minutes environ.

Préparation et cuisson : 50 minutes, dont environ 20 minutes de travail effectif
Calories par pièce : 80

Biscuits au chocolat et au gingembre
Croquants et moelleux à la fois

Pour environ 50 biscuits

150 g de chocolat blanc

1 morceau de gingembre frais (d'environ

3 cm de long)

1 cuillerée à soupe de pistaches décortiquées

180 g de beurre,

1 sachet de sucre vanillé

1 sachet d'orangeat, 300 g de farine

Pour la plaque : papier sulfurisé

Pâte brisée • 10 mn • 180 °C

1 Coupez 50 grammes de chocolat en petits morceaux et réservez-les. Faites fondre le reste au bain-marie, puis laissez tiédir.

2 Pelez et hachez finement le gingembre (ou détaillez-le et passez-le au presse-ail). Hachez finement les pistaches. Coupez le beurre en morceaux et versez-le dans un récipient avec les 2 chocolats, les pistaches, le sucre vanillé, l'orangeat et la farine. Travaillez la pâte de préférence à la main. Lorsqu'elle est bien lisse, enveloppez-la dans un film plastique et mettez-la au réfrigérateur pendant 1 heure.

3 Préchauffez le four à 180 °C (chaleur tournante : 160 °C). Chemisez la plaque avec le papier sulfurisé.

4 Prélevez des portions de pâte de la taille d'une noix, aplatissez-les légèrement et disposez-les sur la plaque. Mettez au four à mi-hauteur pendant environ 10 minutes. Laissez refroidir les biscuits sur une grille.

Préparation et cuisson : 1 h 45, dont environ 35 minutes de travail effectif
Calories par biscuit : 70

Variantes :
Le gingembre frais et les pistaches peuvent être remplacés par du gingembre confit ou des morceaux de melons confits que vous hachez finement. L'orangeat peut alors être remplacé par quelques gouttes de liqueur à l'orange. Le mélange pruneaux et chocolat noir (avec un peu de liqueur de coco) est également à recommander.

Les raff

Tellement délicieux qu'on pourrait les manger sans même attendre de les démouler…

i n é s

« Qu'est-ce que qui définit pour toi un gâteau ? »
– La quantité de crème.
« Un roulé aux fraises est-il un gâteau ? »
– Non, un gâteau doit être rond.
« Et la Tatin, est-ce un gâteau ? »
– Non, il n'y a pas de crème.
Bon. Tu veux savoir ce qui, à mes yeux, est un vrai gâteau ? C'est simple : il faut qu'il soit bien rond, bien épais, avec un merveilleux goût de crème et très, très fin. Si délicieux que tu pourrais le manger sans même attendre de le sortir du moule.
« Compris. Et ton gâteau, quand sera-t-il prêt ? »

Meilleur qu'au bistrot

Le thé

Le thé est un délice sans égal qui supporte encore moins bien l'à-peu-près que le café. L'eau ébouillantée, le produit vaisselle, le métal, le lait en boîte, le jus de citron ou l'arôme de cerise sauvage lui sont fatals. Cela dit, faire du thé une préparation exigeant recueillement ou silence absolus est incongru dans notre civilisation. Voici comment ne pas faire d'erreur :

Commencez par choisir votre thé. Assam ou Darjeeling, tout est une affaire de goût. Aromatisé ? Ce n'est pas vraiment nécessaire. La quantité ? Une cuillerée à café par tasse puis, à partir d'un 50 centilitres d'eau, une cuillerée à café supplémentaire pour la théière. Quant à la théière, justement : « il ne faut jamais la laver » et « il faut toujours l'ébouillanter », s'exclament les puristes. Peut-être, mais une bonne rasade d'eau fraîche contre une patine trop épaisse n'a jamais fait de mal, et votre thé ne souffrira pas trop non plus si votre théière n'a pas été passée préalablement à l'eau chaude.

L'important, c'est que le thé ne soit pas tassé dans la théière afin qu'il développe le mieux toutes ses qualités. Un filtre ou une chaussette à thé lui conviennent également. En revanche, la boule à thé n'est pas recommandée, les arômes supportent mal le métal. Quant aux sachets, évitez-les, ils ne contiennent généralement pas des thés de bonne qualité.

En ce qui concerne l'eau, tirez-la fraîche du robinet en la laissant d'abord un peu couler. Puis portez-la à ébullition (petit bouillon). Versez-la alors dans la théière (pour du thé vert, remplissez la théière 10 minutes seulement après l'ébullition) et laissez infuser au moins 2 ou 3 minutes (thé vert, 2 minutes seulement). Ce délai suffit au thé pour développer pleinement son arôme, tandis que la théine, qui agit plus lentement mais plus longtemps que la caféine, s'est libéré pleinement. Au-delà de 3 minutes, le thé devient amer, puis soporifique. Après 6 minutes, il est franchement imbuvable.

Versez le thé dans la tasse au-dessus d'une passoire ou retirez le sachet. Dans les deux cas, n'oubliez pas d'essorer les feuilles. Dégustez sans attendre car même si vous avez enlevé les feuilles, le thé continue à infuser. Il peut néanmoins tenir 15 minutes, même sur un chauffe-thé, ce qui déplaît également aux puristes. Il faut toutefois leur donner raison sur un point : une tasse épaisse et du citron sont capables de ruiner le meilleur thé.

Comment « construire » un gâteau

À l'instar de toute construction, un gâteau ne doit se composer que de quelques matériaux. Voici quelques-uns des styles les plus populaires :

Le style « tartine beurrée »

Sobre dans sa construction, souvent généreux en ingrédients. Nécessite un bon équilibre car la garniture (soutenue seulement par la bordure ou le nappage) doit tenir sans aucune aide sur le fond. Ce dernier est généralement en pâte brisée, et sa garniture est souvent renforcée avec de la gélatine. Exemple représentatif : le gâteau de riz exotique (voir page 122).

Le style sandwich

Une extension du style précédent, dans laquelle la garniture, encore plus ferme, se trouve entre deux couches de biscuit. Difficile à découper lorsque la couche supérieure est trop dure. Cela arrive rarement, mais dans ce cas il faut entailler préalablement la surface. Exemple représentatif : le gâteau de plage (voir page 121).

Le style club sandwich

Le plus populaire. Comme le sandwich au pain de mie, il se caractérise par une ou plusieurs couches intermédiaires. Cela donne de la tenue aux gâteaux les plus lourds tout en les allégeant un peu (gâteau à la crème au beurre, voir page 124). Ce style sert également à démarquer différentes garnitures ou à jouer l'alternance entre le biscuit et la garniture (gâteau du Prince Régent, voir page 113). Le gâteau coupole, pour lequel la couche supérieure de biscuit est entaillée afin de former une cloche au-dessus de la garniture, reste une exception. Les gâteaux obéissant à ce style sont souvent nappés avec la même crème que pour la garniture (Forêt-Noire, voir page 112).

Le style à impériale

Mis en œuvre uniquement pour les constructions les plus prestigieuses, ce style se distingue par la superposition de plusieurs gâteaux de style sandwich, ainsi que par une décoration frisant le kitsch le plus complet. Particulièrement apprécié lors des grands repas de famille. Exemple représentatif : la pièce montée du traiteur.

Le style minimaliste

À l'opposé du style à impériale, le style minimaliste renonce à toute fioriture pour ne laisser parler que les ingrédients les plus forts. Le résultat est un gâteau massif d'un seul tenant éventuellement embelli d'un simple nappage. Exemple représentatif : la sachertorte (voir page 110).

Cinq idées rapides pour la décoration du gâteau

Ceux qui décorent leurs gâteaux avec les mêmes vermicelles en chocolat et les mêmes roses en sucre ont souvent un style de vie sans surprise. Ceux pour qui faire un gâteau est un acte de création toujours renouvelé sont sans cesse à la recherche d'idées nouvelles. Voilà qui devrait les satisfaire :

Rayon confiserie

Du réglisse sur un gâteau aux fruits exotiques, ou des crottes au chocolat sur un gâteau au chocolat sont du meilleur effet. Ou encore des morceaux de nougat, du pop-corn ou des dragées. Des têtes de nègres coupées en deux forment une bordure originale.

Rayon gâteaux

Les biscuits à la cuillère (ou boudoirs) sont une valeur sûre : disposés en étoile, enfoncés en biais dans la crème Chantilly ou sur la bordure. Vous pouvez les napper pour obtenir un bel effet. Les gaufrettes s'utilisent de la même façon. N'importe quel petit biscuit peut servir de décoration. S'il vous reste un peu de pâte à biscuit, coupez-la en dés que vous tremperez dans le nappage.

Rayon congélation

Badigeonnez la pâte feuilletée de jaune d'œuf, saupoudrez-la de sucre et piquez-la à l'aide d'une fourchette. Mettez-la au four sans rien d'autre et utilisez-la ensuite, glacée ou nappée, pour la décoration de votre gâteau. Vous pouvez disposer des mini-choux en cercle sur le gâteau après les avoir fourrés de crème à la vanille. Autre idée : coupez les choux en deux et décorez-en le gâteau.

Rayon légumes

Pourquoi ne pas décorer votre gâteau avec des herbes fraîches ? La menthe s'associe au chocolat, la mélisse va avec les gâteaux acidulés, tandis que le basilic (à ajouter juste au moment de servir) est parfait avec des fraises, des cerises ou des nectarines. De fines lamelles de carottes cuites dans la confiture d'abricots donneront une touche d'originalité à tous vos gâteaux aux agrumes. Les fèves de chocolat râpées, nappées de chocolat fondu et séchées sur du papier sulfurisé, connaissent toujours un grand succès.

Les autres rayons

Faites griller les grains de votre café préféré dans votre four à 200 °C pendant 5 minutes, laissez-les refroidir et trempez-les dans du chocolat blanc fondu. Laissez sécher sur du papier sulfurisé et saupoudrez avec du cacao en poudre ou de la cannelle. Nappez de la même façon des fruits secs (sans les passer au gril), des noix ou des noisettes.

S.O.S

La réponse à toutes vos questions désespérées par notre spécialiste :

Couper le gâteau !
Je l'ai déjà fait des centaines de fois mais ce n'est jamais parfait. Souvent les parts sont complètement aplaties et elles ne sont jamais égales. Et en plus, tout le monde a généralement les yeux fixés sur ce que je fais, ce qui n'arrange rien. Avez-vous une solution, tante Alice ?

Sophie, de Saint-Nazaire

L'astuce de tante Alice :

Pour commencer, chère Sophie, je découpe le gâteau dans la cuisine. C'est peut-être dommage que les convives ne puissent pas l'apprécier du regard, mais cela vaut mieux que de vous voir vous échiner dessus. Quant au couteau, il doit être au moins aussi long que la largeur du gâteau, suffisamment rigide pour couper droit et pas trop épais. Bien entendu, il doit être parfaitement aiguisé, et le gâteau bien froid. Si le nappage croquant cache un cœur plus tendre, il vaut mieux scier qu'appuyer. Cependant, une fois que la surface a cédé, il faut couper d'un seul mouvement. Important : rincez le couteau à l'eau chaude entre chaque part pour ne pas étaler la crème. Veillez à ce que la lame du couteau descende bien jusqu'au plat. Par ailleurs, l'entaille doit aller plus loin que le milieu du gâteau, sinon vous risquez d'en perdre un morceau en route.

Pour faire des parts égales, il faut d'abord décider si l'on veut couper le gâteau tout entier (choix conseillé à partir de 6 personnes) ou seulement en partie (le reste se conservera mieux). Dans le premier cas, coupez le gâteau en deux dans un sens puis dans l'autre. Vous obtenez ainsi 4 quarts. Coupez-les de nouveau, vous avez 8 parts de gâteau. Encore une fois, et vous en avez 16. Pour 12 parts, coupez chaque quart en 3 parts égales. Les plus doués peuvent essayer de couper leur gâteau en 14 parts, mais c'est un véritable exercice de style : coupez en deux ; découpez un morceau au milieu de chaque moitié, puis de nouveau au milieu des deux parts restantes. Vous obtenez 7 parts égales ? Félicitations !

Pièce montée éclair

Pas besoin de pétrir, ni de cuire ni de refroidir

Il faut trois étages à ce gâteau, sinon ce ne serait pas une pièce montée.

Pour une pièce montée de trois étages
2 sachets de pudding à la vanille
ou à la framboise en poudre
1 l de lait
100 g de sucre
3 paquets de fonds de tarte
(dans presque tous les supermarchés)
1 l de crème fleurette
2 sachets de sucre vanillé
100 g de vermicelles en chocolat
1 sachet de marshmallows roses
Pour la décoration : roses en sucre et bonbons en gélatine de toutes les couleurs

1 Commencez par préparer le pudding en poudre. Délayez-le dans 6 cuillerées à soupe de lait avec le sucre. Faites bouillir le reste du lait dans une grande casserole. Ajoutez le pudding délayé sans cesser de remuer, laissez bouillir pendant 1 minute, c'est prêt. Versez le pudding dans un récipient et laissez-le refroidir en remuant de temps en temps pour empêcher la formation d'une peau.

2 Sortez les fonds de tarte de leur emballage. Ne touchez pas le premier fond. En revanche, réduisez le deuxième en découpant une bordure de 3 centimètres, quant au dernier enlevez-lui 6 centimètres.

3 Fouettez la crème fleurette avec le sucre vanillé. Prélevez- de cette chantily 4 cuillerées à soupe et incorporez-les au pudding. Étalez le pudding sur chaque fond de tarte. Superposez les fonds et placez-les sur un grand plat à gâteau. Si vous n'avez pas de plat assez grand, taillez un morceau de carton en rond et recouvrez-le de papier d'aluminium.

4 Recouvrez entièrement les trois étages du gâteau de crème Chantilly (la surface n'a pas besoin d'être absolument lisse). Saupoudrez-les ensuite de noix de coco râpée.

5 Vous pouvez maintenant vous attaquer à la décoration (vous pouvez le faire en portant vos vêtements de fête). Coupez les marshmallows en deux et disposez-les, côté arrondi vers l'extérieur, sur la bordure du deuxième étage. Répartissez le reste selon votre goût. Décorez le gâteau avec tout ce qui vous plaît, ou plutôt ce qui plaît aux jeunes mariés. D'ailleurs, il est temps maintenant de rejoindre la noce !

Préparation : 1 h 15
Calories par part : dans ce cas précis, cela n'a aucune importance !

Sachertorte
Une authentique Viennoise

En réalité, la sachertorte est un gâteau délicieux et fondant, et peut-être dégusté dans tous les cas avec un peu de crème Chantilly. Nous serons très stricts quant aux règles : pas de farine, ou presque, pour le préparer, pas question de l'entamer avant de le servir, et pas de garniture à l'intérieur. Parole d'honneur impériale. Si, si !

Pour 14 parts

200 g de chocolat noir, 10 œufs

1 pincée de sel, 150 g de sucre

200 g de beurre ramolli, 50 g de sucre glace

1 sachet de sucre vanillé

100 g de chapelure, 3 cuillerées à soupe de farine

200 g de confiture d'abricots (sans morceaux de fruits : passez la confiture au mixeur)

Pour le moule : beurre

Après la cuisson : 1 portion de nappage spécial Sacher (voir notre conseil) ou 1 sachet de nappage au chocolat

Pâte sablée • 1 h • 200 / 180 °C

Moule démontable, 26 ou 28 cm de Ø

1 Coupez le chocolat en morceaux et faites-le fondre au bain-marie. Séparez les blancs d'œufs des jaunes et battez-les en neige ferme avec le sel et le sucre. Mélangez le beurre avec le sucre glace et le sucre vanillé jusqu'à obtention d'une mousse onctueuse, puis ajoutez les jaunes d'œufs. Mélangez la chapelure avec la farine.

2 Préchauffez le four à 200 °C (chaleur tournante : 180 °C) et beurrez le moule. Ajoutez le chocolat fondu à la crème au beurre. Ajoutez d'abord un tiers des blancs d'œufs, puis incorporez le reste ainsi que la chapelure.

3 Lissez la pâte dans le moule et mettez au four à mi-hauteur pendant 15 minutes. Réduisez la température à 180 °C (chaleur tournante : 160 °C) et laissez cuire 45 minutes supplémentaires. Laissez refroidir toute une nuit dans le moule, puis renversez le gâteau sur une grille.

4 Pour le nappage, faites chauffer la confiture jusqu'à ce qu'elle se liquéfie. Badigeonnez-en tout le gâteau, puis laissez sécher. Disposez une plaque sous la grille. Préparez le nappage spécial Sacher : il doit être suffisamment épais pour ne pas couler lorsque vous l'appliquerez.

5 Nappez le dessus et les bords du gâteau. Pour ce faire, penchez et tournez celui-ci tout en versant le nappage. Si vous trouvez cela trop compliqué, contentez-vous d'appliquer le nappage à l'aide d'une spatule. L'opération doit être rapide car le nappage ne reste pas fluide longtemps.

Préparation et cuisson : 2 heures, dont 1 heure de travail effectif, sans compter le temps de pause
Calories par part : 480

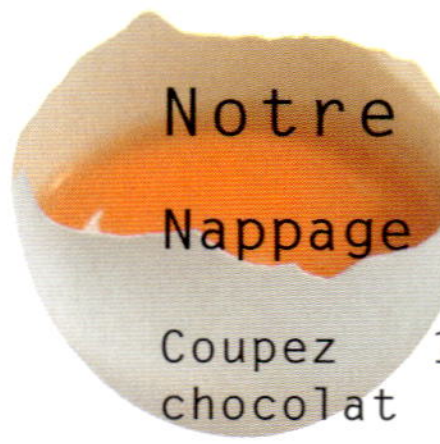

Notre conseil

Nappage spécial Sacher

Coupez 150 grammes de chocolat noir en morceaux que vous faites fondre au bain-marie. Portez 12,5 cl d'eau à ébullition avec 200 grammes de sucre pendant 5 minutes. Puis laissez tiédir l'eau sucrée. Ajoutez-la au chocolat fondu. Remuez jusqu'à obtention d'un mélange homogène. Laissez refroidir le nappage jusqu'à ce qu'il commence à se figer. Faites-le tiédir de nouveau et étalez-le sur le gâteau.

Double fondant au chocolat

Impossible d'en mettre plus !

Il s'agit d'un gâteau moelleux, épais et à forte teneur en chocolat, dont l'effet dévastateur est encore doublé par une garniture et un nappage chocolatés. Il contient près d'un quart de tablette par part. Le reste est constitué de beurre. De quoi « mourir de plaisir ».

Pour 16 parts

La pâte :

300 g de beurre, 300 g de chocolat noir

5 œufs, 5 cuillerées à soupe de sucre

1 pincée de sel, 150 g de farine

1/2 cuillerée à café de levure

La garniture et le nappage :

400 g de crème fraîche

400 g de chocolat noir, 30 g de beurre

Pour le moule : papier sulfurisé et cacao en poudre

Pâte sablée • 35 à 45 mn • 160 °C

Moule démontable, 26 ou 28 cm de Ø

1 Préchauffez le moule à 160 °C (chaleur tournante : 140 °C). Chemisez-le avec une feuille de papier sulfurisé et saupoudrez-le de cacao en poudre.

2 Pour la pâte, faites fondre le beurre à feu doux dans une casserole. Ajoutez le chocolat noir haché grossièrement, et laissez fondre.

3 Battez les œufs avec le sucre et une pincée de sel jusqu'à ce qu'ils moussent. Mélangez la farine avec la levure et ajoutez-la aux œufs, ainsi que le chocolat et le beurre fondus.

4 Versez la pâte dans le moule et mettez au four à mi-hauteur pendant 35 à 45 minutes. Vérifiez la cuisson à l'aide d'un bâtonnet en bois. Laissez reposer le gâteau 15 minutes dans le moule avant de le renverser sur une grille.

5 Pour la garniture et le nappage, faites chauffer la crème fraîche à feu doux dans une casserole. Ajoutez le chocolat en morceaux. Lorsqu'il est fondu, divisez le mélange en deux parts. Ajoutez le beurre à une moitié et remuez jusqu'à ce qu'il fonde. Laissez refroidir le gâteau et les 2 crèmes (au réfrigérateur) pendant une nuit.

6 Ouvrez le gâteau en deux (à l'aide d'un couteau ou d'un fil en nylon). Fouettez la crème au chocolat sans beurre en chantilly ferme et étalez-la sur la moitié inférieure du gâteau. Posez l'autre moitié par-dessus. Faites tiédir la crème au chocolat et au beurre (elle doit à peine se liquéfier) et couvrez-en le gâteau tout entier. Laissez refroidir le gâteau pendant 2 bonnes heures.

Préparation et cuisson : 1 h 30, dont environ 50 minutes de travail effectif, sans compter le temps de refroidissement
Calories par part : 525

Forêt-Noire aux cerises

Petit et raffiné

Utilisez un petit moule pour ne pas avoir de restes !

Pour 6 parts

La pâte :

4 œufs, 80 g de sucre

75 g de farine, 25 g de fécule

25 g de cacao en poudre

La garniture :

1 bocal de griottes (680 g)

4 cuillerées à café de fécule

1 sachet de sucre vanillé

350 g de crème fleurette

1/2 cuillerée à soupe de sucre glace

2 à 3 cuillerées à soupe de kirsch (pour ceux qui aiment)

Pour le moule : beurre

Après la cuisson : copeaux de chocolat

Pâte à biscuit • 30 mn • 180 °C

Moule démontable, 18 cm de Ø

1 Beurrez uniquement le fond du moule. Préchauffez le four à 180 °C (chaleur tournante : 160 °C sans préchauffage).

2 Séparez les blancs d'œufs des jaunes, battez-les en neige ferme, puis ajoutez-y le sucre, les jaunes et 2 cuillerées à café d'eau. Mélangez la farine avec la fécule et le cacao en poudre. Incorporez-la délicatement aux œufs.

3 Versez la pâte dans le moule, et mettez au four à mi-hauteur pendant environ 30 minutes. N'oubliez pas de faire le test du bâtonnet (voir page du début de l'ouvrage) ! Laissez refroidir le gâteau avant de le démouler et laissez-le reposer toute une nuit.

4 Ouvrez le gâteau en trois. Égouttez les griottes en récupérant le jus. Délayez la fécule dans un peu de jus. Dans une casserole, portez à ébullition le reste du jus avec le sucre vanillé. Ajoutez la fécule et remuez jusqu'à ce que le jus épaississe. Réservez quelques belles griottes pour la décoration. Hors du feu, ajoutez le reste des griottes au jus et laissez refroidir.

5 Fouettez la crème en chantilly avec le sucre glace. Étalez la moitié des griottes sur la partie inférieure du gâteau. Recouvrez avec la partie centrale, arrosez-la de kirsch et étalez l'autre moitié des griottes avec un peu de crème fouettée. Disposez la partie supérieure du gâteau par-dessus. Nappez avec la crème fouettée. Décorez avec les griottes et les copeaux de chocolat.

Préparation et cuisson : 1 h 30, dont environ 35 minutes de travail effectif
Calories par part : 420

Prince Régent

Une patience bien récompensée

Pour 12 parts

La pâte :

4 œufs, 1 pincée de sel

1 cuillerée à café de jus de citron

150 g de beurre mou, 120 g de sucre

2 sachets de sucre vanillé, 150 g de farine

50 g de fécule, 1 pincée de levure

La crème :

2 jaunes d'œufs, 40 g de fécule

40 cl de lait, 100 g de chocolat noir

150 g de beurre, 125 g de sucre glace

Pour le moule : beurre

Après la cuisson : nappage au chocolat (150 g)

Pâte sablée • 9 fois 6 mn • 170 °C

Fond d'un moule démontable, 24 ou 26 cm de Ø

1 Beurrez le fond du moule démontable. Préchauffez le four à 170 °C (chaleur tournante : 150 °C).

2 Séparez les blancs d'œufs des jaunes, et battez-les en neige ferme en y ajoutant le sel et le jus de citron. Mettez au frais.

3 Mélangez le beurre avec le sucre et le sucre vanillé à l'aide d'un fouet. Ajoutez les œufs un à un, puis la farine et la levure. Incorporez délicatement les blancs en neige.

4 Étalez environ 1 cuillerée à soupe 1/2 de pâte sur le fond du moule. Mettez au four à mi-hauteur pendant 6 minutes. La plaque de pâte ne doit pas trop foncer. Faites-la glisser du moule à l'aide d'une pelle et laissez-la refroidir sur une grille. Rincez rapidement le fond du moule et séchez-le. Il est inutile de le beurrer de nouveau. Répétez l'opération environ 8 fois.

5 Dans une casserole, délayez les jaunes d'œufs avec la fécule et un peu de lait froid, puis ajoutez le reste du lait. Faites chauffer à feu moyen, sans cesser de remuer. Retirez du feu dès la première ébullition. Cassez le chocolat en morceaux et faites-le fondre dans la crème aux œufs en remuant sans cesse. Laissez refroidir.

6 Fouettez le beurre avec le sucre glace jusqu'à ce qu'il mousse. Ajoutez progressivement la crème au chocolat en l'étalant sur toutes les plaques de pâte, sauf celle du dessus, et superposez-les. Préparez le nappage en suivant les indications du paquet et recouvrez-en le gâteau. Laissez sécher avant de servir.

Préparation et cuisson : 3 heures, dont 2 h 30 de travail effectif
Calories par part : 550

Espresso-mascarpone
Très simple, finalement

N'oubliez pas de préparer le biscuit la veille, il n'en sera que meilleur !

Pour 12 parts

La pâte :

1 pincée de sel

150 g de sucre

1 sachet de sucre vanillé

2 cuillerées à soupe de café fort froid

le zeste de 1 citron non traité

200 g de noisettes en poudre

130 g de farine

1/2 cuillerée à café de levure

L'espresso :

10 cl de café fort froid

2 cuillerées à soupe de grappa (pour ceux qui aiment)

La garniture :

500 g de mascarpone

5 à 6 cuillerées à soupe de lait

1 cuillerée à soupe de jus de citron

200 g de crème fleurette

3 sachets de sucre vanillé

2 cuillerées à soupe de copeaux de chocolat

Pour le moule : beurre et chapelure, ou papier sulfurisé

Après la cuisson : copeaux de chocolat et grains de café

Pâte à biscuit • 1 h • 170 °C

Moule démontable, 26 ou 28 cm de Ø

1 Commencez par faire 12,5 cl de café fort qui servira pour confectionner et imprégner la pâte. Beurrez le fond du moule démontable et saupoudrez-le de chapelure. Préchauffez le four à 170 °C (chaleur tournante : 150 °C sans préchauffage).

2 Pour la pâte, séparez les blancs d'œufs des jaunes, puis battez-les en neige ferme en y ajoutant le sel et un tiers du sucre en pluie. À l'aide d'un batteur, mélangez les jaunes d'œufs avec le reste du sucre et le sucre vanillé jusqu'à obtention d'une mousse onctueuse. Ajoutez le café et le zeste de citron.

3 Incorporez la moitié des noisettes, puis les blancs en neige. Mélangez le reste des noisettes avec la farine et la levure, et ajoutez-les à la pâte. Versez la pâte dans le moule et lissez la surface. Mettez dans le bas du four pendant environ 1 heure. N'oubliez pas le test du bâtonnet (voir page du début de l'ouvrage) ! Laissez reposer quelques instants avant de démouler. Laissez reposer toute une nuit.

4 Ouvrez le gâteau en trois (à l'aide d'un grand couteau ou d'un fil de nylon). Arrosez les parties inférieure et centrale avec le café froid (préalablement mélangé avec la grappa). Délayez le mascarpone dans le lait et le jus de citron. Fouettez la crème fleurette en chantilly ferme en y ajoutant le sucre vanillé en pluie. Incorporez la crème fouettée et les copeaux de chocolat au mascarpone.

5 Étalez un quart de la crème au mascarpone sur la partie inférieure du gâteau, couvrez avec la partie centrale, et étalez-y un deuxième quart de crème. Fermez avec la partie supérieure, et répartissez le reste de la crème sur le gâteau et tout autour. Décorez le résultat avec les copeaux de chocolat et les grains de café. L'espresso-mascarpone est prêt, les invités peuvent arriver !

Préparation et cuisson : 1 h 45, dont environ 45 minutes de travail effectif, sans compter le temps de pause de la nuit
Calories par part : 265

Gâteau aux poires et au caramel

Pour réveiller la nostalgie

Pour 16 parts

La pâte :

5 œufs, 150 g de sucre

1 petit sachet d'écorce d'orange confite

125 g de farine, 75 g de fécule

1 cuillerée à café de levure

La garniture :

2 poires de taille moyenne, fermes mais mûres

1 cuillerée à soupe de jus de citron

12,5 cl de vin blanc sec

1 sachet de sucre vanillé

1 bâtonnet de cannelle

La crème au caramel :

80 g de sucre, 40 cl de lait

1 gousse de vanille, 2 jaunes d'œufs

25 g de fécule

Pour le moule : beurre et chapelure

Après la cuisson :

125 g de crème fleurette

1/2 sachet de sucre vanillé

50 g de gâteaux secs aux amandes

Pâte à biscuit • 50 mn • 180 °C

Moule démontable, 26 ou 28 cm de Ø

1 Préchauffez le four à 180 °C (chaleur tournante : 160 °C sans préchauffage). Beurrez le fond du moule et saupoudrez-le de chapelure.

2 Séparez les blancs d'œufs des jaunes et battez-les en neige ferme après y avoir ajouté 5 cuillerées à soupe d'eau froide. Sans cesser de battre, ajoutez le sucre en pluie, l'écorce d'orange et les jaunes l'un après l'autre.

3 Mélangez la farine avec la fécule et la levure, et ajoutez-la progressivement aux œufs. Versez la pâte dans le moule et mettez au four à mi-hauteur pendant environ 50 minutes. N'oubliez pas le test du bâtonnet (voir page du début de l'ouvrage). Laissez reposer 5 à 10 minutes avant de démouler. Laissez refroidir toute une nuit sur une grille.

4 Pelez, épépinez et coupez les poires en quartiers. Coupez les quartiers dans le sens de la longueur en lamelles de 0,5 cm d'épaisseur. Dans une casserole, portez le jus de citron, le vin blanc, le sucre vanillé et la cannelle à ébullition. Baissez le feu, ajoutez les poires et laissez mijoter pendant environ 5 minutes. Laissez refroidir dans la casserole.

5 Pour la crème au caramel, faites chauffer le sucre dans une casserole sans cesser de remuer jusqu'à ce qu'il fonde et brunisse en faisant des bulles. Ajoutez 12,5 cl d'eau : le sucre durcit, mais ne craignez rien, il redevient liquide au bout d'un moment. N'oubliez pas de remuer de temps à autre.

6 Réservez quelques cuillerées à soupe de lait froid. Versez le reste dans une casserole. Ouvrez la gousse de vanille, grattez la chair et ajoutez le tout au lait avec le caramel, puis faites chauffer. Délayez la fécule et les jaunes d'œufs dans le lait froid réservé. Retirez la gousse de vanille de la casserole. Hors du feu, ajoutez les jaunes d'œufs en remuant sans cesse. Remettez la casserole sur le feu et portez brièvement à ébullition. Laissez refroidir en remuant de temps à autre.

7 Ouvrez le gâteau en trois. Arrosez les parties inférieure et centrale de quelques gouttes de jus de poire, puis étalez-y les poires et la crème au caramel. Reconstituez ensuite le gâteau et nappez-le avec le reste de crème. Fouettez la crème fleurette avec le sucre vanillé. Versez les gâteaux aux amandes dans une pochette en plastique et émiettez-les à l'aide d'un rouleau à pâtisserie. Saupoudrez-en le gâteau que vous décorez de crème fouettée. Bon appétit !

Préparation et cuisson : 1 h 40, dont environ 40 minutes de travail effectif, sans compter le temps de refroidissement
Calories par part : 230

Gâteau au yaourt et aux fruits rouges

Bien frais pour les jours de grand soleil

Pour 14 parts

La pâte :

125 g de beurre froid, 250 g de farine

75 g de sucre, 1 œuf

La garniture :

700 g de fruits rouges mélangés

(fraises, framboises, groseilles)

150 g de sucre, 8 feuilles de gélatine

400 g de yaourt, 100 g de fromage blanc

La décoration :

1 sachet de gélifiant

12,5 cl de coulis de fruits rouges

(framboise, fraise ou cassis)

150 g de crème fleurette

1 cuillerée à soupe de sucre

Pour la cuisson : papier d'aluminium

et légumes secs

Pâte brisée • 25 mn • 200 °C

Moule démontable, 26 ou 28 cm de Ø

1 Coupez le beurre en morceaux et travaillez-le avec la farine, le sucre et l'œuf jusqu'à obtenir une pâte homogène. Étalez la pâte dans le moule non beurré en faisant un bord de 3 ou 4 centimètres de haut. Mettez au frais pendant 1 heure.

2 Préchauffez le four à 200 °C (chaleur tournante : 180 °C). Découpez une feuille de papier d'aluminium aux dimensions du moule et couvrez-en la pâte, sans oublier la bordure. Remplissez le moule de légumes secs.

3 Mettez au four à mi-hauteur pendant environ 25 minutes. La pâte prend une appétissante teinte brune. Enlevez les légumes secs et le papier d'aluminium. Laissez tiédir la pâte avant de la démouler et posez-la sur un plat.

4 Pour la garniture, triez les fruits rouges sans les laver et ôtez les fruits abîmés, les feuilles, etc. Réservez-en un quart pour la décoration et écrasez le reste en purée avec 50 grammes de sucre.

5 Faites tremper la gélatine pendant 5 minutes dans de l'eau froide. Mélangez le yaourt avec le fromage blanc et le reste du sucre. Dans une petite casserole, faites tiédir la gélatine sans l'égoutter, jusqu'à ce qu'elle devienne liquide. Délayez 1 cuillerée à soupe de yaourt dans la gélatine, puis versez-la dans le yaourt en remuant sans cesse. Incorporez délicatement la purée de fruits rouges : le mélange prend un aspect marbré. Versez la garniture sur la pâte. Mettez au réfrigérateur pendant 3 heures jusqu'à ce que le gâteau soit bien ferme.

6 Préparez le gélifiant avec le coulis de fruits rouges en suivant les indications du sachet. Fouettez la crème fleurette avec le sucre. Nappez le gâteau avec le gélifiant, puis décorez-le avec les fruits rouges entiers et la crème fouettée. Le nappage doit être bien pris avant d'entamer le gâteau.

Préparation et cuisson : 2 h 15, dont 1 bonne heure de travail effectif, sans compter les temps de refroidissement
Calories par part : 285

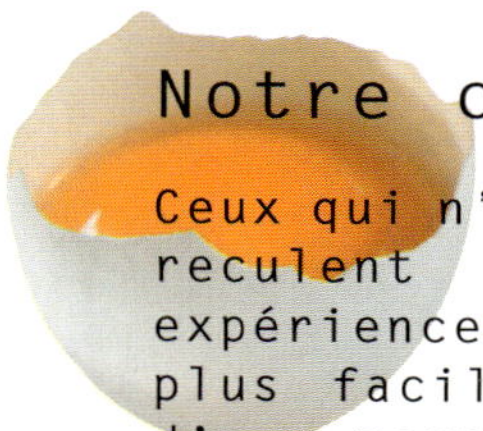

Notre conseil

Ceux qui n'ont jamais utilisé la gélatine reculent souvent devant une première expérience. À tort, car il n'y a rien de plus facile. Il lui faut juste un peu d'eau pour ramollir (environ 5 minutes) et un peu de chaleur pour devenir liquide. Les hautes températures ne lui conviennent pas car elles l'empêchent de figer. Lorsqu'elle est liquide, il faut la mélanger avec 1 ou 2 cuillerées à soupe de ce qu'elle doit figer avant de l'y incorporer. Cette façon de faire garantit une répartition homogène de la gélatine.

Mousse aux framboises

Tout le monde l'adore

Pour 16 parts

La pâte :

150 g de farine

100 g de beurre froid

2 cuillerées à soupe de sucre

1 pincée de sel

La garniture :

600 g de framboises surgelées

3 jaunes d'œufs très frais

150 g de sucre

1 cuillerée à soupe de jus de citron

500 g de fromage blanc

10 feuilles de gélatine

quelques gouttes de colorant alimentaire rouge

500 g de crème fleurette

3 blancs d'œufs très frais

Pour la décoration : framboises entières, sucre glace

Pâte brisée • 10 mn • 200 °C

Moule démontable, 24 ou 26 cm de Ø

1 Versez les framboises surgelées dans une passoire, au-dessus d'une casserole, et laissez-les décongeler. Cela prend environ 4 heures.

2 Préchauffez le four à 200 °C (chaleur tournante : 180 °C). Pour la pâte, travaillez le beurre en morceaux avec la farine, le sucre, le sel et 3 ou 4 cuillerées à soupe d'eau froide. Garnissez le fond du moule non beurré avec la pâte. Étalez-la à l'aide d'un rouleau à pâtisserie et piquez-la avec une fourchette. Mettez au four à mi-hauteur pendant 10 minutes. La pâte prend une belle teinte dorée. Laissez refroidir.

3 Pendant ce temps, battez les jaunes d'œufs avec le sucre à l'aide d'un batteur. Ajoutez le jus de citron et le fromage blanc.

4 Faites tremper la gélatine 5 à 10 minutes dans de l'eau froide. Écrasez grossièrement les framboises (sans écraser les graines qui peuvent rendre le gâteau amer). Recueillez 4 cuillerées à soupe du jus de décongélation que vous faites chauffer dans une casserole. Hors du feu, ajoutez-y les feuilles de gélatine l'une après l'autre et faites-les fondre en remuant sans cesse.

5 Mélangez la purée de framboises avec la crème au fromage blanc. Délayez quelques cuillerées à soupe de fromage blanc aux framboises dans la gélatine avant de l'incorporer en entier. Si votre crème n'est pas assez rose, ajoutez le colorant alimentaire. Démoulez la pâte et posez-la sur un grand plat à tarte.

6 Mettez le récipient contenant la crème de framboises au frais pendant 5 minutes, jusqu'à ce qu'elle commence à se figer.

7 Disposez la bordure du moule démontable autour de la pâte. Fouettez la crème fleurette et battez les blancs d'œufs en neige ferme.

8 Incorporez la crème fouettée et les blancs en neige à la crème de framboises. Versez cette mousse sur la pâte, dans le rond du moule, et lissez. Mettez au réfrigérateur pendant au moins 2 heures. La mousse devient bien ferme. Enlevez la bordure du moule, décorez le gâteau avec les framboises entières et saupoudrez-le de sucre glace.

Préparation et cuisson : 1 h 15, dont environ 45 minutes de travail effectif, sans compter les temps de refroidissement
Calories par part : 285

Notre conseil

Si vous aimez la pâte au moins autant que la garniture, vous pouvez en ajouter une couche sur le gâteau lorsqu'il est terminé. Préparez une pâte brisée avec 200 grammes de farine, 100 grammes de beurre, 2 cuillerées à soupe de sucre et 1 pincée de sel (un peu d'eau froide, éventuellement), et faites cuire 2 fonds de tarte. À la sortie du four, découpez l'un des deux en seize parts égales que vous disposerez sur le gâteau lorsqu'il sera terminé.

Flocons de fruits

Léger comme un flocon de neige, en plein été !

Pour 12 parts

La pâte :

1 cuillerée à soupe de sucre

1 pincée de sel, 80 g de beurre

150 g de farine, 4 œufs

La garniture :

1 kg de fruits (un vrai régal : figues fraîches et raisins noirs ; plus classique : fruits rouges et pêches ou nectarines)

500 g de crème fleurette

2 sachets de sucre vanillé

le zeste de 1 citron non traité

Pour la plaque : papier sulfurisé

Après la cuisson : sucre glace

Pâte à choux • 2 fois 15 mn • 220 °C

1 Pour la pâte, versez 25 centilitres d'eau avec le sel et le sucre dans une casserole. Ajoutez le beurre en morceaux, portez à ébullition et retirez du feu.

2 Ajoutez la farine en une seule fois et mélangez soigneusement. Remettez sur le feu et faites chauffer jusqu'à ce que la pâte forme une boule compacte. Versez-la dans un récipient et laissez refroidir pendant 15 minutes. Ajoutez les œufs l'un après l'autre.

3 Préchauffez le four à 220 °C (chaleur tournante : 200 °C). Chemisez deux plaques en tôle avec du papier sulfurisé et dessinez un cercle de 26 centimètres de diamètre sur chacune d'elles. Répartissez un quart de la pâte sur chaque cercle. Mettez les plaques au four, l'une après l'autre, à mi-hauteur et laissez cuire pendant 15 minutes. N'ouvrez la porte du four sous aucun prétexte. Répétez l'opération avec les deux quarts de pâte restants.

4 Laissez refroidir les 4 fonds de tarte. Rincez les fruits. Coupez les figues en huit, ouvrez les raisins en deux et épépinez-les. Si vous avez choisi l'option avec les fruits rouges, laissez-les entiers en ne coupant que les plus gros. Si vous avez préféré les pêches ou les nectarines, pelez-les, ouvrez-les, ôtez-en le noyau et coupez-les en dés.

5 Fouettez en chantilly ferme la crème fleurette avec le sucre vanillé et le zeste de citron. Étalez un tiers de la chantilly sur un fond de tarte, et garnissez de fruits. Posez le deuxième fond de tarte par-dessus, recommencez l'opération, et ainsi de suite. Coupez le dernier fond de tarte en 12 parts, posez-le sur le gâteau et saupoudrez de sucre glace.

Préparation et cuisson : 1 h 20, dont 1 heure de travail effectif
Calories par part : 295

Triangle aux raisins et aux mûres

Prêt en un tournemain

Pour 16 parts

La pâte :

4 œufs, 1 pincée de sel, 50 g de sucre

1 sachet de sucre vanillé, 2 jaunes d'œufs

125 g de farine, 1 pincée de levure

La garniture :

200 g de chocolat noir

400 g de crème fleurette, 250 g de raisins verts

250 g de mûres ou 300 g de quetsches

100 g de confiture d'airelles (en bocal)

50 g d'amandes effilées

Pour la plaque : papier sulfurisé

Après la cuisson : cacao en poudre

Pâte à biscuit • 10 à 12 mn • 200 °C

1 Préchauffez le four à 200 °C (chaleur tournante : 180 °C). Chemisez la plaque avec le papier sulfurisé.

2 Séparez les blancs d'œufs des jaunes et battez-les en neige. Lorsqu'ils commencent à se raffermir, ajoutez le sel, le sucre et le sucre vanillé en pluie, sans cesser de battre. Ajoutez les jaunes d'œufs l'un après l'autre. Mélangez

la farine avec la levure et incorporez-la délicatement aux œufs.

3 Versez aussitôt la pâte sur la plaque et lissez-la à l'aide d'une spatule à une épaisseur de 1 centimètre environ. Mettez au four à mi-hauteur pendant 10 à 12 minutes.

4 Pendant que la pâte cuit, étalez un torchon sur le plan de travail. Une fois la cuisson terminée, renversez les biscuits sur le torchon et enlevez le papier sulfurisé. Laissez refroidir.

5 Pour la garniture, cassez le chocolat en morceaux et faites-le fondre dans un bol au bain-marie. Versez-le ensuite dans un récipient pour le laisser refroidir.

6 Montez la crème fleurette en chantilly ferme et ajoutez-en un tiers au chocolat. Incorporez le reste à l'aide d'un fouet. Mettez la chantilly au chocolat dans le réfrigérateur.

7 Lavez et coupez les raisins en deux, puis épépinez-les. Lavez les mûres et égouttez-les. Si vous avez choisi de prendre des quetsches, lavez-les, coupez-les en deux, ôtez-en le noyau, puis coupez-les en dés.

8 Coupez la pâte en un grand triangle et en deux triangles plus petits qui, assemblés, forment eux aussi un grand triangle. Partez du milieu du bord supérieur et posez une règle en biais jusqu'à l'angle inférieur gauche. Coupez avec un couteau le long de la règle. Répétez l'opération vers le bord inférieur droit. Vous obtenez deux petits triangles en haut, à droite et à gauche. Si vous les assemblez par les bords les plus étroits, vous obtenez un triangle de la même taille que le grand.

9 Le grand triangle forme le fond. Étalez dessus la confiture d'airelles et la moitié de la chantilly au chocolat. Recouvrez avec les deux petits triangles et répartissez le reste de la chantilly tout autour du gâteau. Décorez la bordure avec les amandes effilées. Disposez les fruits sur le gâteau et saupoudrez de cacao en poudre.

Préparation et cuisson : 50 minutes de travail effectif
Calories par part : 260

Gâteau de plage
Un goût de vacances

D'où vient ce nom ? Peut-être à cause des vagues sur sa surface...

Pour 14 à 16 parts

4 œufs, 100 g de beurre ramolli

300 g de sucre

4 cuillerées à soupe de lait

125 g de farine, 2 cuillerées à café rases de levure, 1 sachet de sucre vanillé

60 g d'amandes effilées

600 g de mandarines

400 g de crème fleurette

Pour le moule : papier sulfurisé

Pâte sablée • 2 fois 25 à 30 mn • 200 °C

Moule démontable, 26 ou 28 cm de Ø

1 Séparez les blancs d'œufs des jaunes. Fouettez le beurre avec 100 grammes de sucre jusqu'à obtention d'une crème onctueuse. Ajoutez les jaunes l'un après l'autre, puis le lait. Mélangez la farine avec la levure et ajoutez-la en pluie sans cesser de fouetter. Préchauffez le four à 200 °C (chaleur tournante : 180 °C sans préchauffage). Battez les blancs d'œufs en neige en y ajoutant le reste de sucre et le sucre vanillé. Chemisez le moule avec du papier sulfurisé.

2 Lissez une mince épaisseur de pâte dans le moule, puis étalez la moitié des blancs en neige. Dessinez des vagues à l'aide d'une cuillère à soupe mouillée. Saupoudrez avec la moitié des amandes et mettez au four à mi-hauteur 25 à 30 minutes. Répétez l'opération avec l'autre moitié des ingrédients. Laissez refroidir.

3 Épluchez les mandarines. Montez la crème fleurette en chantilly. Répartissez les quartiers de mandarines sur un fond de pâte et recouvrez de crème Chantilly. Coupez le deuxième fond de pâte en 14 ou 16 parts et disposez-les sur la surface. Dégustez le jour même.

Préparation et cuisson : 1 h 30, dont environ 35 minutes de travail effectif
Calories par part (pour 16 parts) : 295

Gâteau de riz exotique
Un délice royal

Pour 16 parts

La pâte :

50 g de beurre froid

150 g de farine

3 cuillerées à soupe de sucre, 1 jaune d'œuf

La garniture :

1 citron vert

1 mangue

1 papaye

100 g d'ananas au jus en boîte

35 cl de lait

120 g de riz au lait

50 g de sucre

1 sachet de sucre vanillé

6 feuilles de gélatine

200 g de crème fleurette

25 cl de jus d'orange

1 sachet de gélifiant

Pour la cuisson : papier d'aluminium et haricots secs

Pâte brisée • 25 mn • 180 °C

Moule démontable, 26 ou 28 cm de Ø

1 Pour la pâte, coupez le beurre en morceaux et travaillez-le avec le reste des ingrédients jusqu'à obtention d'une pâte homogène. Étalez la pâte dans le moule et mettez au frais pendant 1 heure.

2 Préchauffez le four à 180 °C (chaleur tournante : 160 °C). Posez une feuille de papier d'aluminium sur la pâte et parsemez-la de haricots secs. Mettez au four à mi-hauteur pendant 15 minutes. Enlevez les haricots secs et le papier d'aluminium, puis remettez au four pendant 10 minutes. Démoulez et laissez refroidir.

3 Lavez le citron vert à l'eau chaude, râpez le zeste et pressez le fruit. Pelez la mangue et détaillez la chair en dés. Tranchez la papaye en deux, enlevez les pépins, pelez-la et coupez-la en dés. Coupez l'ananas en morceaux. Mélangez tous les fruits avec le jus de citron vert.

4 Portez le lait à ébullition avec le zeste de citron vert. Versez-y le riz et laissez-le gonfler, à feu doux, 25 à 30 minutes. À 5 minutes de la fin, ajoutez 30 grammes de sucre et le sucre vanillé. Faites tremper la gélatine 5 minutes dans de l'eau froide, essorez-la et délayez-la, une feuille après l'autre, dans le riz au lait. Laissez refroidir et mettez au frais.

5 Montez la crème fleurette en chantilly. Lorsque le riz au lait commence à se solidifier, ajoutez-y les fruits et leur jus. Incorporez la chantilly à la fin. Versez la garniture dans le fond de tarte, lissez et mettez au frais.

6 Portez le jus d'orange à ébullition avec le reste de sucre et le gélifiant, laissez refroidir et étalez sur le gâteau. Décorez avec des fruits ou des fleurs et laissez refroidir 2 heures au minimum.

Préparation et cuisson : 45 minutes de travail effectif, 3 heures de tranquillité
Calories par part : 165

Notre conseil

Vous pouvez utiliser d'autres fruits si vous le désirez. Si vous ne trouvez pas de fruits exotiques (ou si vous ne les aimez pas), accompagnez l'ananas de pêches ou d'abricots (frais ou en boîte). Les cerises sont également un bon produit de substitution, mais dans ce cas supprimez l'ananas.

Gâteau meringué aux fruits rouges
Bonheur fondant et sucré

Aucun effort à faire, il fond dans la bouche !

Pour 10 parts

La meringue :

4 blancs d'œufs très frais (gros œufs)

1 cuillerée à café de jus de citron

250 g de sucre

La garniture :

600 g de fruits rouges mélangés

100 g de fromage blanc

300 g de crème fleurette

30 g de sucre glace

2 cuillerées à café de jus de citron

Pour la plaque : papier sulfurisé

Meringue • 45 mn à 1 h • 120 °C

Moule démontable, 18 cm de Ø

1 Préchauffez le four à 120 °C (chaleur tournante : 100 °C sans préchauffage). Chemisez la plaque avec le papier sulfurisé.

2 Battez les blancs en neige ferme en y ajoutant le jus de citron. Sans cesser de battre, ajoutez la moitié du sucre. Versez la seconde moitié en une seule fois et continuez à battre jusqu'à ce que les blancs forment une masse épaisse, lisse et brillante.

3 Remplissez une poche à douilles (à faire soi-même, voir page 23) avec les blancs en neige et tracez deux cercles sur la plaque en suivant la bordure d'un moule démontable de 24 centimètres de diamètre. Remplissez-les de l'intérieur vers le bord en un mouvement tournant. Vous avez maintenant deux fonds de tarte.

4 Mettez au four à mi-hauteur pendant 45 minutes à 1 heure. Laissez refroidir entièrement.

5 Triez soigneusement les fruits rouges, de préférence sans les laver car ils absorbent l'eau comme des éponges. Réservez-en quelques-uns pour la décoration. Écrasez un tiers des fruits en purée, et laissez le reste tel quel en vous contentant de couper les plus gros en morceaux.

6 Mélangez la purée de fruits avec le fromage blanc, ajoutez les fruits entiers. Montez la crème fleurette en chantilly ferme en ajoutant le sucre glace en pluie et le jus de citron. Ajoutez la chantilly au fromage blanc.

7 Posez l'une des meringues sur un grand plat, étalez la moitié de la mousse aux fruits rouges dessus. Couvrez avec la seconde meringue et le reste de la mousse. Décorez avec les fruits réservés. N'attendez pas trop longtemps avant de servir, car la meringue se ramollit au contact de la mousse. Pour couper, utilisez un couteau bien aiguisé. Mieux encore : un couteau électrique.

Préparation et cuisson : 1 h 30, dont environ 50 minutes de travail effectif
Calories par part : 245

Notre conseil

L'été, ce gâteau est le dessert idéal. Préparez les meringues la veille, vous n'aurez plus qu'à faire la mousse aux fruits rouges avant de servir.

Gâteau à la crème au beurre

Si fin qu'il n'en reste rien

Ce péché si doux se fait dans le plus petit moule : 18 cm de diamètre.

Pour 8 parts

La pâte :

3 œufs

1 pincée de sel

50 g de sucre

1 sachet de sucre vanillé

50 g de farine

1/2 cuillerée à café de cannelle

1 cuillerée à soupe rase de fécule

1/2 cuillerée à café de levure

La crème au beurre :

1 cuillerée à soupe de cerneaux de noix

1 jaune d'œuf

30 g de fécule

25 cl de lait

125 g de beurre ramolli

50 g de sucre glace

Pour le moule : beurre et chapelure

Pour la décoration : 2 cuillerées à soupe de cerneaux de noix

1 cuillerée à soupe de miel

Pâte à biscuit • 25 mn • 180 °C

Moule démontable, 18 cm de Ø

1 Préchauffez le four à 180 °C (chaleur tournante : 160 °C sans préchauffage). Beurrez le fond du moule et saupoudrez-le de chapelure.

2 Séparez les blancs d'œufs des jaunes, et battez-les en neige ferme avec le sel. Lorsqu'ils commencent à prendre, ajoutez le sucre et le sucre vanillé sans cesser de battre. Ajoutez les jaunes l'un après l'autre. Mélangez la farine avec la cannelle, la fécule et la levure, et incorporez-la en pluie dans les blancs en neige à l'aide d'un fouet.

3 Versez et lissez la pâte dans le moule. Mettez au four à mi-hauteur pendant environ 25 minutes. Faites le test du bâtonnet. Lorsque la pâte est cuite, laissez-la reposer 5 à 10 minutes avant de la démouler. Laissez reposer toute une nuit, si possible.

4 Pour la garniture, râpez les cerneaux de noix dans une casserole et mélangez-les avec les jaunes d'œufs, la fécule et un peu de lait froid. Ajoutez ensuite le reste du lait sans cesser de remuer, vous obtiendrez ainsi une crème bien lisse.

5 Mettez la casserole sur le feu et portez le lait à ébullition en remuant sans cesse. Retirez du feu et laissez refroidir. Remuez de temps à autre pour empêcher la formation d'une peau.

6 Mélangez le beurre et le sucre glace jusqu'à obtention d'une crème onctueuse. Ajoutez progressivement le contenu de la casserole. Coupez dans l'épaisseur le gâteau en trois (grand couteau ou fil de nylon).

7 Étalez environ 0,5 cm de crème sur les deux parties inférieures du gâteau, superposez-les et couvrez avec la partie supérieure. Répartissez le reste de la crème sur le gâteau et tout autour. Cassez les cerneaux de noix et faites-les griller à feu moyen dans une poêle non graissée, jusqu'à ce qu'ils dégagent un arôme délicat. Ajoutez le miel. Laissez tiédir, puis versez sur le gâteau.

Préparation et cuisson : 1 heure, dont environ 40 minutes de travail effectif, sans compter les temps de pause
Calories par part : 330

Notre conseil

Une recette de truffes sucrées : des bouchées fondantes et très faciles à confectionner.

Pour 30 truffes
Coupez 350 grammes de chocolat (moitié au lait, moitié noir) en morceaux. Faites chauffer 125 grammes de crème fraîche et ajoutez-y le chocolat pour le faire fondre. Laissez refroidir, couvrez avec une feuille de papier d'aluminium et mettez au réfrigérateur toute une nuit. Le lendemain, fouettez le mélange jusqu'à ce qu'il forme une mousse. Chemisez une plaque avec du papier sulfurisé. (Cette plaque doit pouvoir entrer dans votre réfrigérateur.) Prélevez des parts de mousse à l'aide d'une cuillère à café et disposez-les sur la plaque. Mettez au frais pendant 1 heure.
Roulez chaque part entre vos mains pour en faire une boule. Vos mains doivent toujours être bien froides (passez-les plusieurs fois sous l'eau fraîche, sans oublier de bien les essuyer chaque fois). Faites fondre 250 grammes de chocolat noir. Lorsqu'il est tiède, plongez-y les truffes et sortez-les à l'aide d'une fourchette. Faites-les sécher, bien au frais, sur du papier sulfurisé.

Pour grign

La vie d'une « patate de canapé » a vraiment du bon…

oter

Couchpotatoe, *patata di veranda*, *Sofakartoffel*, la « patate de canapé » est partout ! Cet individu est le plus souvent assis, passe son temps à grignoter devant la télévision et ne mange jamais à table comme tout le monde. Ce drôle de spécimen a visiblement trouvé un secret pour nourrir sa joie de vivre.

En France, on le retrouve à la terrasse des cafés muni d'un solide jambon-beurre. En Italie, on le trouve allongé sur la plage en train de déguster une fougasse. Dans un Biergarten de Munich, on le découvre grignotant des bretzels, à New York des bagels, à Moscou des blinis, à Athènes des feuilletés au fromage. Les patates de canapé ont le chic pour toujours se trouver dans les endroits les plus confortables et les plus sympas. Même s'il n'y a pas de canapé.

Le canapé, il y en a un à la maison. D'ailleurs, c'est bien là qu'on est le mieux. Le dimanche matin, en tout cas. Après une bonne nuit de sommeil et une grasse matinée, les pains faits maison pour le petit déjeuner ne se savourent nulle part ailleurs que sur le canapé. La vie d'une « patate de canapé » a vraiment du bon. Voici les recettes de son bonheur.

Tartines du monde entier, cinq idées rapides à grignoter

Pour ceux qui ont raté le début : Mélina, Nadia, Hedwige, Mireille, Grégory, Charles et le beau Pedro, tous les sept grands amateurs de sandwiches, se sont rencontrés pour la première fois à la page 40 de notre précédent ouvrage, *Cuisinez entre copains*. Depuis ils sont devenus inséparables et ont vécu de nombreuses et trépidantes aventures. Les choses deviennent de plus en plus intéressantes, puisqu'ils viennent tous d'emménager dans le même quartier. Rendons-leur une petite visite...

Tartines pour Grégory
Coupez en rondelles fines 4 saucisses de Vienne, mélangez-les avec 2 cuillerées à café de moutarde en grains et un peu de ciboulette. Répartissez sur plusieurs tranches de baguette. Environ 200 grammes.

Tartines pour Nadia
Pelez et râpez une carotte, émincez 4 oignons grelots. Mélangez le tout avec 200 grammes de fromage blanc au lait entier et 2 cuillerées à soupe de yaourt. Ajoutez 4 cuillerées à soupe de gruyère râpé et un peu de persil. Étalez sur une tartine de pain complet. Environ 300 grammes.

Tartines pour Charles
Écrasez des pommes de terre cuites avec une fourchette en les mélangeant avec quelques gouttes d'huile d'olive, du basilic et de l'ail. Étalez sur des tartines grillées. Faites dorer des pignons de pin dans une casserole et décorez-en les tartines.

Tartines pour Mélina
Égouttez soigneusement une boîte de thon et écrasez celui-ci à la fourchette. Coupez 2 cornichons russes en rondelles, pelez et râpez une pomme. Mélangez le tout avec 1 cuillerée à soupe de mayonnaise, 1 cuillerée à soupe de yaourt et de l'aneth haché. Dégustez sur une tartine de pain de seigle. Environ 200 grammes.

Tartines pour Hedwige
Faites chauffer 5 cuillerées à soupe de miel et 3 cuillerées à soupe de crème fraîche. Ajoutez 50 grammes de beurre, 50 grammes de pâte à tartiner aux noisettes, 50 grammes de noisettes en poudre et 1 cuillerée à soupe de cacao en poudre. Tartinez sur une baguette bien croustillante. Environ 250 grammes.

S.O.S

La réponse à toutes vos questions désespérées par notre spécialiste :

J'aime le pain, surtout quand il est bien frais. J'en achète d'ailleurs souvent un nouveau avant d'avoir terminé l'ancien qui a pris un goût de rassis. Je sais, je ne devrais pas. À ce propos, une question : combien de temps le pain reste-t-il frais ? Et que faire avec celui qui reste ?

Jo, de Vannes

L'astuce de tante Alice :

Qu'est-ce que ça veut dire, « frais » ? Certains n'entament leur pain au levain que trois jours après l'avoir acheté pour avoir le goût authentique. D'autres, comme vous, préfèrent une croûte croustillante et une mie légère et parfumée. La fraîcheur dépend également du pain lui-même. La baguette ne survit pas plus d'une journée, elle devient rapidement dure et sèche. Un pain blanc reste consommable 2 jours. S'il contient du seigle, le délai s'allonge à 3 ou 4 jours. Seigle et son mélangés durent 5 à 6 jours, tandis qu'un pain complet plus d'une semaine. Quant au pain de mie, stocké au réfrigérateur, il tient près d'une semaine.

Les noms du pain

Les présentoirs des boulangers arborent fièrement des noms de pain très variés qui désignent souvent la même pâte livrée par un grossiste. Cette diversité est pourtant issue d'une longue tradition boulangère qui consistait à donner aux pains le nom du saint du jour, et à leur attribuer différentes vertus. Elle reflète également des occasions particulières de la vie. Amusez-vous à votre tour à les offrir à vos amis… après les avoir faits vous-même, bien entendu.

Le pain, son jour, sa signification

Pain de saint Lucien	8 janvier	protège contre les maladies des animaux
Pain de saint Sébastien	20 janvier	protège de la peste
Pain de sainte Agathe	5 février	protège du feu ; aide en cas de douleurs de poitrine
Pain de saint Patrice	17 mars	pour fêter l'arrivée du printemps
Pain de saint Laurent	10 août	obole pour les pauvres
Pain de saint Michel	29 septembre	pour l'apaisement des esprits
Pain de saint Hubert	3 novembre	guérit les chiens de la rage
Pain de saint Martin	11 novembre	protège contre la foudre
Pain de saint André	30 novembre	cadeau de la mariée au marié ; après le lui avoir remis, elle balaie la salle de séjour nue devant lui
Pain de saint Nicolas	6 décembre	cadeau aux pauvres et aux enfants
Pain de sainte Lucie	13 décembre	guérit les morsures de chiens atteints de la rage
Pain de saint Étienne	26 décembre	si une jeune fille invite un homme à partager ce pain, c'est qu'elle pense au mariage. S'il ne vient pas, l'histoire est finie pour lui. S'il vient et que le pain s'émiette à la première tranche, l'histoire est finie pour elle. Si tout se passe bien, la noce a lieu l'année suivante

Du pain pour les grandes occasions :

Pain de couches	un morceau de ce pain placé dans la couche du nouveau-né le met à l'abri de la faim pour la vie
Pain de sage-femme	pain sucré offert à la sage-femme pour la remercier
Pain d'après-midi	en guise de tétine, pendant le baptême ; avec du fromage pour les garçons (fait pousser la barbe !)
Pain d'amour	elle s'enduit de miel, se roule dans le blé et confectionne un pain avec ce qui reste collé sur elle. S'il le goûte, il ne pourra jamais plus se séparer d'elle
Pain de noce	à ranger dans une armoire. Si le dessus moisit en premier, la femme vivra plus longtemps. Si c'est le dessous, c'est l'homme
Pain de séparation	pour aider la mariée à s'habituer à sa nouvelle vie, cuit avec un peu de poussière de sa chambre de jeune fille. Précède le pain de couches

Des idées en or

Des restes de pain ?

Avec des galettes de pain, tapissez le fond d'un moule. Disposez par-dessus des rondelles de tomates, de la mozzarella, du basilic et quelques cuillerées à soupe d'huile d'olive. Au bout de 20 minutes, vous obtenez un merveilleux amuse-gueule à l'italienne.
Ôtez la croûte du vieux pain de mie, puis coupez-le en dés. Mélangez ces dés avec du jambon cuit, du gruyère et de la sauge, et mettez le tout dans un moule. Arrosez d'un lait de poule (avec beaucoup d'œufs) et mettez au four pendant 15 minutes.

Délicieux : trempez le pain en tranches dans de la pâte à crêpes et faites-le frire dans la poêle. Rapide : beurrez 10 tranches de pain de mie, puis coupez-les en quatre. Mettez une couche de pain dans le fond d'un moule à soufflé, saupoudrez de raisins secs et de sucre roux, mettez une nouvelle couche de pain et ainsi de suite jusqu'à épuisement des ingrédients. Mélangez 4 œufs, 30 centilitres de lait et 25 centilitres de crème fraîche. Versez la moitié dans le moule et laissez macérer pendant 30 minutes. Versez le reste et mettez au four à mi-hauteur à 160 °C (chaleur tournante : 140 °C) pendant 50 minutes. Un régal !

Tortillons au fromage

À grignoter à toute heure

Pour 40 tortillons

450 g de pâte feuilletée surgelée (6 feuilles)

2 cuillerées à soupe de beurre

100 g de fromage râpé (emmenthal, comté, gouda ou gruyère)

Pour la plaque : papier sulfurisé

Pâte feuilletée • 12 mn • 220 °C

1 Faites décongeler la pâte feuilletée en la couvrant d'un torchon pour éviter qu'elle ne se dessèche. Cette opération nécessite 15 minutes environ.

2 Pendant ce temps, faites fondre le beurre dans une casserole. Si vous avez acheté votre fromage en morceau, c'est le moment de le râper.

3 Beurrez une feuille de pâte et saupoudrez-la d'un peu de fromage râpé. Couvrez avec une deuxième feuille de pâte, beurrez et ajoutez le fromage. Fermez à l'aide de la dernière feuille. Répétez l'opération avec les trois feuilles restantes.

4 Si vos invités ne sont pas encore sur le point d'arriver, couvrez les deux blocs de pâte avec un torchon et mettez-les au frais. Sinon, posez-les sur le plan de travail fariné et étalez-les à l'aide d'un rouleau à pâtisserie. Coupez des bandes de 2 centimètres de large et de 6 à 8 centimètres de long dans la pâte et tortillez-les comme sur la photo.

5 Préchauffez le four à 220 °C (chaleur tournante : 200 °C). Chemisez la plaque avec du papier sulfurisé et disposez dessus les tortillons de pâte, puis beurrez-les à l'aide d'un pinceau et ajoutez le reste du fromage râpé. Mettez au four à mi-hauteur pendant environ 12 minutes. Les tortillons doivent gonfler et prendre une appétissante teinte dorée. Laissez refroidir avant de déguster.

Préparation et cuisson : 50 minutes
Calories par tortillon : 60

Roulés au fromage

Toujours succulents à l'heure de l'apéritif, avec du vin ou de la bière

Pour environ 40 roulés

250 g de farine

sel, poivre noir

poivre de Cayenne

150 g de roquefort ou de gorgonzola

100 g de beurre froid

50 g de cerneaux de noix

2 œufs

1 jaune d'œuf

1 cuillerée à soupe de lait

Pour le plan de travail : farine

Pour la plaque : papier sulfurisé

Pâte brisée • 15 mn • 200 °C

1 Mélangez la farine avec le sel (pas trop de sel car le fromage lui-même est salé), le poivre et le poivre de Cayenne. Coupez le fromage, le beurre et les cerneaux de noix en petits morceaux.

2 Mélangez le fromage, les noix, le beurre et les œufs avec la farine, et pétrissez jusqu'à obtention d'une pâte homogène. Versez un peu de farine sur vos mains. Divisez la pâte en deux et roulez chaque morceau avec les mains jusqu'à obtenir un boudin régulier d'environ 4 centimètres d'épaisseur. Enveloppez les 2 boudins dans un film plastique transparent et mettez au réfrigérateur pendant 1 heure environ.

3 Préchauffez le four à 200 °C (chaleur tournante : 180 °C). Chemisez la plaque avec du papier sulfurisé.

4 Ôtez le film plastique qui protège les boudins de pâte. Coupez-les en tranches de 1 centimètre d'épaisseur environ et posez-les sur la plaque. Mélangez le jaune d'œuf avec le lait et badigeonnez-en les tranches de pâte.

5 Mettez au four à mi-hauteur pendant environ 15 minutes, jusqu'à ce que les roulés soient bien dorés. Laissez refroidir.

Préparation et cuisson : 40 minutes, dont environ 15 minutes de tranquillité
Calories par roulé : 70

Chaussons aux épinards
À croquer

Pensez-y à l'avance : les épinards surgelés ayant besoin d'un certain temps pour décongeler, il convient de les sortir du congélateur 3 ou 4 heures avant de commencer.

Pour 8 chaussons

300 g d'épinards en branches surgelés

300 g de pâte feuilletée surgelée (4 feuilles)

2 gousses d'ail

200 g de fromage de brebis ferme

1 bouquet de persil

1 piment mariné (pour ceux qui aiment épicé)

2 petits œufs

2 cuillerées à soupe de yaourt (ou crème fraîche, ou fromage blanc)

sel, poivre noir

1/2 cuillerée à café de coriandre moulue

1 jaune d'œuf

1 cuillerée à soupe de lait

Pour le plan de travail : farine

Pâte feuilletée • 25 mn • 200 °C

1 Sortez les épinards de leur emballage et mettez-les dans une passoire au-dessus d'une casserole. Laissez décongeler. Si vous avez oublié de sortir préalablement vos épinards, faites-les cuire en suivant les indications de la boîte, puis laissez-les refroidir et essorez-les soigneusement.

2 Sortez la pâte feuilletée de son emballage, étalez les feuilles les unes à côté des autres et couvrez-les d'un torchon. Laissez décongeler pendant environ 15 minutes.

3 Entre-temps, pelez l'ail et coupez-le en fines rondelles. Égouttez le fromage de brebis et émiettez-le. Lavez et séchez le persil, puis hachez-le. Coupez le piment en petits morceaux.

4 Préchauffez le four à 200 °C (chaleur tournante : 180 °C). Passez deux plaques sous l'eau froide, ne les essuyez pas.

5 Essorez soigneusement les épinards décongelés et hachez-les grossièrement. Mélangez-les avec l'ail, le fromage, le persil, le piment, les œufs et le yaourt. Assaisonnez avec le sel (pas trop car le fromage est salé), le poivre et la coriandre.

6 Abaissez chaque feuille de pâte à l'aide d'un rouleau à pâtisserie jusqu'à ce qu'elle double sa taille, puis coupez-la en deux. Garnissez chaque morceau de pâte avec une portion d'épinards et refermez. Aplatissez les bords du chausson avec une fourchette.

7 À l'aide d'une pelle à tarte, disposez les chaussons sur les deux plaques. Mélangez le jaune d'œuf avec le lait et badigeonnez-en les chaussons.

8 Mettez au four à mi-hauteur pendant environ 25 minutes. La pâte doit gonfler et prendre une belle teinte dorée. Laissez refroidir quelques minutes avant de servir. Les chaussons peuvent également se manger froids.

Préparation et cuisson : 1 heure, dont environ 35 minutes de travail effectif
Calories par chausson : 250

D'autres idées de chaussons

Fourrés au poireau et aux lentilles

Faites cuire 100 grammes de lentilles pendant 10 à 15 minutes dans 25 centilitres d'eau jusqu'à ce qu'elles ramollissent. Nettoyez un blanc de poireau et hachez-le finement. Mélangez-le avec les lentilles tièdes en ajoutant 2 gousses d'ail pressées, 3 cuillerées à soupe de crème fraîche et 2 œufs. Hachez finement un demi-bouquet de ciboulette. Ajoutez aux lentilles. Assaisonnez avec du sel, du poivre et un peu de paprika en poudre. Fourrez et faites cuire comme décrit ci-contre.

Fourrés au fromage frais

Mélangez 50 grammes de jambon cuit coupé en dés avec 1 botte d'oignons grelots en fines rondelles, 1 tomate épépinée et coupée en dés, 200 grammes de fromage blanc au lait entier, 1 œuf et 50 grammes de crème fraîche. Assaisonnez avec du sel, du poivre et du poivre de Cayenne. Fourrez les chaussons et mettez au four.

Fourrés à la choucroute

Ouvrez une petite boîte de choucroute (285 grammes). Essorez et hachez-en le contenu, puis mélangez-le avec 50 grammes de lard en dés, 2 oignons grelots hachés, 1 cuillerée à soupe de persil haché, 2 cuillerées à soupe de crème fraîche et 2 petits œufs. Assaisonnez avec du sel, du poivre et du paprika. Fourrez les chaussons et mettez au four.

Tartelettes à la viande

Pour le pique-nique

Pour 12 tartelettes

La garniture :

350 g de filet de dinde, 2 oignons blancs

50 g de jambon cru, 1 gousse d'ail

1 cuillerée à soupe de beurre fondu

1 1/2 cuillerée à soupe de farine

20 cl de bouillon de poule, sel, poivre

La pâte :

10 cl de lait, 150 g de beurre

1 cuillerée à café de sel, 500 g de farine

Pour le plan de travail : farine

Pour les moules : beurre

Pour dorer : 2 jaunes d'œufs

Pâte au lait • 50 à 60 mn • 160 °C

Moule à muffins

1 Coupez la dinde en dés de 1 centimètre. Nettoyez les oignons blancs et coupez-les en rondelles. Détaillez grossièrement le jambon.

2 Pelez et hachez l'ail, puis faites-le fondre à feu doux dans le beurre. Sans cesser de remuer, ajoutez la farine, puis le bouillon de poule et portez à ébullition. Réduisez le feu, salez et poivrez, et laissez mijoter pendant 10 minutes. Laissez tiédir, puis mélangez avec la dinde, les oignons et le jambon.

3 Pendant que la sauce mijote, commencez à préparer la pâte. Mélangez 10 centilitres d'eau avec le lait, le beurre et le sel, et portez à ébullition. Ajoutez la farine en une seule fois et remuez jusqu'à obtention d'une pâte homogène. Laissez refroidir.

4 Sur le plan de travail saupoudré de farine, abaissez les deux tiers de la pâte à 0,5 cm d'épaisseur. À l'aide d'un emporte-pièce, découpez 12 cercles de pâte dont le diamètre doit excéder de 2 centimètres celui des creux du moule. Beurrez ces derniers et tapissez-les avec la pâte en la faisant déborder.

5 Préchauffez le four à 160 °C (chaleur tournante : 140 °C sans préchauffage). Remplissez les tartelettes aux deux tiers avec la viande et la sauce, et rabattez les bords de la pâte. Abaissez le reste de la pâte et découpez-y des chapeaux ou des bandes de décoration. Battez les jaunes d'œufs, badigeonnez-les sur les bordures des tartelettes, et fermez avec les chapeaux ou les bandes en appuyant légèrement.

6 Badigeonnez les chapeaux de jaune d'œuf. Mettez au four à mi-hauteur et faites cuire pendant 50 à 60 minutes. Laissez reposer 10 minutes avant de démouler. Dégustez chaud ou froid.

Préparation et cuisson : 2 h 15, dont 1 h 15 de travail effectif
Calories par tartelette : 340

Croissants au fromage blanc

Pour les «patates de canapé»

Pour 16 croissants

La pâte :

150 g de beurre froid (en dés), 260 g de farine

1/2 cuillerée à café de sel, 250 g de fromage blanc à 0 %

La garniture :

2 jaunes d'œufs, 2 cuillerées à soupe d'huile d'olive, 2 cuillerées à café d'herbes à pizza (marjolaine, basilic, romarin)

150 g de salami en tranches fines

150 g de gouda en tranches fines

Pour le plan de travail : farine

Pour la décoration : 1 cuillerée à café de graines de pavot, 1 cuillerée à café de graines de sésame, et 1 de parmesan râpé

Pâte au fromage blanc • 20 à 25 mn • 200 °C

1 Mélangez la farine et le sel. Travaillez le fromage blanc avec le beurre et la farine jusqu'à obtention d'une lisse. Enveloppez la pâte dans un film plastique et mettez au frais 1 heure.

2 Étalez finement la pâte sur le plan de travail fariné et découpez-y 16 carrés de 10 centimètres de côté. Mélangez 1 jaune d'œuf avec 1 cuillerée

à soupe d'huile, badigeonnez-en les carrés et saupoudrez de 1 cuillerée à café d'herbes à pizza.

3 Préchauffez le four à 200 °C (chaleur tournante : 180 °C). Disposez le salami et le fromage sur la pâte en laissant une bordure. Saupoudrez le reste des herbes. Roulez en croissants.

4 Disposez sur une plaque beurrée. Mélangez le deuxième jaune d'œuf avec le reste de l'huile, le parmesan, les graines de pavot et de sésame. Badigeonnez-en les croissants. Mettez au four à mi-hauteur pendant 25 minutes.

Préparation et cuisson : 55 minutes, dont environ 35 minutes de travail effectif
Calories par croissant : 255

Chaussons à la mexicaine
L'amuse-gueule idéal

Pour environ 20 chaussons

La pâte :

200 g de beurre ramolli, 150 g de crème fraîche

2 jaunes d'œufs, 200 g d'emmenthal râpé

La garniture :

1 oignon, 150 g de poitrine fumée (en dés)

1 cuillerée à soupe d'huile

1 cuillerée à soupe de coulis de tomate

400 g de farine, 1/2 cuillerée à café de levure

1 cuillerée à soupe de marjolaine

150 g de tomates au jus (en conserve)

sel, poivre de Cayenne

200 g de haricots rouges (en conserve)

150 g de fromage de brebis, 1 jaune d'œuf

Pour le plan de travail : farine

Pâte au fromage • 20 mn • 200 °C

1 Travaillez le beurre avec la crème fraîche, les jaunes d'œufs, le fromage râpé, la farine et la levure. Pétrissez. Enveloppez la pâte dans un film plastique et mettez au réfrigérateur 1 heure.

2 Pelez l'oignon et coupez-le en dés. Faites fondre la poitrine fumée dans l'huile à feu doux. Ajoutez l'oignon, puis le coulis de tomate et la marjolaine. Salez et poivrez. Ajoutez les haricots à la fin. Laissez refroidir. Coupez le fromage de brebis en dés et mélangez-le avec le reste.

3 Préchauffez le four à 200 °C (chaleur tournante : 180 °C). Abaissez la pâte sur le plan de travail et découpez-y 40 rectangles de 5 x 10 centimètres. Badigeonnez les bords avec le jaune d'œuf. Versez 1 cuillerée à soupe de garniture sur la moitié des rectangles, recouvrez et pincez les bords à l'aide d'une fourchette. Disposez les chaussons sur la plaque et enduisez-les de jaune d'œuf. Mettez au four à mi-hauteur 20 minutes.

Préparation et cuisson : 1 h 45, dont environ 40 minutes de travail effectif
Calories par chausson : 285

Chaussons à la russe
À faire d'avance et à congeler

Pour environ 20 chaussons

50 g de beurre, 2 cuillerées à café de levain sec

250 g de farine, sel

200 g de chou chinois ou de Milan frais

200 g de saumon frais

1/2 bouquet d'aneth, 2 cuillerées à café de graines de cumin

50 g de crème fraîche, 1 œuf, poivre noir

Pour le plan de travail : farine

Pour la plaque : papier sulfurisé

Pour dorer : 1 cuillerée à soupe de beurre fondu

Pâte levée • 25 mn • 180 °C

1 Faites fondre puis tiédir le beurre. Mélangez la farine avec la levure, 9 centilitres d'eau tiède, 1 grosse pincée de sel et le beurre tiède, et pétrissez vigoureusement. Couvrez avec un torchon et laissez reposer pendant 1 heure.

2 Détachez les feuilles de chou et éliminez les plus grosses. Faites bouillir les feuilles de chou dans de l'eau salée pendant environ 5 minutes, puis passez-les sous l'eau froide. Essorez délicatement le chou et hachez-le finement. Hachez également le saumon et l'aneth. Mélangez le chou, le saumon et l'aneth avec le cumin, la crème fraîche et l'œuf. Salez et poivrez.

3 Saupoudrez le plan de travail de farine, pétrissez une nouvelle fois la pâte et abaissez-la finement. À l'aide d'un grand verre, découpez des cercles de 10 centimètres de diamètre. Versez-y la garniture, refermez-les en pressant légèrement les bords. Chemisez la plaque avec le papier sulfurisé et disposez-y les chaussons.

4 Préchauffez le four à 180 °C (chaleur tournante : 160 °C). Badigeonnez les chaussons de beurre fondu et mettez au four à mi-hauteur pendant environ 25 minutes. Dégustez tiède.

Préparation et cuisson : 1 h 45, dont 1 heure de travail effectif
Calories par chausson : 105

Fougasse au romarin

Souvenir de vacances italiennes

Pour 4 à 6 parts

500 g de farine, 1 cuillerée à café pleine de sel

8 cuillerées à soupe d'huile d'olive

1/2 dé de levure de boulanger

fraîche (environ 21 g)

4 à 5 branches de romarin frais

2 à 3 gousses d'ail

Pour la plaque : huile d'olive

Pour le plan de travail : farine

Pour saupoudrer : gros sel

Pâte levée • 20 mn • 240 °C

1 Dans un récipient, mélangez la farine avec le sel et 6 cuillerées à soupe d'huile d'olive. Émiettez et délayez la levure dans 25 centilitres d'eau tiède, puis ajoutez-la à la farine. Pétrissez vigoureusement jusqu'à ce que la pâte se décolle du récipient. Couvrez et laissez reposer pendant 1 heure dans un endroit chaud, loin des courants d'air.

2 Réservez 2 branches de romarin. Lavez et séchez les autres, puis enlevez et hachez les feuilles. Pelez l'ail, coupez les gousses en deux, puis en fines lamelles.

3 Ajoutez le romarin et l'ail à la pâte en pétrissant de nouveau. Huilez la plaque. Farinez le plan de travail et déposez-y la boule de pâte. Étalez-la à l'aide d'un rouleau à pâtisserie jusqu'à 1 centimètre d'épaisseur. Cela ne devrait pas poser trop de problèmes si vous passez le rouleau rapidement en alternant les endroits de passage.

4 Posez la pâte sur la plaque et piquez-la en plusieurs endroits à l'aide d'une fourchette. Coupez le reste du romarin en petits morceaux et posez ceux-ci sur la pâte. Couvrez une nouvelle fois la pâte et laissez reposer 20 minutes.

5 Préchauffez le four à 240 °C (chaleur tournante : 220 °C). Saupoudrez la pâte de gros sel et arrosez-la avec le reste d'huile d'olive. Mettez au four à mi-hauteur pendant environ 20 minutes, jusqu'à ce qu'elle prenne une belle teinte dorée. Laissez refroidir et coupez en morceaux que vous disposerez dans une corbeille à pain. Excellent avec un verre de vin rouge, ou en accompagnement de salades composées.

Préparation et cuisson : 2 heures, dont seulement 20 minutes de travail effectif
Calories par part (pour 6 parts) : 430

Pita

Le pain à la poêle

Pour 8 pitas

75 g de farine

125 g de farine de froment complète

sel, 1 cuillerée à soupe de beurre fondu

Variante : poivre de Cayenne ou fines

herbes à ajouter à la pâte

Pour le plan de travail : farine

1 Mélangez les 2 farines avec 1 cuillerée à café rase de sel. Ajoutez le beurre fondu goutte à goutte, puis environ 10 centilitres d'eau tiède et pétrissez : la farine s'agglutine. Ajoutez progressivement de l'eau jusqu'à ce que la pâte forme une boule bien lisse et homogène.

2 Maintenant, le plus important : pétrissez vigoureusement la pâte pendant 10 à 15 minutes sur le plan de travail. Roulez-la en boule, posez-la dans un récipient et couvrez-la avec un torchon humide. Laissez reposer environ 30 minutes. Pendant ce temps, sortez du placard la poêle la plus lourde que vous ayez.

3 Divisez la pâte en huit parts égales et roulez chacune d'elles en boule. Saupoudrez le plan de travail de farine et abaissez finement chaque boule de pâte. Le diamètre doit être égal ou inférieur à celui de la poêle.

4 Posez la poêle sur le feu et faites-la chauffer pendant environ 5 minutes. Réduisez à feu moyen. Mettez un rond de pâte dans la poêle et laissez cuire 2 minutes de chaque côté. Faites cuire toutes les pitas de la même manière. Pour garder les pitas au chaud et éviter qu'elles ne se dessèchent, mettez-les au fond d'une casserole au fur et à mesure de leur cuisson, et refermez avec un couvercle.

Préparation et cuisson : 1 h 15, dont environ 45 minutes de travail effectif
Calories par pita : 95

Blinis
Comme en Russie

Pour environ 18 petits blinis

10 g de levure fraîche

1 cuillerée à café de sucre

20 cl de lait tiède

80 g de farine de sarrasin

80 g de farine de froment

50 g de crème fraîche ou de lait fermenté

sel, 1 œuf

Pour la poêle : huile végétale

Pâte levée

1 Émiettez la levure et délayez-la dans le lait avec le sucre. Laissez reposer 10 minutes.

2 Mélangez les 2 farines avec la crème fraîche, le sel et la levure délayée. Couvrez et laissez reposer une nuit entière dans le réfrigérateur.

3 Remuez la pâte, ajoutez l'œuf et laissez reposer de nouveau pendant 30 minutes.

4 Faites chauffer un peu d'huile dans une poêle, puis versez-y de petites quantités de pâte et laissez-les cuire environ 2 minutes de chaque côté. Gardez les blinis au chaud dans le four à 50 °C. Les blinis s'accompagnent de crème fraîche et de caviar, ainsi que de saumon, de rondelles de concombre, de fromage blanc et de bien d'autres choses encore.

Préparation et cuisson : 55 minutes, dont 25 minutes de travail effectif (sans compter le temps de pause dans le réfrigérateur)
Calories par part : 50

Pizza à l'ail et à la tomate
Un peu de soleil

Pour 4, en attendant le repas

200 g de farine, sel

10 g de levure fraîche

4 cuillerées à soupe d'huile d'olive

2 tomates pelées (en conserve)

2 gousses d'ail

2 à 3 branches de romarin frais

poivre noir grossièrement moulu

Pour la plaque : huile d'olive

Pour le plan de travail : farine

Pâte levée • 12 mn • 250 °C

1 Mélangez la farine avec 1 cuillerée à café de sel. Émiettez et délayez la levure dans 10 centilitres d'eau tiède, et ajoutez-la à la farine avec 2 cuillerées à soupe d'huile. Pétrissez jusqu'à obtention d'une pâte homogène. Couvrez la pâte et laissez-la reposer dans un endroit chaud pendant 1 heure. Elle doit doubler de volume.

2 Préchauffez le four à 250 °C (chaleur tournante : 230 °C). Huilez la plaque. Coupez les tomates en dés, pelez et hachez finement l'ail ainsi que les feuilles de romarin. Mélangez le tout, salez et poivrez.

3 Pétrissez une nouvelle fois la pâte, puis étalez-la soigneusement sur le plan de travail fariné. Les bords doivent être un peu plus épais que le reste. Posez la pâte sur la plaque, disposez-y les tomates et arrosez avec le reste de l'huile d'olive. Mettez au four à mi-hauteur pendant environ 12 minutes. Découpez en parts et dégustez.

Préparation et cuisson : 1 h 30, dont seulement 20 minutes de travail effectif
Calories par part : 265

Bretzels
Un minimum d'adresse

Pour 12 bretzels
500 g de farine de froment
1 pincée de sucre
30 g de levure fraîche
1 cuillerée à café de sel
20 g de bicarbonate de soude (4 sachets, dans tous les supermarchés)
Pour la plaque : papier sulfurisé
Pour saupoudrer : gros sel ou graines de sésame

Pâte levée • 20 à 25 mn • 220 °C

1 Dans un récipient, mélangez la farine avec le sucre. Émiettez la levure et délayez-la dans 25 centilitres d'eau tiède, puis ajoutez-la à la farine avec le sel. Pétrissez jusqu'à ce que la pâte soit homogène.

2 Couvrez avec un torchon propre et laissez reposer la pâte pendant environ 1 heure dans un endroit chaud : elle doit doubler de volume.

3 Divisez la pâte en 12 parts, puis pétrissez celles-ci et roulez-les en forme de boudin de 40 centimètres de long au minimum. Formez un bretzel avec chacun des boudins.

4 Préchauffez le four à 220 °C (chaleur tournante : 200 °C). Chemisez la plaque avec le papier sulfurisé.

5 Dans une casserole, faites chauffer 1 litre d'eau avec le bicarbonate de soude. Réduisez le feu dès l'ébullition et plongez chaque bretzel pendant 1 minute dans la casserole à l'aide de l'écumoire.

6 Laissez égoutter les bretzels, disposez-les sur la plaque et saupoudrez-les de sel ou de graines de sésame.

7 Mettez les bretzels au four à mi-hauteur pendant 20 à 25 minutes. Puis, lorsqu'ils seront sortis du four, ne tardez pas à les savourer : ils sont meilleurs frais.

Préparation et cuisson : près de 2 heures, dont seulement 40 minutes de travail effectif
Calories par bretzel : 140

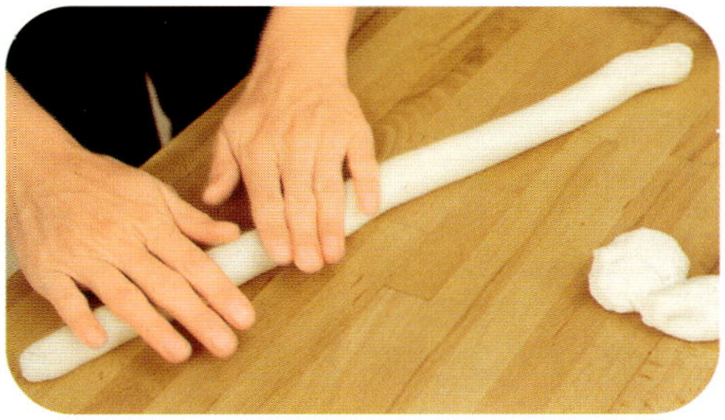

Briochettes à la tomate
Un goût de fête

Pour 20 briochettes

1 kg de farine de froment (blanche ou complète, ou mélangée, à votre gré)

2 dés de levure de boulanger fraîche (84 g)

1 pointe de miel

250 g de yaourt liquide

1 petite cuillerée à soupe de sel

10 rondelles de tomates marinées dans l'huile

1 cuillerée à soupe de câpres

1 cuillerée à soupe de pignons de pin

2 à 3 branches de romarin frais

2 gousses d'ail

50 g de parmesan râpé

Pour la plaque : papier sulfurisé

Pâte levée • 25 à 30 mn • 200 °C

1 Versez la farine dans un grand récipient. Émiettez la levure et délayez-la avec le miel dans 37,5 cl d'eau tiède, puis versez-la dans la farine avec le yaourt et le sel. Pétrissez soigneusement jusqu'à obtention d'une boule de pâte homogène qui n'adhère plus au récipient.

2 Couvrez avec un torchon propre et mettez le récipient dans un endroit chaud à l'abri des courants d'air pendant environ 1 heure. La pâte doit doubler de volume.

3 Entre-temps, égouttez et coupez les tomates en petits morceaux, et mélangez-les avec les câpres et les pignons de pin. Lavez et séchez le romarin, puis ôtez et hachez les feuilles. Pelez et hachez l'ail. Ajoutez l'ail et le romarin au parmesan. Chemisez la plaque avec du papier sulfurisé.

4 Lorsque la pâte est prête, coupez-la en deux parts égales. Mélangez les tomates à l'une d'elles, le parmesan à l'autre en pétrissant. Faites une dizaine de boules avec chaque moitié de pâte. Disposez-les en rond sur la plaque en les alternant : une boule au milieu, les autres autour. Pressez-les légèrement les unes contre les autres. Couvrez une nouvelle fois avec le torchon et laissez reposer 15 minutes.

5 Préchauffez le four à 200 °C (chaleur tournante : 180 °C). Badigeonnez les briochettes avec de l'eau et mettez au four à mi-hauteur pendant 25 à 30 minutes. Elles doivent gonfler et brunir. Laissez refroidir et posez sur un grand plat en milieu de table.

Préparation et cuisson : 1 h 30, dont environ 35 minutes de travail effectif
Calories par briochette : 210

Petits pains aux olives
Idéal avec les hors-d'œuvre

Pour 6 pains

600 g de farine de froment

150 g de farine de seigle complète

2 cuillerées à café de sel

1 dé de levure de boulanger fraîche (42 g)

20 cl de lait

2 cuillerées à soupe d'huile d'olive

100 g d'olives noires dénoyautées

Pour la plaque : papier sulfurisé

Pour le plan de travail : farine

Pâte levée • 20 mn • 220 °C

1 Mélangez les 2 farines avec le sel. Émiettez et délayez la levure dans le lait mélangé à 25 centilitres d'eau tiède. Ajoutez la levure à la farine avec l'huile d'olive et pétrissez vigoureusement. Couvrez la pâte à l'aide d'un torchon propre et laissez reposer pendant 1 heure environ. La pâte doit doubler de volume.

2 Ajoutez les olives à la pâte et pétrissez, puis confectionnez 6 boules de pâte. Chemisez la plaque avec du papier sulfurisé, disposez-y les petits pains et laissez reposer 15 minutes supplémentaires.

3 Préchauffez le four à 220 °C (chaleur tournante : 200 °C). Saupoudrez les petits pains de farine et mettez-les au four à mi-hauteur pendant environ 20 minutes.

Préparation et cuisson : 2 heures, dont environ 30 minutes de travail effectif
Calories par petit pain : 475

Bagels
Petits pains à l'américaine

Pour 10 bagels

1 dé de levure de boulanger fraîche (42 g)

2 cuillerées à café de sucre, 1 cuillerée à café de sel, 1 cuillerée à café de poivre grossièrement moulu, 700 g de farine, 10 g de beurre mou, 2 cuillerées à soupe de beurre fondu

Pour la cuisson : 50 g de sucre

5 g de bicarbonate de soude

Pour dorer et saupoudrer :

1 blanc d'œuf, 2 cuillerées à soupe de graines de pavot ou de sésame

Pour la plaque : papier sulfurisé

Pâte levée • 15 mn • 220 °C

1 Émiettez et délayez la levure dans 40 centilitres d'eau tiède, puis ajoutez le sucre. Laissez reposer 10 minutes. Mélangez la levure avec la farine, le sel, le poivre et le beurre mou. Pétrissez jusqu'à ce que la pâte soit bien lisse.

2 Divisez la pâte en 10 parts égales et roulez-les en boules. Beurrez la plaque avec du beurre fondu. Disposez-y les boules de pâte et badigeonnez-les de beurre fondu. Couvrez et laissez reposer pendant environ 30 minutes. Les boules de pâte doivent doubler de volume.

3 À l'aide du doigt, faites un trou au milieu de chacune d'elles avant de l'aplatir légèrement. Dans une casserole, portez 1 litre d'eau à ébullition avec le sucre et le bicarbonate de soude.

4 Préchauffez le four à 220 °C (chaleur tournante : 200 °C). Remplissez deux plats résistant à la chaleur avec de l'eau et disposez-les dans le bas du four. Chemisez la plaque.

5 Trempez chaque couronne de pâte individuellement dans l'eau chaude non bouillante pendant 1 minute, puis posez-la sur la plaque. Une fois tous les bagels disposés, mélangez le blanc d'œuf avec 1 cuillerée à café d'eau et badigeonnez-en les bagels. Saupoudrez ensuite avec les graines de pavot ou de sésame.

6 Mettez au four à mi-hauteur pendant environ 15 minutes. Les bagels doivent devenir croustillants. Laissez refroidir.

Préparation et cuisson : 1 h 15, dont environ 35 minutes de travail effectif
Calories par bagel : 290

Petits pains du dimanche
Pour remplacer la baguette

Pour ne pas manger la même chose tous les dimanches : ajoutez des noix ou des graines de tournesol à la pâte, puis changez pour des graines de sésame ou de pavot.

Pour environ 10 petits pains

450 g de farine

1 cuillerée à café de sel

1/2 dé de levure de boulanger fraîche (21 g)

250 g de petit-lait ou de babeurre

Pour la plaque : papier sulfurisé

Pour dorer : 2 cuillerées à soupe de lait

Pâte levée • 30 mn • 200 °C

1 Dans un récipient, mélangez la farine avec le sel. Émiettez et délayez la levure dans le petit-lait, puis ajoutez-la à la farine. Pétrissez jusqu'à ce que la pâte soit homogène. Couvrez et laissez reposer toute une nuit dans le réfrigérateur.

2 Le lendemain, chemisez la plaque avec le papier sulfurisé. Pétrissez une nouvelle fois la pâte et divisez-la en 10 parts égales que vous roulez en boules. Disposez les boules de pâte sur la plaque, aplatissez-les légèrement et laissez reposer 15 minutes supplémentaires.

3 Préchauffez le four à 200 °C (chaleur tournante : 180 °C). Pratiquez une entaille (ou une croix) à la surface de chaque petit pain, puis badigeonnez avec le lait. Mettez au four à mi-hauteur pendant environ 30 minutes. Ils doivent gonfler et prendre une belle teinte brune. Laissez refroidir.

Préparation et cuisson : 1 heure, dont environ 15 minutes de travail effectif, sans compter le temps de pause
Calories par petit pain : 160

Muffins au fromage et aux fines herbes
Vous ne les trouverez dans aucune boulangerie !

Pour 12 muffins

50 g de cerneaux de noix

100 g de parmesan ou de fromage de chèvre sec

1/2 bouquet d'herbes mélangées (à faire soi-même : persil, basilic, marjolaine et ciboulette)

250 g de farine de froment

3 cuillerées à soupe de levure

1 grosse pincée de sel

1 œuf

250 g de petit-lait

2 cuillerées à soupe d'huile végétale

Pour le moule : beurre (ou 24 moules en papier)

Pâte sablée • 20 mn • 200 °C

Moule à muffins ou moules en papier

1 Cassez les cerneaux de noix entre vos doigts, râpez le fromage. Rincez et séchez les herbes, puis hachez-les.

2 Préchauffez le four à 200 °C (chaleur tournante : 180 °C). Beurrez le moule à muffins. Si vous n'en avez pas, doublez les moules en papier et posez-les sur la plaque.

3 Mélangez la farine avec la levure, le fromage, les herbes et le sel. Cassez l'œuf dans un récipient, ajoutez-y le petit-lait et battez à l'aide d'un fouet. Incorporez progressivement à la farine. À la fin, ajoutez l'huile et les noix.

4 Versez la pâte dans les creux du moule à muffins ou dans les moules en papier, sans les remplir pour lui permettre de lever. Mettez au four à mi-hauteur pendant environ 20 minutes. Les muffins gonflent et prennent une appétissante teinte dorée. Laissez refroidir et démoulez. Dégustez avec une salade, par exemple.

Préparation et cuisson : 40 minutes, dont 20 minutes de travail effectif
Calories par muffin : 155

Miche de pain à la pomme de terre

Bien le bonjour au boulanger…

L'effet pomme de terre : il permet de garder ce pain frais et moelleux pendant 2 jours.

Pour 1 grande miche

(environ 30 tranches de pain)

400 g de pommes de terre

1 cuillerée à soupe de sel

1 1/2 dé de levure de boulanger fraîche (65 g)

3 à 4 cuillerées à soupe d'huile d'olive

600 g de farine de froment

Pour la plaque : papier sulfurisé

Pâte levée • 45 mn • 200 °C

1 Pelez, lavez et coupez les pommes de terre en petits dés. Versez ces dés dans une casserole, couvrez d'eau et ajoutez la moitié du sel. Portez le tout à ébullition, couvrez et laissez mijoter à feu moyen pendant environ 15 minutes, jusqu'à ce que les pommes de terre soient cuites.

2 Sortez les dés de pomme de terre à l'aide d'une écumoire, égouttez-les et laissez-les complètement refroidir. Ne jetez surtout pas l'eau de cuisson, vous en aurez besoin plus tard.

3 Lorsque les pommes de terre sont froides, émiettez et délayez la levure dans 35 centilitres d'eau de cuisson (s'il y en a moins, ajoutez de l'eau froide).

4 Écrasez les pommes de terre en purée : il ne doit plus y avoir un seul morceau. Ajoutez l'huile, la farine et le reste du sel et mélangez soigneusement. Ajoutez la levure et pétrissez jusqu'à ce que la pâte soit homogène. Couvrez à l'aide d'un torchon propre et laissez reposer pendant 1 heure. La pâte doit bien lever.

5 Chemisez la plaque avec le papier sulfurisé. Étirez la pâte en une longue miche, posez-la sur la plaque et laissez reposer 15 minutes supplémentaires.

6 Préchauffez le four à 200 °C (chaleur tournante : 180 °C sans préchauffage). Entaillez la surface du pain dans le sens de la longueur et saupoudrez-la de farine. Disposez un grand plat rempli d'eau dans le bas du four, puis mettez le pain à cuire à mi-hauteur pendant environ 45 minutes. Il doit prendre une belle teinte dorée. Sortez le pain du four en le tenant dans un torchon, retournez-le et tapez dessus. S'il sonne creux, il est cuit. Laissez refroidir.

Préparation et cuisson : 2 h 30, dont environ 30 minutes de travail effectif
Calories par tranche : 90

Baguette à l'ancienne

Un must

À faire la veille : mélanger l'eau et la farine, soit 3 minutes de travail !

Pour 2 baguettes

50 g de farine de froment complète

600 g de farine de froment, 1 cuillerée à soupe rase de sel, 1/2 dé de levure de boulanger (21 g), 2 cuillerées à café de miel

Pour la plaque : papier sulfurisé

Pour le plan de travail : farine

Pâte levée • 2 fois 30 mn • 220 °C

1 Mélangez la farine complète avec 5 centilitres d'eau et pétrissez. Enveloppez la pâte dans un film plastique transparent et laissez reposer à température ambiante pendant 24 heures. C'est cette pâte, appelée levain, qui donne son arôme particulier au pain.

2 Dans un récipient, mélangez le levain avec le reste de la farine et le sel. Émiettez et délayez la levure avec le miel dans 30 centilitres d'eau froide environ. Ajoutez la levure à la pâte et pétrissez soigneusement le tout.

3 Couvrez la pâte et laissez reposer environ 30 minutes. Divisez la pâte en deux et laissez reposer 10 minutes supplémentaires.

4 Sur le plan de travail fariné, roulez les deux moitiés de pâte en boudins. Aplatissez ces boudins, rabattez-en légèrement un côté. Rabattez le deuxième côté par-dessus en pressant fermement : c'est ce qui donne sa forme caractéristique à la baguette.

5 Chemisez la plaque. Posez une baguette sur la plaque et laissez reposer pendant 1 heure. Disposez déjà la seconde baguette sur une feuille de papier sulfurisé, cela sera plus facile ensuite pour la poser sur la plaque.

6 Préchauffez le four à 220 °C (chaleur tournante : 200 °C). À l'aide d'un couteau, pratiquez des entailles d'environ 5 centimètres en biais sur toute la longueur de la baguette.

7 Disposez un plat avec 1/2 tasse d'eau dans le bas du four. Mettez la baguette à cuire à mi-hauteur. Fermez immédiatement la porte du four et laissez cuire la baguette environ 30 minutes dans la vapeur chaude, jusqu'à ce qu'elle prenne une appétissante teinte dorée. Laissez tiédir et consommez sans attendre : la baguette ne tient pas plus d'une demi-journée. Néanmoins, si vous avez des restes, remettez-les au four pendant quelques minutes à 180 °C. Vous pouvez également congeler le pain. Dans ce cas, passez-le quelques instants à four chaud après la décongélation et dégustez rapidement.

Préparation et cuisson : 2 h 30, dont seulement 20 minutes de travail effectif (sans compter le temps de pause de 24 heures)
Calories par tranche (pour 50 tranches) : 45

Pain à l'épeautre et aux graines de tournesol

Il n'y a pas mieux, ni plus simple

La veille au soir, investissez 1 minute de votre temps : versez les graines de tournesol dans un récipient et recouvrez-les d'eau.

Pour une grande miche
(environ 40 tranches de pain)
125 g de graines de tournesol
500 g de farine d'épeautre complète
500 g de farine d'épeautre blanche, de type 630
1 cuillerée à café de cumin moulu
2 cuillerées à café de coriandre moulue
1 cuillerée à soupe de sel
150 g de levain (dans les supermarchés et les magasins diététiques)
Pour la plaque : papier sulfurisé

Pâte à pain • 55 mn • 200 °C

1 Faites tremper les graines de tournesol dans l'eau pendant une nuit. Cela les ramollit et les empêche d'assécher le pain.

2 Le lendemain, mélangez les 2 farines avec le cumin, la coriandre et le sel. Émiettez et délayez soigneusement la levure dans un grand récipient avec 60 centilitres d'eau froide. Incorporez ensuite le levain.

3 Ajoutez la farine à la levure et au levain. Égouttez les graines de tournesol et ajoutez-les à la farine. Pétrissez vigoureusement à la main jusqu'à ce que le mélange soit homogène. La pâte doit être molle et informe.

4 Couvrez la pâte et laissez-la reposer dans un endroit chaud pendant 1 à 2 heures, jusqu'à ce qu'elle ait visiblement grossi. Chemisez la plaque avec le papier sulfurisé.

5 Pétrissez une dernière fois la pâte et posez-la sur la plaque. Façonnez une miche, puis laissez reposer de nouveau pendant 15 minutes. Préchauffez le four à 200 °C (chaleur tournante : 180 °C). Remplissez un grand plat avec de l'eau et posez-le dans le bas du four.

6 Mettez la plaque au four, à mi-hauteur, pendant environ 55 minutes. Faites le test acoustique : saisissez le pain à l'aide d'un torchon plié en double ou triple (chaud !!), retournez-le et tapez dessus. S'il est cuit, il doit sonner creux. Posez le pain sur une grille et laissez refroidir.

Préparation et cuisson : 2 à 3 heures (sans compter le temps de trempage d'une nuit), dont seulement 20 minutes de travail effectif
Calories par tranche : 110

Pour se ras

Des en-cas... Presque un vrai repas...

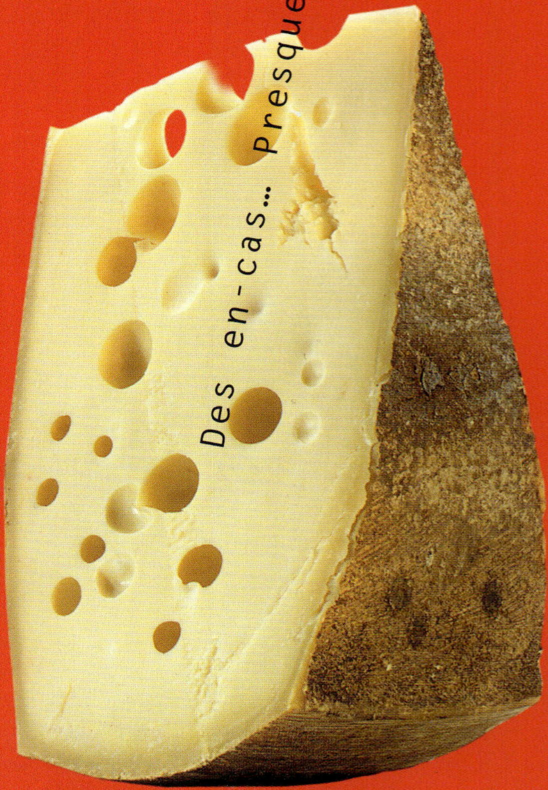

sasier

Vous avez bien grignoté ? Le sucré comme le salé ? Mais vous avez toujours une petite faim. Envie de quelque chose de plus consistant pour vous caler l'estomac. Avec des légumes, peut-être, et un peu de viande ? Sans pour autant tomber dans le plat cuisiné.

Beaucoup de questions. Des envies, des appétits à satisfaire. Mais nous avons très certainement ce qu'il vous faut...

Quelques idées qui valent leur pesant… d'œuf

Le reste de l'œuf

Nos recettes nécessitent parfois plus de blancs que de jaunes d'œufs, voire le contraire. Pour écouler les surplus, voici quelques idées :

Lorsqu'il reste du blanc d'œuf :

- Faites des meringues (page 13)
- Faites des tartes aux fruits meringuées (page 76, tarte au citron page 81)
- Faites des macarons à la noix de coco râpée, aux amandes, etc. (page 100)
- Collez la pâte sablée ou brisée avec le blanc d'œuf au lieu du jaune
- Faites un pudding auquel vous ajouterez les blancs battus en neige (2 blancs pour 50 centilitres de lait ; à recommander également pour le pudding à la semoule)
- Panez avec le blanc plutôt que le jaune d'œuf
- Faites vos œufs brouillés avec plus de blanc
- Faites vos crêpes avec plus de blanc

Lorsqu'il reste du jaune d'œuf :

- Badigeonnez-en la pâte avant de la mettre au four (pour dorer et faire briller)
- Faites du pudding (en utilisant 75 centilitres au lieu des 50 cl indiqué sur le sachet), et ajoutez 1 ou 2 jaunes à la fin
- Mélangez 1 jaune d'œuf avec du lait et trempez-y des tranches de pain de mie que vous faites frire à la poêle. Saupoudrez de sucre à la cannelle
- Faites vos crêpes avec plus de jaune (et de lait)
- Délayez un jaune d'œuf dans une soupe chaude
- Mélangez quelques jaunes d'œufs avec du lait et faites-les cuire à la poêle : à tartiner sur du pain ou à ajouter dans une salade
- Mélangez le reste de purée de pommes de terre froide avec 1 ou 2 jaunes d'œufs et faites frire à la poêle
- Liqueur à l'œuf : battez 6 jaunes d'œufs avec 300 grammes de sucre glace, puis incorporez tour à tour 35 centilitres de lait concentré et de crème fraîche liquide, et 25 centilitres d'eau-de-vie. Laissez reposer 15 minutes, puis versez la liqueur dans des bouteilles en verre. Mettez au réfrigérateur 3 jours

S.O.S

La réponse à toutes vos questions désespérées par notre spécialiste :

Comment faire pour bien étaler la pâte sans qu'elle ne colle ?

Frédérique, de Cherbourg

Le conseil de Tante Alice :

Cela dépend de la pâte, chère Frédérique. Prenons la plus lourde, la pâte brisée. Entre le moment où elle est faite et celui où elle est étalée, elle passe souvent un peu de temps au réfrigérateur. Pour vous simplifier la vie, le mieux est de l'étaler à la main pour lui donner la forme souhaitée. Enveloppez-la dans un film plastique et mettez-la au frais. Il est ensuite très facile de finir d'abaisser la pâte au rouleau sur une surface saupoudrée de farine. N'oubliez pas de couvrir également le rouleau de farine.

S'il s'agit d'une pâte au beurre, il est plus facile de l'abaisser entre deux feuilles de papier sulfurisé qui ne collent pas. Passez le rouleau vers le haut, puis vers le bas, vers la gauche, puis vers la droite. La pâte à pizza est idéale pour ce genre d'entraînement. Répétez l'opération autant de fois que nécessaire. N'oubliez pas de tourner de temps à autre le papier sulfurisé (ou tournez autour de la table !) pour étaler la pâte de façon régulière.

À la fin, vous obtenez une plaque de pâte à peu près ronde, aux dimensions du moule. Si vous avez besoin d'une plaque de pâte rectangulaire, passez le rouleau essentiellement de la gauche vers la droite. Procédez de même pour la pâte feuilletée. Quant à la pâte levée, elle peut généralement être étalée directement sur la plaque. Si vous utilisez un moule, n'oubliez pas de le chemiser avec du papier sulfurisé et étalez la pâte à la main ou à l'aide d'un rouleau. Coupez ce qui dépasse à l'aide d'un couteau.

Cinq savoureuses idées de pizza

Si vous êtes pressé, il y a bien sûr la pizza surgelée ou la pizza livrée à domicile. Mais si vous avez un peu de temps, faites vous plaisir et essayez l'une de ces suggestions :

Pizza Rocky

Enduisez la pâte de coulis de tomate. Ajoutez des lardons grillés et de fines rondelles de poireau. Répartissez un peu de crème fraîche et de yaourt mélangés, et mettez au four

Pizza Rosa

Enduisez la pâte de coulis de tomate. Ajoutez des épinards en branches surgelés et quelques morceaux de saumon cru recouverts chacun d'une noisette de beurre. Arrosez d'huile d'olive à l'ail et mettez au four. Arrosez de jus de citron juste avant de déguster

Pizza aux épices

Enduisez la pâte de coulis de tomate (mélangé avec du curry et de la coriandre hachée). Disposez des rondelles de pommes de terre cuites, des petits pois surgelés, de la mozzarella et des graines de fenouil sur la pâte. Badigeonnez de beurre fondu et mettez au four

Pizza de Paris

Enduisez la pâte de coulis de tomate (avec de l'estragon haché). Disposez des champignons de Paris, des rondelles d'oignons blanchies dans le beurre, du gruyère râpé et des pignons de pin, et mettez au four. Hors du four, ajoutez 2 ou 3 tranches de jambon de Parme et servez

Préparations à base de farine : quelques idées venues de l'Est

La farine sert essentiellement à préparer des pâtisseries sucrées, ces fameux «entremets» que l'on sert habituellement après le fromage et avant les fruits. La France n'a pas l'apanage de ces plats sucrés. Les Balkans, l'Europe de l'Est et le sud de l'Allemagne, sont également dépositaires de cette ancienne tradition culinaire. Si les définitions varient selon les pays, il n'en reste pas moins que «l'entremets» comme nous l'aimons est une pâtisserie chaude et sucrée que l'on peut déguster à tout moment, et non pas seulement au dessert ! Notre petit lexique vous en apprend plus sur ces spécialités :

Origine	Entremets	Qu'est-ce que c'est ?
Autriche	Nudel	Littéralement « nouille », ce terme désigne beaucoup de choses, sauf les pâtes italiennes. À base de fécule de pomme de terre ou de levure fraîche (bouchée à la vapeur)
Autriche	Strudel	Pâtisserie fine en forme de tortillon garni. Pâte levée ou feuilletée
Bavière	Knödel	Boulette à base de fécule de pomme de terre, de fromage blanc et de levure fraîche, enrobant une quetsche
Autriche Bohême	Buchteln	Pâtisseries à la pâte levée, cuites au four dans le même récipient
Europe de l'Est	Koch	Soufflé aux fruits réalisé à base d'ingrédients crus
France	Tarte Bourdaloue	Pâte garnie de poires dans une crème frangipane recouvertes de macarons écrasés
France (Limousin)	Clafoutis	Préparation à base de pâte à crêpes et de cerises noires
France	Pain perdu	Tranches de pain rassis enduites de lait et d'œufs, puis rissolées
Hongrie	Palacinka	Crêpe fine garnie de jambon cru
Pologne	Chausson	Chausson de pâte cuite dans l'eau puis frit à la poêle, à base de fécule de pomme de terre ou de blé dur, fourré aux prunes
Turquie	Bouillie de semoule	Sorte de polenta préparée à la poêle

Tarte flambée
Vive la fête

Spécialité venue d'Alsace à savourer entre amis, à même la plaque de cuisson !

Pour 2 plaques, soit 4 ou 5 personnes
450 g de farine
1/2 dé de levure de boulanger fraîche (21 g)
1 pincée de sel
80 g de levain (en sachet ; bien fermé, le reste se conserve une semaine au réfrigérateur)
sel
200 g de poitrine fumée
2 oignons
400 g de crème fraîche
poivre noir fraîchement moulu
Pour la plaque : papier sulfurisé

Pâte à pain • 2 fois 10 à 12 mn • 250 °C

1 Versez la farine dans un récipient. Émiettez la levure et délayez-la avec le sucre dans 22 centilitres d'eau tiède. Ajoutez-y le levain avec une pincée de sel et pétrissez soigneusement le tout. Couvrez avec un torchon et laissez reposer 1 heure environ. La pâte doit doubler de volume.

2 Entre-temps, ôtez la couenne et coupez la poitrine fumée en dés. S'il reste des morceaux de cartilage, enlevez-les également. Pelez et coupez les oignons en quatre, puis coupez chaque quartier en fines lamelles.

3 Mettez les dés de poitrine fumée dans une poêle et faites-les fondre à feu moyen en remuant de temps à autre. Ajoutez les oignons et laissez cuire environ 5 minutes supplémentaires.

4 Lorsque les lardons et les oignons sont tièdes, ajoutez la crème fraîche. Salez (pas trop, la poitrine fumée est déjà salée) et poivrez à votre goût.

5 Préchauffez le four à 250 °C (chaleur tournante : 225 °C). Pétrissez une nouvelle fois la pâte et divisez-la en deux parts égales. Chemisez la plaque avec le papier sulfurisé. Abaissez la moitié de la pâte directement sur la plaque à l'aide d'un rouleau à pâtisserie. Garnissez avec la moitié de la préparation aux lardons.

6 Mettez au four à mi-hauteur 10 à 12 minutes, jusqu'à ce que la tarte flambée soit croustillante. Coupez en carrés à même la plaque et dégustez chaud. Ensuite, seulement, abaissez la deuxième moitié de la pâte, garnissez et mettez au four.

Préparation et cuisson : 1 h 30, dont seulement 30 minutes de travail effectif
Calories par part (pour 5 parts) : 855

Variante du Midi

Pour une pissaladière, préparez la pâte comme précédemment. Pelez 800 grammes d'oignons et 3 gousses d'ail, coupez-les en dés et faites-les fondre à feu moyen dans 2 cuillerées à soupe d'huile d'olive pendant 15 minutes, en remuant de temps à autre. Ajoutez 3 cuillerées à café d'herbes de Provence, 1 cuillerée à soupe de coulis de tomate, du sel et du poivre. Répartissez la garniture sur la pâte, décorez avec une dizaine d'anchois et autant d'olives noires, et saupoudrez de 100 grammes de fromage râpé (gouda, comté ou emmenthal). Mettez au four à 220 °C (chaleur tournante : 200 °C) à mi-hauteur pendant 20 minutes environ.

Variantes de la variante

Outre l'emmenthal râpé, vous pouvez ajouter quelques champignons de Paris coupés en fines lamelles.
Ou encore des herbes hachées.

À la place des lardons, utilisez du fromage de chèvre coupé en petits dés. Ou imaginez une garniture aux 4 fromages : chèvre, comté, raclette, mozzarella, par exemple.
Ou encore des dés de saumon avec de l'aneth.

Tarte à l'oignon
Épaisse, riche et bien moelleuse

Pour 1 plaque et 8 personnes

La pâte :

350 g de farine

1/2 cuillerée à café de sel

1 pincée de sucre

environ 18 cl de lait

1/2 dé de levure fraîche (21 g)

50 g de beurre mou, 1 œuf

La garniture :

1 kg d'oignons

100 g de lardons fumés

1 cuillerée à soupe d'huile végétale

125 g de crème fraîche

3 œufs, sel

1 cuillerée à café de graines de cumin (laissez tomber si vous détestez cela)

Pour la plaque : beurre ou huile

Pâte levée • 35 mn • 200 °C

1 Mélangez la farine avec le sel et le sucre. Faites tiédir le lait. Émiettez et délayez la levure dans le lait tiède. Ajoutez à la farine, ainsi que le beurre et l'œuf, et pétrissez soigneusement. La pâte doit être souple mais se détacher sans difficulté du récipient.

2 Couvrez le récipient et laissez reposer la pâte 1 heure dans un endroit chaud. Elle doit doubler de volume.

3 Entre-temps, préparez la garniture. Épluchez les oignons et coupez-les en dés. Ôtez la couenne des lardons et coupez le reste en dés.

4 Faites chauffer de l'huile dans une poêle et faites-y fondre les oignons et les lardons pendant une dizaine de minutes sans cesser de remuer. Hors du feu, mélangez les oignons avec la crème fraîche et les œufs, puis assaisonnez avec le sel et le cumin.

5 Préchauffez le four à 200 °C (chaleur tournante : 180 °C sans préchauffage). Huilez la plaque. Pétrissez une dernière fois la pâte, posez-la sur la plaque et étalez-la à l'aide d'un rouleau à pâtisserie en faisant un petit bord sur tout le tour. Répartissez les oignons sur la pâte.

6 Mettez la tarte au four à mi-hauteur pendant environ 35 minutes. Laissez tiédir et dégustez.

Préparation et cuisson : 1 h 45, dont environ 40 minutes de travail effectif
Calories par part : 390

Feuilleté aux pommes de terre
À faire un soir de fête, vos amis seront séduits

Ce feuilleté aux pommes de terre est une recette simple, rustique et tout simplement divine.

Pour 8 à 10 personnes

1 kg de poireaux, 2 cuillerées à soupe de beurre

10 cl de vin blanc sec

800 g de crème fraîche

sel, poivre fraîchement moulu, noix muscade

900 g de pâte feuilletée surgelée

600 g de pommes de terre fermes à la cuisson

100 g de fromage râpé (emmenthal, par ex.)

Pour dorer :

2 jaunes d'œufs, sel, 1 cuillerée à soupe d'huile végétale

Pour le plan de travail : farine

Pour la plaque : beurre

Pâte feuilletée • 45 mn • 200 °C

1 Lavez soigneusement les poireaux, ouvrez-les en deux dans le sens de la longueur et coupez-les en fines lamelles. Dans un faitout, faites-les fondre dans le beurre. Ajoutez le vin et laissez mijoter quelques minutes à feu

doux. Ajoutez 400 grammes de crème fraîche et laissez mijoter 15 à 20 minutes. Assaisonnez avec le sel, le poivre et la noix muscade et laissez refroidir.

2 Faites décongeler la pâte feuilletée. Pelez les pommes de terre, coupez-les en tranches fines et mélangez-les avec le reste de la crème fraîche. Salez, poivrez et ajoutez la noix muscade.

3 Humectez le bord de l'une des feuilles de pâte, puis posez-les sur le plan de travail. Abaissez-les à l'aide d'un rouleau à pâtisserie. Chacune des deux feuilles doit être un peu plus grande que la plaque du four.

4 Préchauffez le four à 200 °C (chaleur tournante : 180 °C sans préchauffage). Beurrez la plaque à l'aide d'un pinceau et déposez-y la première feuille de pâte. Répartissez la moitié des pommes de terre sur la pâte, couvrez avec le poireau et terminez avec le reste des pommes de terre. Saupoudrez de fromage râpé.

5 Mélangez les jaunes d'œufs avec un peu de sel et l'huile. Rabattez la pâte sur la garniture et enduisez la bordure ainsi obtenue avec le jaune d'œuf. Fermez avec la deuxième feuille de pâte et badigeonnez également celle-ci de jaune d'œuf. Mettez dans le bas du four pendant environ 45 minutes. Attendez une dizaine de minutes avant de déguster.

Préparation et cuisson : 1 h 45, dont environ 45 minutes de tranquillité
Calories par part (pour 10) : 745

Börek

Spécialité turque très simple à réaliser

Pour 6 personnes

500 g de courgettes

4 gousses d'ail

2 piments rouges

1 bouquet d'aneth

1 bouquet de persil

1 bouquet de menthe

400 g de fromage de brebis, 300 g de yaourt

3 œufs, 50 g de pignons de pin

sel, poivre noir

5 à 10 feuilles de pâte yufka (turque) ou filo (grecque) à défaut, de la pâte à brik

Pour dorer : 3 cuillerées à soupe d'huile d'olive

Pour dorer : 1 jaune d'œuf

Brik • 25 à 30 mn • 200 °C

1 Rincez les courgettes et enlevez-en les deux extrémités. Ouvrez-les, puis coupez-les en fines lamelles. Pelez et hachez l'ail. Lavez les piments et ôtez-en les queues avant de les ouvrir en deux. Enlevez les pépins et la partie rigide, puis coupez les piments en fine julienne. Lavez-vous immédiatement les mains et veillez à ne pas vous frotter les yeux pendant les heures qui suivent.

2 Rincez les herbes, égouttez-les et hachez-les finement. Émiettez grossièrement le fromage de brebis dans le bol du mixeur, ajoutez le yaourt et les œufs et mixez. Si vous n'avez pas de mixeur, écrasez le fromage à la fourchette et ajoutez les œufs puis le yaourt l'un après l'autre. Réservez 1 cuillerée à soupe de pignons de pin. Ajoutez le reste au fromage avec les courgettes, l'ail, les piments, les herbes et mélangez soigneusement. Salez et poivrez.

3 Préchauffez le four à 200 °C (chaleur tournante : 180 °C sans préchauffage). Beurrez un grand plat résistant à la chaleur.

4 Ouvrez le paquet contenant les feuilles de pâte yufka et séparez-les délicatement. Posez une ou deux feuilles de pâte dans le fond du plat (en fonction de leur taille, bien sûr). Badigeonnez-les d'huile, puis versez une partie de la garniture par-dessus. Couvrez avec une autre feuille de pâte, huilez, et ainsi de suite jusqu'à épuisement de tous les ingrédients. Terminez par une feuille de pâte que vous enduisez avec le jaune d'œuf mélangé au reste de l'huile. Répartissez les pignons de pin par-dessus.

5 Mettez au four à mi-hauteur pendant 25 à 30 minutes jusqu'à ce qu'il prenne une appétissante teinte brune. Attendez 10 minutes avant d'entamer le börek.

Préparation et cuisson : 25 minutes de travail effectif, 35 minutes de tranquillité
Calories par part : 380

Pâte brisée
Tout le monde la réussit

Pour un moule de 26 à 28 cm de Ø

120 g de beurre froid, 240 g de farine

1 bonne pincée de sel

1 Coupez le beurre en petits dés. Versez la farine sur le plan de travail ou dans un récipient. Ajoutez le sel et le beurre et commencez à travailler le tout du bout des doigts.

2 En pétrissant la pâte, vous vous apercevrez rapidement qu'il manque du liquide. Ajoutez donc petit à petit 2 cuillerées à soupe d'eau glacée. Faites-le vraiment très progressivement, sinon la pâte risque de se ramollir d'un seul coup.

3 Roulez la pâte en boule et aplatissez-la légèrement. Posez-la dans le moule non beurré et étalez-la délicatement à la main. Le fond du moule doit être entièrement recouvert et il doit y avoir une bordure de 3 centimètres de hauteur environ.

4 Mettez le moule tapissé de pâte dans le réfrigérateur pendant 1 heure.

Préparation : 1 h 15, dont seulement 15 minutes de travail effectif

Quiche aux poireaux
À savourer tiède

Pour 4 à 6 personnes

600 g de poireaux

400 g de champignons de Paris

1 cuillerée à soupe de beurre

1 bouquet de persil, 200 g de crème fraîche

150 g de fromage râpé (parmesan, par ex.)

1 œuf, sel, poivre noir

1 pâte brisée (voir recette ci-contre)

40 mn • 180 °C

1 Ouvrez les poireaux en deux, lavez-les soigneusement et coupez-les en fines lamelles. Lavez les champignons et coupez-les de même.

2 Préchauffez le four à 180 °C (chaleur tournante : 160 °C sans préchauffage). Faites fondre le beurre dans un faitout, jetez-y les poireaux et les champignons et faites cuire 5 minutes à feu vif.

3 Rincez et hachez le persil. Ajoutez-le aux poireaux et aux champignons, ainsi que la crème fraîche, le fromage et l'œuf. Salez et poivrez. Versez dans le moule et mettez au four à mi-hauteur pendant 40 minutes.

Préparation et cuisson : 25 minutes (garniture)
Calories par part (pour 6) : 560

Quiche aux poivrons
Piquante et fondante

Pour 4 à 6 personnes

3 à 4 poivrons rouges (environ 500 g)

1/2 bouquet de thym, 2 gousses d'ail

400 g de feta

200 g de fromage blanc, 3 œufs, sel

Si vous aimez : quelques piments marinés pour la décoration

1 pâte brisée (voir recette ci-contre)

45 à 50 mn • 180 °C

1 Lavez les poivrons et coupez-les en dés en retirant les pépins. Rincez le thym et gardez uniquement les feuilles. Pelez et hachez finement l'ail.

2 Préchauffez le four à 180 °C (chaleur tournante : 160 °C sans préchauffage). Écrasez la feta, mélangez-la au fromage blanc et aux œufs. Salez.

3 Mélangez les poivrons, le thym et l'ail au fromage blanc. Versez dans le moule et décorez avec les piments égouttés. Mettez au four à mi-hauteur pendant 45 à 50 minutes. Laissez tiédir.

Préparation et cuisson : 30 minutes (garniture)
Calories par part (pour 6) : 530

Quiche au jambon
Peu onéreuse

Pour 4 personnes

150 g de jambon blanc, 50 g d'herbes mélangées (par ex., persil et basilic), 1 botte de roquette, 2 bottes d'oignons grelots

100 g de fromage râpé (parmesan, par ex.)

125 g de crème fraîche, 4 œufs, sel, poivre

1 pâte brisée (voir recette page ci-contre)

40 mn • 180 °C

1 Coupez le jambon en petits dés. Lavez et hachez finement les herbes et la roquette. Lavez les oignons et coupez-les en fines rondelles.

2 Préchauffez le four à 180 °C (chaleur tournante : 160 °C). Mélangez le fromage râpé avec la crème fraîche et les œufs. Salez et poivrez.

3 Mélangez le jambon avec les herbes, la roquette et les oignons, salez et poivrez, puis versez le tout dans le moule. Couvrez régulièrement avec le mélange de crème, de fromage et d'œufs. Mettez au four à mi-hauteur pendant environ 40 minutes. Laissez refroidir quelques instants avant de servir.

Préparation : 30 minutes (pour la garniture)
Calories par part : 795

Quiche aux asperges
La végétarienne

Pour 4 personnes

500 g d'asperges vertes, sel

400 g de grosses tomates

1/2 bouquet de basilic, 250 g de mozzarella

50 g de parmesan râpé

1 cuillerée à soupe de crème fraîche, poivre

1 pâte brisée (voir recette page ci-contre)

45 mn • 180 °C

1 Rincez les asperges, ôtez leurs extrémités dures, puis coupez-les en morceaux de 3 centimètres de long et faites-les bouillir 3 à 4 minutes dans 50 centilitres d'eau salée. Versez-les dans une passoire et passez-les à l'eau froide. Enlevez la peau des tomates, puis coupez-les en dés. Rincez le basilic et hachez-le finement.

2 Préchauffez le four à 180 °C (chaleur tournante : 160 °C sans préchauffage). Coupez la mozzarella en dés. Mélangez les asperges avec les tomates, le basilic, la mozzarella, le parmesan râpé et la crème fraîche. Salez et poivrez. Versez ce mélange dans le moule. Mettez la quiche au four à mi-hauteur pendant environ 45 minutes.

Préparation : 30 minutes (pour la garniture)
Calories par part : 615

Quiche aux 3 fromages
Se prépare avec une pâte feuilletée

Pour 4 à 6 personnes

1 petite endive, 250 g de ricotta

150 g de fromage de chèvre frais

50 g de parmesan râpé, 3 œufs

1 feuille de pâte feuilletée surgelée

50 g d'olives vertes dénoyautées

Pâte feuilletée • 30 à 35 mn • 220/180 °C

1 Rincez l'endive, ouvrez-la en deux, ôtez la partie dure et coupez le reste en julienne.

2 Préchauffez le four à 220 °C (chaleur tournante : 200 °C). Mélangez la ricotta avec le fromage de chèvre jusqu'à obtenir une pâte lisse. Ajoutez le parmesan, les œufs et l'endive. Disposez la pâte feuilletée dans un moule démontable (diamètre : 26 centimètres). Versez-y la garniture et les olives.

3 Mettez au four à 220 °C pendant 15 minutes. Réduisez la température à 180 °C (chaleur tournante : 160 °C) et laissez cuire encore 15 à 20 minutes jusqu'à ce que la garniture soit ferme.

Préparation et cuisson : 55 minutes, dont environ 20 minutes de travail effectif
Calories par part (pour 6) : 250

Pizza roquette
Pizza et salade

Pour 4 personnes

300 g de farine, sel, 8 cuillerées à soupe d'huile d'olive

1/2 dé de levure de boulanger fraîche (21 g)

1 grande boîte de tomates pelées au jus (800 g)

3 gousses d'ail, poivre noir

3 sachets de mozzarella (375 g ; au lait de bufflonne si vous en trouvez)

2 bottes de roquette, 1 cuillerée à soupe de jus de citron

Pour la plaque : huile d'olive

Pâte levée • 20 à 25 mn • 250 °C

1 Mélangez la farine avec 1 cuillerée à café de sel et 4 cuillerées à soupe d'huile d'olive. Émiettez et délayez la levure dans 12,5 cl d'eau tiède. Ajoutez la levure à la farine et pétrissez soigneusement. Couvrez la pâte et laissez-la reposer pendant environ 45 minutes. Elle doit doubler de volume.

2 Coupez les tomates en morceaux dans la boîte à l'aide de ciseaux de cuisine ou d'un couteau. Pelez et coupez l'ail en petits morceaux, et faites-le blanchir à la poêle dans 1 cuillerée à soupe d'huile d'olive. Ajoutez les tomates, laissez mijoter à feu moyen sans couvrir pendant environ 30 minutes. Salez et poivrez.

3 Coupez la mozzarella en tranches. Graissez la plaque. Préchauffez le four à 250 °C (chaleur tournante : 220 °C). Pétrissez une dernière fois la pâte, puis abaissez-la sur la plaque à l'aide d'un rouleau à pâtisserie, en laissant une bordure plus épaisse. Étalez la sauce tomate sur la pâte, ajoutez la mozzarella et 1 cuillerée à soupe d'huile d'olive. Mettez au four à mi-hauteur pendant 13 à 15 minutes.

4 Rincez la roquette. Dans un bol, mélangez 2 cuillerées à soupe d'huile d'olive avec le jus de citron, le sel et le poivre. Disposez les feuilles de roquette sur la pizza et arrosez de la sauce.

Préparation et cuisson : 1 h 30, dont environ 45 minutes de travail effectif
Calories par part : 740

Pizza aux champignons
100 % végétarienne

Pour 4 personnes

300 g de farine, sel, 5 cuillerées à soupe d'huile d'olive

1/2 dé de levure de boulanger fraîche (21 g)

1 petite boîte de tomates pelées au jus (400 g)

1 cuillerée à café d'herbes de Provence

poivre noir, 500 g de champignons de Paris

2 gousses d'ail, 1 bouquet de persil

250 g de mozzarella, 50 g de parmesan entier

Pour la plaque : huile d'olive

Pâte levée • 20 mn • 220 °C

1 Mélangez la farine avec 1 cuillerée à café de sel et 4 cuillerées à soupe d'huile d'olive. Délayez la levure dans 12,5 cl d'eau tiède. Ajoutez la levure à la farine et pétrissez. Couvrez la pâte et laissez-la reposer pendant environ 45 minutes. Elle doit doubler de volume.

2 Coupez les tomates en morceaux à même la boîte, salez, poivrez et ajoutez les herbes de Provence. Lavez les champignons de Paris et coupez-les en fines lamelles. Pelez l'ail, rincez le persil, puis hachez finement les deux et ajoutez-les aux champignons. Salez et poivrez.

3 Enduisez la plaque d'huile d'olive. Préchauffez le four à 220 °C (chaleur tournante : 200 °C). Pétrissez une dernière fois la pâte et étalez-la directement sur la plaque à l'aide d'un rouleau à pâtisserie en laissant une bordure plus épaisse.

4 Versez les tomates puis les champignons sur la pâte. Coupez la mozzarella en tranches fines que vous ajoutez par-dessus. Mettez la pizza au four à mi-hauteur pendant environ 20 minutes. À l'aide d'un économe, coupez de fins copeaux de parmesan et décorez-en la pizza. Arrosez le tout avec 1 cuillerée à soupe d'huile d'olive.

Préparation et cuisson : 1 h 15, dont environ 30 minutes de travail effectif
Calories par part : 640

Pizza aux pommes de terre
Spécialité du sud de l'Italie

Pour 3 à 4 personnes

250 g de farine, sel, 6 cuillerées à soupe d'huile d'olive, 15 g de levure fraîche

600 g de pommes de terre fermes à la cuisson

4 à 5 branches de romarin frais

125 g de mozzarella, 2 à 3 cuillerées à soupe de pistou ou de tapenade (à acheter toute prête), poivre noir

Pour la plaque : huile d'olive

Pâte levée • 35 mn • 200 °C

1 Mélangez la farine avec 1 cuillerée à café de sel et 3 cuillerées à soupe d'huile d'olive. Délayez la levure dans 10 centilitres d'eau tiède. Ajoutez-la à la farine et pétrissez jusqu'à obtenir une pâte lisse. Couvrez la pâte et laissez-la reposer pendant 45 minutes. Elle doit doubler de volume.

2 Pelez et rincez les pommes de terre, puis coupez-les en fines rondelles. Faites-les blanchir 4 minutes dans de l'eau salée bouillante, rincez à l'eau froide et égouttez. Ôtez les feuilles de romarin, coupez la mozzarella en dés.

3 Huilez la plaque à l'aide d'un pinceau. Préchauffez le four à 220 °C (chaleur tournante : 200 °C). Pétrissez une dernière fois la pâte, puis étalez-la directement sur la plaque avec un rouleau à pâtisserie en laissant une bordure plus épaisse.

4 Étalez le pistou ou la tapenade sur la pâte, couvrez avec les rondelles de pommes de terre. Ajoutez les feuilles de romarin et la mozzarella, salez et poivrez. Arrosez avec 3 cuillerées à soupe d'huile d'olive. Mettez la pizza au four à mi-hauteur pendant 20 à 25 minutes, jusqu'à ce que les pommes de terre soient cuites.

Préparation et cuisson : 1 h 30, dont une bonne moitié de travail effectif
Calories par part (pour 4) : 540

Pizza turque
Bien épicée

Pour 4 personnes

300 g de farine, sel, 1/2 dé de levure de boulanger fraîche (21 g)

1 botte d'oignons grelots, 2 gousses d'ail

1 gros bouquet de persil, 1/2 cuillerée à café de cumin moulu, 1 pincée de piment moulu

2 à 3 cuillerées à soupe de yaourt

1 cuillerée à soupe de coulis de tomate

400 g de viande de bœuf hachée

Pour la sauce au concombre :

1/2 concombre, sel, 2 gousses d'ail

1/2 bouquet d'aneth, 400 g de yaourt

1 cuillerée à café de jus de citron

1 cuillerée à soupe d'huile d'olive

Pour la plaque : huile

Pâte levée • 2 fois 12 mn • 250 °C

1 Mélangez la farine avec 1 cuillerée à café de sel. Émiettez et délayez la levure dans 12,5 cl d'eau tiède. Ajoutez la levure à la farine et pétrissez jusqu'à obtenir une pâte homogène. Couvrez et laissez reposer pendant 45 minutes. La pâte doit doubler de volume.

2 Pour la sauce, pelez le demi-concombre et coupez-le en deux dans le sens de la longueur. Ôtez-en les pépins à l'aide d'une cuillère, râpez-le, salez-le et laissez-le dégorger. Jetez l'eau après 10 minutes. Pelez et hachez finement l'ail. Rincez le persil et hachez-le finement. Mélangez ces trois ingrédients avec la viande hachée, puis ajoutez le cumin, le piment, le yaourt et le coulis de tomate. Salez.

3 Huilez deux plaques de cuisson. Préchauffez le four à 250 °C (chaleur tournante : 220 °C). Divisez la pâte en deux parts égales et faites-en deux galettes de forme allongée. Posez chaque galette sur une plaque et garnissez-la de viande. Mettez les galettes au four l'une après l'autre à mi-hauteur pendant environ 12 minutes. La pâte doit être croustillante sur les bords. Servez accompagné de sauce au concombre.

Préparation et cuisson : 1 h 30
Calories par part : 590

Calzone

Incroyable mais vrai : la calzone se déguste aussi bien froide

Pour 4 personnes

La pâte :

400 g de farine, 1 bonne pincée de sel

4 cuillerées à soupe d'huile d'olive

1/2 dé de levure de boulanger fraîche (21 g)

La garniture :

500 g d'oignons, 1 cuillerée à soupe d'huile d'olive, 100 g d'olives noires

2 cuillerées à soupe de câpres, 6 filets d'anchois

1 petite boîte de tomates pelées au jus (400 g)

1 bouquet de basilic

125 g de mozzarella, 100 g de parmesan râpé

sel, poivre noir

Pour la plaque et pour dorer : huile d'olive

Pour le plan de travail : farine

Pâte levée • 25 mn • 225 °C

1 Versez la farine, le sel et l'huile dans un récipient. Émiettez et délayez la levure dans environ 20 centilitres d'eau tiède. Ajoutez la levure à la farine et pétrissez jusqu'à ce que la pâte se détache du récipient. Couvrez et laissez reposer dans un endroit chaud environ 1 heure. La pâte doit doubler de volume.

2 Pendant ce temps, commencez à préparer la garniture. Pelez et hachez finement les oignons. Faites chauffer l'huile d'olive dans une poêle et versez-y les oignons. Faites-les blanchir à feu moyen pendant 10 minutes sans cesser de remuer. Laissez refroidir.

3 Dénoyautez et hachez les olives. Hachez également les câpres et les filets d'anchois préalablement égouttés. Égouttez les tomates et coupez-les en dés (vous pouvez jeter le jus qui ne servira pas). Rincez et séchez le basilic, puis coupez les feuilles en julienne. Coupez la mozzarella en dés. Ajoutez tous ces ingrédients aux oignons, ainsi que le parmesan râpé, et mélangez. Salez et poivrez.

4 Préchauffez le four à 225 °C (chaleur tournante : 200 °C). Huilez la plaque de cuisson.

5 Saupoudrez le plan de travail de farine. Divisez la pâte en deux parts égales et faites-en deux galettes rondes. Posez une galette sur la plaque, versez la garniture et refermez avec la seconde galette en appuyant bien sur les bords. Badigeonnez la calzone avec l'huile d'olive. Laissez reposer quelques minutes avant de mettre au four à mi-hauteur pendant environ 25 minutes. La calzone prend alors une appétissante teinte dorée.

Préparation et cuisson : 1 h 40, dont 1 h 15 de travail effectif
Calories par part : 750

Chaussons au thon

À déguster chauds, tièdes ou froids

Pour 4 personnes

La garniture :

1 petit poivron jaune, 1 petit poivron rouge

1 tomate, 1 botte de roquette

1 oignon rouge

2 gousses d'ail

2 boîtes de thon à l'huile

1 cuillerée à soupe de câpres

250 g de mozzarella (au lait de bufflonne, de préférence)

1 œuf, sel, poivre de Cayenne

La pâte :

150 g de fromage blanc

6 cuillerées à soupe d'huile végétale

1 œuf, 1/2 cuillerée à café de sel

300 g de farine, 3 cuillerées à café de levure

Pour la plaque : papier sulfurisé

Pour le plan de travail : farine

Pâte au fromage blanc • 2 fois 30 mn • 180 °C

1 Exceptionnellement, nous commencerons par la garniture. Rincez les poivrons, ouvrez-

les en deux, ôtez-en les pépins et la partie rigide, puis coupez-les en dés. Rincez la tomate et coupez-la également en dés. Lavez et hachez la roquette. Pelez l'ail et l'oignon et hachez-les finement.

2 Égouttez le thon et émiettez-le à l'aide d'une fourchette. Égouttez les câpres et hachez-les grossièrement. Égouttez la mozzarella et coupez-la en petits dés. Mélangez l'ensemble des ingrédients avec l'œuf, ajoutez le sel et le poivre de Cayenne.

3 Pour la pâte, mélangez soigneusement le fromage blanc avec l'huile, l'œuf et le sel. Mélangez la farine avec la levure, ajoutez-la au fromage blanc et pétrissez.

4 Préchauffez le four à 180 °C (chaleur tournante : 160 °C sans préchauffage). Chemisez deux plaques de cuisson.

5 Saupoudrez le plan de travail de farine. Divisez la pâte en quatre parts égales et abaissez-les en forme de rectangle. Disposez deux rectangles de pâte par plaque. Versez la garniture sur l'un des rectangles, refermez avec le second rectangle en appuyant bien sur les bords. Mettez les chaussons au four, l'un après l'autre, à mi-hauteur pendant environ 30 minutes.

Préparation et cuisson : 1 h 30, dont 1 heure de travail effectif
Calories par chausson : 800
Accompagnez les chaussons d'une salade de tomates

Variante pour la garniture

Parme et mozzarella

Mélangez la mozzarella coupée en dés avec l'œuf, ajoutez 100 grammes de jambon de Parme en petits dés, 150 grammes de cœurs d'artichauts marinés (bocal) et coupés en morceaux, 6 à 8 tomates séchées et marinées coupées en julienne, et 1 tomate fraîche également coupée en dés. Ajoutez du basilic haché. Salez et poivrez.

Tartelettes au roquefort

À essayer absolument !

Pour 2 personnes en plat principal
ou pour 4 personnes en entrée

La pâte :
150 g de farine, 1 pincée de sel
75 g de beurre froid

La garniture :
1 endive (environ 150 g), 1/4 de bouquet de persil, 100 g de roquefort, 1 petit œuf
1 cuillerée à soupe de crème fraîche
poivre noir

Pâte brisée • 25 mn • 200 °C
Moules à tartelettes, 10 cm de Ø

1 Pour la pâte, mélangez la farine avec le sel et le beurre coupé en dés et travaillez à la main. Ajoutez 1 à 2 cuillerées à soupe d'eau froide et pétrissez jusqu'à ce que la pâte soit homogène. Divisez la pâte en quatre parts égales que vous étalez du bout des doigts dans les moules en formant une bordure. Mettez les moules au réfrigérateur pendant 1 heure.

2 Au bout d'une demi-heure, commencez à préparer la garniture. Rincez l'endive et coupez-la en rondelles de 1 centimètre de large, en ayant soin d'ôter la partie centrale. Dans une casserole, portez 4 à 5 centimètres d'eau à ébullition, jetez-y l'endive et laissez cuire 1 minute. Versez l'endive dans une passoire, passez-la sous l'eau froide et laissez égoutter.

3 Préchauffez le four à 200 °C (chaleur tournante : 180 °C). Rincez, séchez et hachez finement le persil. Coupez le roquefort en petits dés avec un couteau passé sous l'eau froide.

4 Mélangez l'endive avec le persil, le roquefort, l'œuf, la crème fraîche et le poivre. N'ajoutez pas de sel car le fromage est déjà salé. Répartissez la garniture dans les quatre moules et mettez au four à mi-hauteur pendant environ 25 minutes, jusqu'à ce que les tartelettes prennent une belle teinte dorée. Démoulez les tartelettes et dégustez.

Préparation et cuisson : 1 h 45, dont environ 35 minutes de travail effectif
Calories par tartelette : 400
Accompagnez d'une salade mixte

Gaufres salées et sucrées

Une fête à elles seules

Pour 12 gaufres

Gaufres aux lardons :

100 g de poitrine fumée
1 petit poireau
1 cuillerée à soupe d'huile végétale
2 œufs
12,5 cl de bière ou de vin blanc
1 cuillerée à café de sel
1/2 cuillerée à café de cumin moulu
250 g de farine
1 cuillerée à café de levure

Gaufres au fromage :

1 bouquet d'herbes mélangées
(à faire soi-même : persil, mélisse,
basilic et ciboulette)
80 g de parmesan
4 œufs, 150 g de beurre mou
150 g de farine
1 cuillerée à café de levure
10 cl de vin blanc sec ou de lait
sel
poivre de Cayenne ou poivre blanc
1 cuillerée à café de zeste de citron non traité

Gaufres
à la cannelle :

200 g de farine

350 g de petit-lait

40 g de sucre

1 sachet de sucre vanillé

2 cuillerées à café de cannelle

2 œufs, 1 pincée de sel

Gaufres
à la frangipane :

200 g de pommes acides, de poires, de quetsches ou d'airelles

200 g de pâte d'amandes

150 g de crème fraîche

15 cl de lait

2 œufs

200 g de farine

1 pincée de sel

2 cuillerées à soupe de sucre

Pour toutes les gaufres :

beurre ou huile pour le gaufrier

Pâte sablée • environ 3 mn par gaufre

1 Pour les gaufres aux lardons, ôtez la couenne et le cartilage de la poitrine fumée, puis coupez-la en dés. Ôtez le vert du poireau, ouvrez la tige en deux, rincez-la à l'eau froide, séchez-la et hachez-la finement.

2 Faites chauffer l'huile dans une poêle et jetez-y les lardons et le poireau. Laissez fondre à feu moyen pendant 5 minutes sans cesser de remuer. Laissez refroidir.

3 Séparez les blancs d'œufs des jaunes et battez-les en neige ferme. Mélangez ensuite les jaunes avec la bière et 12,5 cl d'eau froide, puis ajoutez-y le sel, le cumin, la farine et la levure. Ajoutez ensuite les lardons et le poireau. Incorporez les blancs en neige à la fin.

4 Faites chauffer le gaufrier, beurrez-le ou huilez-le. Pour chaque gaufre, versez-y une petite louche de pâte, puis laissez cuire 3 minutes et dégustez chaud.

5 Faites chauffer le gaufrier, beurrez-le ou huilez-le. Pour chaque gaufre, versez-y une petite louche de pâte, puis laissez cuire 3 minutes et dégustez chaud.

6 Séparez les blancs d'œufs des jaunes. Mélangez le beurre avec les jaunes à l'aide d'un fouet, puis ajoutez le vin et la farine préalablement mélangée à la levure, sans cesser de remuer. Battez les blancs en neige et ajoutez-les à la farine avec les herbes, le sel, le poivre de Cayenne et le zeste de citron. Mélangez le tout délicatement.

7 Faites chauffer le gaufrier, beurrez-le ou huilez-le. Faites cuire chaque gaufre pendant 3 minutes et dégustez sans attendre.

8 Pour les gaufres à la cannelle, mélangez soigneusement la farine avec le petit-lait, le sucre, le sucre vanillé et la cannelle. Séparez les blancs d'œufs des jaunes. Ajoutez les jaunes à la farine. Battez les blancs en neige avec le sel et incorporez-les à la farine.

9 Faites chauffer et beurrez le gaufrier. Versez-y la pâte et laissez-la cuire 3 minutes. Savourez tiède, de préférence avec de la crème Chantilly et des fruits rouges.

10 Pour les gaufres à la frangipane, lavez ou pelez les fruits, et coupez-les en dés. Seules les airelles peuvent rester entières. Écrasez la pâte d'amandes et mélangez-la avec la crème fraîche et le lait.

11 Ajoutez les œufs à la crème d'amande, puis incorporez la farine, le sel et le sucre. Remuez jusqu'à obtention d'un mélange homogène. Ajoutez les fruits à la fin.

12 Faites chauffer et beurrez le gaufrier, versez la pâte et laissez cuire pendant 3 minutes. Ces gaufres sont délicieuses chaudes ou froides.

Préparation et cuisson : 1) 50 minutes ; 2) 1 heure ; 3) 45 minutes ; 4) 45 minutes
Calories par gaufre : 1) 150 ; 2) 200 ; 3) 105 ; 4) 220

Soufflé aux cerises
On l'appelle aussi «pain perdu» aux cerises

Pour 4 personnes à l'heure du thé

ou 6 à 8 personnes au dessert

75 cl de lait

le zeste de 1 citron non traité

3 œufs

2 sachets de sucre vanillé

2 cuillerées à soupe de sucre

1 baguette (de préférence

un peu rassise)

750 g de cerises

25 g de beurre

Pour le moule : beurre

Après la cuisson : sucre glace

30 mn • 200 °C

1 Mélangez le lait avec le zeste de citron, les œufs, le sucre vanillé et le sucre. Coupez la baguette en tranches fines.

2 Lavez, équeutez et dénoyautez soigneusement les cerises (c'est plus facile avec un dénoyauteur). Préchauffez le four à 200 °C (chaleur tournante : 180 °C sans préchauffage). Beurrez un moule à gratin.

3 Disposez une couche de pain puis une couche de cerises dans le moule, et recommencez jusqu'à épuisement des ingrédients. Versez le lait et laissez reposer pendant 10 minutes. Répartissez le beurre en morceaux sur tout le moule. Mettez le soufflé au four à mi-hauteur pendant environ 30 minutes jusqu'à ce qu'il brunisse. Laissez refroidir quelques instants, saupoudrez de sucre glace et dégustez.

Préparation et cuisson : 1 h 10, dont environ 25 minutes de travail effectif
Calories par part (pour 8) : 325

Apple Crumble
Un régal pour les grands et les petits

Pour 4 personnes à l'heure du thé

ou 6 à 8 personnes au dessert

100 g de beurre froid, 175 g de farine

100 g de sucre, 1 cuillerée à café

de cannelle

100 g de raisins de Smyrne

600 g de pommes acidulées

5 cuillerées à soupe de sucre roux

2 cuillerées à soupe de jus de citron

Pour le moule : beurre

Pâte brisée • 25 à 30 mn • 200 °C

1 Pour le crumble, coupez le beurre en dés. Ajoutez la farine, le sucre et 1/2 cuillerée à café de cannelle, et travaillez au doigt jusqu'à obtention de grumeaux de taille moyenne. Mettez au réfrigérateur.

2 Préchauffez le four à 200 °C (chaleur tournante : 180 °C sans préchauffage). Rincez les raisins à l'eau chaude. Pelez et coupez les pommes en quartiers. Épépinez-les, puis coupez-les en fines lamelles. Mélangez-les avec le sucre, le jus de citron, le reste de la cannelle et les raisins.

3 Beurrez un moule à gratin et versez-y les pommes. Répartissez le crumble sur les pommes. Mettez au four à mi-hauteur pendant 25 à 30 minutes et savourez chaud. Une boule de glace à la vanille accompagne agréablement le crumble aux pommes.

Préparation et cuisson : 50 minutes, dont environ 25 minutes de travail effectif
Calories par part (pour 8) : 325

Soufflé aux abricots cuits
Un délice d'été

Cette recette associe les croissants au beurre à une délicieuse sauce aux abricots dont nous avons le plaisir de vous livrer le secret.

Pour 4 gourmands

Les abricots cuits :

250 g d'abricots, 100 g de sucre

quelques gouttes de jus de citron

Le soufflé :

5 croissants au beurre (200 g)

10 cl de lait, 3 cuillerées à soupe de rhum blanc

4 œufs

70 g de beurre mou

3 cuillerées à soupe de sucre

le zeste de 1/2 citron non traité

Pour le moule : beurre

30 mn • 200 °C

1 Commencez par préparer la sauce. Ouvrez les abricots en deux, dénoyautez-les et faites-les cuire avec le sucre et le jus de citron pendant 3 à 5 minutes dans 12,5 cl d'eau bouillante. Écrasez le tout à la fourchette.

2 Préchauffez le four à 200 °C (chaleur tournante : 180 °C sans préchauffage). Coupez les croissants en tranches de 1 centimètre d'épaisseur. Mélangez le lait avec le rhum et 2 œufs, et versez-le sur les croissants. Fouettez le beurre, ajoutez le sucre, le zeste de citron et le reste des œufs. Incorporez cette crème au beurre aux croissants.

3 Versez le tout dans un moule préalablement beurré. Mettez le soufflé au four à mi-hauteur pendant environ 30 minutes. Il doit prendre une belle teinte dorée. Servez la sauce froide avec le soufflé chaud.

Préparation et cuisson : 55 minutes, dont environ 25 minutes de travail effectif
Calories par part : 530

Bouchées à la vapeur

Le secret des grand-mères

Nous avons sélectionné cette recette car elle vous permet de rassasier aussi bien deux que vingt personnes. Elle n'est pas nécessairement simple, mais le résultat en vaut la peine.

Pour 20 bouchées

50 g de beurre, 1/2 dé de levure fraîche (21 g)

environ 20 cl de lait tiède, 4 cuillerées à soupe de sucre

500 g de farine, 1 œuf, 1 pincée de sel

En outre : farine pour former les bouchées, environ 100 g de sucre, huile

Pâte levée

1 Faites fondre le beurre. Émiettez et délayez la levure dans le lait avec le sucre. Ajoutez la levure à la farine et pétrissez jusqu'à ce que la pâte soit homogène. Ajoutez le beurre fondu, l'œuf et le sel à la fin.

2 Saupoudrez le plan de travail et vos mains de farine, et roulez la pâte en un gros boudin. Coupez celui-ci en vingt parts. Farinez deux plaques de cuisson. Roulez les parts de pâte en boules de la taille d'un œuf, posez-les sur les plaques et aplatissez-les légèrement. Couvrez les bouchées et laissez-les reposer dans un endroit chaud pendant environ 30 minutes. Elles doivent doubler de volume.

3 Délayez le sucre dans environ 20 centilitres d'eau chaude. Recouvrez d'huile le fond d'un grand faitout à couvercle. Faites chauffer l'huile à feu moyen et déposez-y la première fournée de bouchées en laissant un espace entre elles.

4 Versez doucement un peu d'eau sucrée entre les bouchées, fermez le faitout avec le couvercle et laissez-le en place pendant 4 minutes. Les bouchées sont alors prêtes (vous pouvez les laisser 1 minute supplémentaire) : ouvertes sur le dessus, caramélisées sur le dessous. Gardez les bouchées cuites au chaud dans le four à 50 °C.

5 Répétez l'opération jusqu'à ce que toutes les bouchées soient cuites, et servez-les accompagnées d'une savoureuse crème anglaise (vous en trouverez la recette à la page 154 de *Cuisinez entre copains*. Si vous ne l'avez pas, appelez votre grand-mère à la rescousse).

Préparation et cuisson : 1 bonne heure, dont 35 minutes de travail effectif
Calories par bouchée : 145

Petit glossaire de termes peu ordinaires

Savez-vous que les gâteaux industriels tout prêts ont un goût de vieilles chaussettes ? que les tartes font grossir et que le sucre peut être mauvais pour la santé ? qu'il faut être très ordonné pour faire un gâteau, et qu'une bataille de tartes à la crème est un véritable bonheur ? Ces pages vous apportent les réponses à ces questions qui ne sont peut-être pas essentielles à la réalisation d'un bon gâteau, mais sans lesquelles le plaisir ne serait pas complet.

Assiettes et couverts

Même le plus simple des gâteaux marbrés est irrésistible lorsqu'il arrive sur la table. Une nappe fait son apparition, le fond du placard régurgite le service des grandes occasions (complet avec les petites assiettes, les tasses et les sous-tasses), il y a même un plat à tarte. La cafetière ou la théière suivent de près, avec le pot à lait, le sucrier et les petites cuillères. Les fourchettes à gâteau ? Si elles sont jolies, elles permettent aussi une dégustation plus facile. Des bougies ? Bien sûr. Aucun plat, aussi élaboré soit-il, ne séduit autant qu'un gâteau fait maison sur une table bien mise. Mais attention : c'est avec ce genre de chose qu'on se fait épouser !

Autriche

L'Autriche est la patrie de la crème Chantilly, du salon de thé et de la sachertorte, c'est-à-dire de tout ce qui compte en pâtisserie. Dans cet ouvrage, nous rendons hommage à ses contributions, même si le label « autrichien » ne figure pas systématiquement au pied de chaque recette inspirée des grands pâtissiers viennois.

Bataille de tartes à la crème

Génial, mais défendu. Nous nous en sommes tout de même offert une mémorable après la dernière photo de cet ouvrage. Mais était-ce bien la dernière... ? Quoi qu'il en soit, nous ne vous les montrerons pas. Parce que c'est interdit. Pourtant, nous nous sommes bien amusés.

Brûlures

Très douloureux. S'il ne s'agit que d'un bref contact avec le bout des doigts, frottez ceux-ci sur le lobe de votre oreille ; ce remède de bonne femme devrait vous soulager. Si le contact avec la chaleur dure plus longtemps, maintenez longuement la main sous l'eau froide. Le vinaigre à la place de l'eau a également fait ses preuves. Toutefois, si la douleur est très forte et qu'une cloque se forme, enduisez immédiatement la brûlure de pommade et montrez-la à un médecin. Cependant, n'oubliez pas non plus de retirer le gâteau du four.

Calories

D'après les spécialistes, il suffit de 1 calorie pour faire passer 1 cm^3 d'eau de 14 à 15 °C. Ce qui n'est pas grave en soi. Où la calorie puise-t-elle l'énergie pour y parvenir ? Par exemple, dans une part de Forêt-Noire aux cerises. Tellement énergétique, paraît-il, qu'elle permettrait de tenir un poids de 500 grammes à bout de bras pendant au moins deux ans. Si vous ne le faites pas, l'organisme transforme alors le gâteau en graisse dans laquelle il stocke l'énergie non consommée. Si vous ne consommez jamais cette énergie, la graisse reste et vous prenez du poids. Ce qui est très dommage. Donc, bougez. Ou alors, ne mangez pas de gâteau. Mais dans ce cas, que faites-vous ici ?

Conserver

Il paraît que cela existe : l'heure du thé est terminée et il reste du gâteau à la crème. Que faire ? Si sur vingt convives deux seulement en ont mangé, il ne vous reste plus qu'une solution : jetez tout, continuez à vous entraîner et, la prochaine fois, invitez vos amis au salon de thé. Sinon, conservez votre chef-d'œuvre au réfrigérateur en le couvrant hermétiquement afin qu'il ne prenne pas un mauvais goût. Si vous avez une cloche à tarte, parfait, mais un grand saladier renversé fera tout aussi bien l'affaire. Si votre saladier n'est pas assez grand, vous pouvez essayer l'astuce suivante : entourez le gâteau de verres à whisky renversés, tendez une feuille de film plastique par dessus... et invitez d'autres amis au plus tard le lendemain pour terminer les restes.

Dolci

Des douceurs, en italien. Si elles viennent du boulanger, elles sont généralement plus petites qu'à la maison (pour avoir un ordre de grandeur, comparez une roue de 4L à celle d'une Mercedes, par exemple). Si cela ne vous suffit pas et si vous trouvez qu'il n'y en a pas assez dans cet ouvrage, prenez patience. L'équipe a prévu un voyage en Italie très prochainement.

Liqueur, etc.

N'offrir une liqueur qu'aux vieilles dames avec un chapeau sur la tête et un sac à main sur les genoux ? Alors qu'il n'y a rien de meilleur qu'un biscuit aux amandes accompagné d'un petit verre de vin doux italien (vino santo ou marsala), un verre de crémant bien moelleux avec une part de kugelhopf, une liqueur d'orange avec une galette des Rois, ou encore une liqueur aux amandes avec un gâteau à l'orange.

Mains

Les mains sont le meilleur et le plus précis des ustensiles de cuisine, par exemple pour pétrir une pâte au levain ou bien pour saupoudrer une tarte de sucre glace. En revanche, que ceux qui préparent une pâte à biscuit avec les mains récupèrent les restes de chantilly dans le plat avec les doigts et ne fournissent pas de fourchettes avec un gâteau à la crème aient l'obligeance de bien vouloir se reporter aux rubriques « Avoir de l'ordre » et « Assiettes et couverts ».

Masquage

Ce terme, issu du jargon culinaire, désigne l'art minutieux et ardu de la décoration pâtissière qui consiste à napper des gâteaux d'un glaçage fondant à une température précise avec des motifs compliqués. Inutile ? Exactement, et c'est pourquoi nous avons renoncé à en parler dans cet ouvrage. Pour des raisons similaires, nous n'abordons pas non plus la machine à faire des pièces montées, le pain de sucre, la décoction, la gélification, le laquage à l'amande ou le conservateur à sec. Si cela vous manque, c'est que ce livre n'est pas pour vous.

Noircir

Mauvais. Si la surface du gâteau est juste un peu noircie, il suffit de la gratter lorsqu'il est froid et de camoufler les dégâts avec du sucre glace ou un nappage. Si les parties noircies sont plus importantes, n'hésitez pas à intervenir avec le couteau. Il arrive parfois que le goût de brûlé imprègne le gâteau en profondeur, il n'y a plus alors qu'à le jeter et aller en acheter un à la pâtisserie la plus proche. Pour éviter ces déboires, vous pouvez : couvrir le gâteau avec une feuille de papier d'aluminium, glisser une plaque de cuisson à l'étage du dessous, régler le réveil, contrôler la température du four et noter directement sur la recette les variations du four par rapport aux temps de cuisson indiqués.

Ordre

C'est parfois difficile... Et pourtant, sans cela, la pâtisserie devient un exercice périlleux, surtout pour les débutants. Le premier impératif est de faire de la place et de ranger les restes du dernier repas. Il faut ensuite sortir tous les éléments nécessaires (robot, farine, livre de recettes, etc.), réunir et peser tous les ingrédients avant de commencer (et éviter de confondre le sucre vanillé avec la levure). Pour la pâte, il est préférable de faire les choses les unes après les autres, le travail en parallèle viendra avec l'expérience : mettez à tremper ce qui ne vous servira plus, lavez et séchez ce que vous voudrez réutiliser, lavez-vous les mains et n'oubliez pas de régler le réveil lorsque vous avez terminé. Cela vous paraît trop scolaire ? Pourtant la récompense en vaut la peine : une cuisine propre, un beau gâteau et le plaisir de le savourer en paix. *Voir aussi* « Stress et chaos ».

Pâtisserie/ salon de thé

Local de fabrication attenant à un espace de vente, où un personnel pas toujours stylé (« Ben oui, c'est plus cher en terrasse ! ») vous sert des parts de tarte ou des gâteaux appétissants. Si le pâtissier est doué, gardez précieusement l'adresse, elle vous servira si vous laissez brûler votre gâteau, en cas de panne d'inspiration ou de visite inattendue (*voir* les rubriques « Conserver » et « Noircir »).

Préparations pour gâteaux

Certains prétendent que ces préparations sont aussi savoureuses que si elles étaient faites maison. Ils ont visiblement un problème : soit ils stockent leur linge sale dans leur four quand ils ne s'en servent pas, soit ils gagnent leur vie en fabriquant ces arômes artificiels qui « donnent-le-même-mauvais-goût-à-tout » ! S'ils les trouvent bons, c'est qu'ils se sont gâtés le palais à force d'en manger. Un peu de sérieux : faites vos pâtisseries vous-même. Et si vous n'êtes vraiment pas doué(e), faites-les faire. Nos recettes vous y aident.

Stress et chaos

« Tiens, l'huile a une drôle d'odeur. C'était peut-être celle de la fondue bourguignonne de l'autre jour ? Tant pis, je mettrai deux fois plus de farine. Les œufs sont durs ? Pas grave. Et hop, dans le four. Aïe, aïe, aïe, j'ai oublié la levure. Vite, je vais faire les courses ! À moins que je ne la remplace par du sucre vanillé. Mais où est passé le gâteau ? Tiens, c'est lui qui fume dans le four. » Celui qui cuisine dans le stress et le chaos peut s'en sortir à la limite. Mais si vous faites vos pâtisseries dans ces conditions, c'est le mur assuré. Inspirez-vous de nos conseils et restez zen.

Se brosser les dents

À faire absolument après avoir dégusté votre gâteau. Merci de votre attention. Rendez-vous dans notre prochain livre.

Index de A à Z

Q/R

S/T

V/Y

Bon marché

Sans four

Simple et rapide

Plus compliqué

Quel(le) pâtissier(ère) êtes vous ?

Plutôt une âme de gâteau sablé ou de maffioso du muffin ? Découvrez-le et trouvez les recettes qui vous conviennent le mieux…

1. Qu'est-ce qui ne doit jamais manquer en pâtisserie ?

- ☐ a Farine, beurre, œuf
- ☐ b Fécule, citrons, levure fraîche
- ☐ c Semoule, fruits de la Passion, potassium
- ☐ d Corn flakes, crème fraîche, liqueur aux œufs

2. Quel ustensile est le plus important ?

- ☐ a Le tamis pour la farine. Pourquoi ? Vous n'avez jamais fait de gâteau ?
- ☐ b La balance. Je ne peux rien faire sans elle
- ☐ c Les maniques. Mais les jaunes, uniquement
- ☐ d Le deuxième four à annulateur de gravité

3. Quel est l'ustensile dont on peut se passer ?

- ☐ a Le moule à cake. Trop simple !
- ☐ b La poche à douilles. Les gâteaux élaborés, c'est bon pour les pâtissiers
- ☐ c Le réveil. C'est juste du stress supplémentaire
- ☐ d Le batteur manuel. J'ai déjà deux mains

4. Pour vous, le luxe, c'est :

- ☐ a Un tiramisu par Pizza Express à minuit et demi
- ☐ b Faire venir à Sydney une sachertorte de Vienne
- ☐ c Prendre une chambre à l'hôtel Hilton et demander s'ils ont de la tarte Tatin
- ☐ d Du chocolat à forte teneur en beurre de cacao

5. Vous êtes invité à l'heure du thé. Le gâteau, sur la table, est digne d'un mariage princier ou impérial. Que pensez-vous ?

- ☐ a Épouse-moi !
- ☐ b Qui a fait ce gâteau ?
- ☐ c M'étonnerait qu'il soit aussi bon qu'il en a l'air
- ☐ d Le mien est mieux

6. Le chat traverse, et le gâteau vacille et s'écrase. Que dites-vous ?

- ☐ a Je n'aurais pas fait mieux
- ☐ b Je divorce
- ☐ c Pas grave, de toute façon, je n'aime pas trop les gâteaux
- ☐ d Tout le monde à quatre pattes, s'il vous plaît !

Solutions : voir page suivante

« Depuis que j'ai acheté ce livre, je fais de plus en plus volontiers la cuisine ! »

« Vous prévoyez une soirée sympa entre copains ? Et pourquoi ne mettraient-ils pas la main à la pâte pour préparer le repas ? La convivialité sera de mise et le plaisir partagé ! Ustensiles, modes de cuisson, ingrédients indispensables : avec ce livre, vous apprendrez d'abord les bases. Mais vous deviendrez surtout incollable sur la préparation des moules marinières, lasagnes maison, sushis, gratins dauphinois, truite saumonée en croûte de sel et autres succulents desserts. »

Ouest France

« On y trouve de tout : du risotto safrané au tartare de harengs en passant par les trucs de cuisine et les ustensiles indispensables pour bien recevoir ses amis. »

Femmes d'aujourd'hui

« Les plus nulles en cuisine pourront épater la galerie avec ces recettes ultra-simples. Sushis ou gratins dauphinois n'auront plus aucun secret pour vous. »

Isa

« Après quelques années de fast-food, les grands ados ont trouvé le chemin des fourneaux. Sans renoncer aux plats du terroir, ils élargissent leur domaine d'exploration et mettent à leur menu des plats où ne manquent ni les saveurs du sucré-salé ni celles de l'aigre-doux. Un livre bien animé avec des jeunes gens en pleine action et plus de cent recettes à suivre pas à pas du marché au moment de passer à table. »

Madame Figaro

« Des plats très faciles à réaliser. Un livre à offrir à l'élu de son cœur. »

Version femme

« Les recettes y sont simples, détaillées et épatantes. On y découvre l'indispensable batterie de cuisine pour tout préparer, les modes de conservation, et les photos à la fois conviviales et didactiques s'adressent aux jeunes qui s'installent. Un must que les moins jeunes adoreront tout autant. »

La Provence dimanche

« Débutants avérés, ce livre est fait pour vous. »

Elle.fr

« Un livre drôle, très bien illustré, bourré d'astuces, destiné à tous ceux, jeunes et moins jeunes, qui ne savent pas cuisiner et veulent se lancer dans la grande aventure (…) Un livre à offrir à vos grands enfants pour leur donner envie de cuisiner. »

Saveurs

Quel(le) pâtissier(ère) êtes-vous ?

Comptabilisez vos points :

1a: 2 points	1b: 3 points	1c: 4 points	1d: 1 points
2a: 3 points	2b: 2 points	2c: 1 points	2d: 4 points
3a: 4 points	3b: 2 points	3c: 1 points	3d: 3 points
4a: 1 points	4b: 3 points	4c: 4 points	1d: 2 points
5a: 1 points	5b: 3 points	5c: 2 points	5d: 4 points
6a: 4 points	6b: 3 points	6c: 2 points	5d: 1 points

6 à 10 points

Le maffioso du muffin

Pâtisseries : muffins, cookies, pièce montée éclair, pizza à la pomme de terre.

Caractère : vous appréciez les nouveautés si quelqu'un les a déjà testées avant vous. Ce qui ne veut pas dire que vous les réussirez aussi bien, car chez vous, le fil du téléphone s'emmêle souvent dans celui du mixeur. Par ailleurs, votre imagination ne connaît aucune limite lorsqu'il s'agit d'inventer des moyens de vous faciliter le travail, ce qui peut avoir des conséquences tout aussi géniales que catastrophiques.

Vos convives : un peu de tout avec un seuil de tolérance très bas. Ils aiment les risques, c'est pour cela qu'ils vous apprécient. Mais lorsqu'ils vous invitent à leur tour, c'est plutôt : « Viens avec une bouteille de vin, ça suffira. Du blanc, on a une moquette neuve ! »

Notre conseil : vous êtes un hôte plein de charme et être invité à boire le thé chez vous est un événement qui marque la mémoire. Néanmoins, prévoyez un peu plus de solide. La prochaine fois, faites un gâteau la veille, le gâteau espagnol à la vanille (page 36), par exemple. Ou alors, offrez ce livre et demandez qu'on fasse les gâteaux pour vous.

11 à 15 points

Une âme de gâteau sablé

Pâtisseries : gâteau sablé, gâteau aux fraises, biscuits au beurre, gaufres.

Caractère : lorsqu'un gâteau est bon et facile à faire, vous lui restez fidèle pour la vie. Et vous vous gardez bien de mettre cette relation en péril par de nouvelles idées. Un glaçage au lieu du sucre glace ? C'est bien trop compliqué. C'est également la raison pour laquelle vous n'avez jamais de levure en stock et achetez les gâteaux plus élaborés chez le pâtissier. Cela dit, vous allez toujours vous fournir chez celui qui se trouve à côté de votre banque.

Vos convives : jamais surpris, jamais déçus. Ne vous étonnez pas si un jour ils vous délaissent au profit du maffioso du muffin d'à côté, dont les poubelles débordent toujours de paquets de préparations pour gâteaux.

Notre conseil : vous savez faire des gâteaux et vous êtes fiable. Ce n'est pas si fréquent. Néanmoins vous êtes du genre discret. La prochaine fois que vous invitez des amis à l'heure du thé, faites-leur donc une tarte au citron (page 80), vous verrez que cette « extravagance » qui vous ressemble si peu aura un effet incroyable. Et préparez votre discours pour la remise du prix.

16 à 20 points

Le fana des tartes aux pommes

Pâtisseries : tarte aux pommes, biscuit roulé, choux, Prince Régent.

Caractère : la tradition pâtissière est pour vous un défi à relever et à surpasser. Vous vous inspirez de trente-huit recettes de tarte aux pommes pour en créer une trente-neuvième, personnelle et insurpassable. Rien n'entame votre flegme hormis la phrase : « Tu ne voudrais pas faire quelque chose avec de la rhubarbe et du caramel ? » Car vous n'avez pas de temps à perdre avec des demandes aussi extravagantes, et la créativité n'est pas votre point le plus fort.

Vos convives : apprécieraient énormément vos œuvres, si seulement ils n'avaient pas la sensation perpétuelle de faire partie d'un jury chargé de noter un concours local de pâtisserie. Faites attention, un de ces jours, l'un d'eux pourrait bien demander l'addition sans s'en rendre compte !

Notre conseil : ne prenez pas la pâtisserie autant au sérieux ou, au moins, laissez souffler vos convives. Une tarte Tatin (page 62, pourquoi pas avec de la rhubarbe ?) les ravira et ils apprécieront votre soudaine nonchalance.

21 à 24 points

L'amoureux de l'ailleurs

Pâtisseries : gâteau de riz exotique, tarte aux fruits de la Passion, amaretti, tartelettes au roquefort.

Caractère : lorsqu'une recette nécessite des ingrédients et une fabrication inhabituelles, vous êtes toujours là. Vous réussissez vos entreprises à coup sûr grâce à une grande imagination et à une rigueur à toute épreuve. Chacune de vos pâtisseries est unique, un chef-d'œuvre, un supermodèle défilant sur un podium. Applaudissements souhaités.

Vos convives : sont des personnes qui aiment applaudir, faire de nouvelles expériences et manger sucré, mais pas nécessairement. Ce ne sont pas des mangeurs de gâteau marbré qui chérissent avant tout leur tranquillité. Enfin, c'est ce qu'ils pensent.

Notre conseil : que de belles choses nous avons déjà vues chez vous ! Pourtant, même l'être le plus avide de créativité a parfois besoin de souffler. Accordez-lui une pause avec un Prince Régent (page 113). C'est un grand classique néanmoins capable d'étonner. Surtout vous.

Les auteurs

« Je préfère manger les gâteaux plutôt que les faire. Malheureusement, je connais peu de personnes qui font les gâteaux comme je les aime. C'est pourquoi j'ai finalement décidé de faire un recueil de mes propres recettes. »

Sebastian Dickhaut, auteur, journaliste et cuisinier, vit à l'heure actuelle en Australie, le pays qui consomme le plus de biscuits aux flocons d'avoine et le plus d'œufs en chocolat par habitant. Né près de Francfort, élevé entre Vienne et Munich, il n'a pas encore réussi à décider s'il préfère le crumble, la sachertorte ou les bouchées à la vapeur. Il a contribué à cet ouvrage en écrivant les introductions de chaque chapitre et en apprenant à faire le café (dickhaut@ zipworld.com.au).

« Pétrir la pâte est bien plus agréable que mélanger les ingrédients dans un récipient à l'aide d'une cuillère en bois. Malheureusement, je ne peux pas manger à moi seule, tous les jours, de la tarte au citron, de la brioche tressée ou de la pizza. C'est pourquoi, ces derniers temps, j'ai eu beaucoup d'invités. Les voisins, eux aussi, ont été très sympathiques. »

Cornelia Schinharl, auteur et journaliste, vit dans le sud de l'Allemagne où l'on apprécie particulièrement le sucré. Outre son attirance prononcée pour les pays chauds, ce sont la tarte au citron, le gâteau au chocolat et tout ce qui croustille avec des fruits qui figurent en tête de liste de ses préférences. Elle a écrit (presque) toutes les recettes de ce livre et a entretenu une correspondance régulière avec tante Alice (cornelia.schinharl@t-online.de).

Merci à : Sybille Engels, Thomas Jankovic, Barbara Bonisolli, Hans Gerlach, Alexander Walter, Markus Röleke, Janna Sälzer, Gabie Schnitzlein, Christian Finger, Sabine Sälzer, Susanne Mühldorfer, Katharina Lisson, Christa Schmedes, Sigrid Burghard et Annika Möller.

Merci aussi à :
Erdmute et Klaus : on ne peut que se sentir bien chez vous (désolés, vous avez réussi à enlever la tache de gras sur le parquet ?).
Tous les collègues et cobayes qui ont accepté de tester nos recettes.

Crédits photographiques :

Œuf en couverture : StockFood / Molly Hunter
Barbara Bonisolli : toutes les photos de recettes, sauf les pages 28, 74 ; les photos des étapes pages 10, 11, 13, 15, 21, 22, 23, les 16 douceurs et les 17 ustensiles indispensables, les têtes de chapitre pages 82, 104 et 126
Alexander Walter : toutes les photos people, les photos des recettes pages 74, 28/29, 37, 38, 73, 109, 123
StockFood : S. & P. Eising : quetsche page 54, fromage page 144
Rosenfeld/Maximilian : praline page 85, Maximilian Stock : œuf page 30, tomate page 128, baguettes page 129
Privé : pages 84, 168

Si vous souhaitez recevoir notre catalogue et être tenu au courant de nos publications, envoyez-nous vos noms et adresse, en citant ce livre et en précisant les domaines qui vous intéressent.

Éditions SOLAR
12, avenue d'Italie
75013 PARIS
Internet : www.solar.tm.fr

Titre original de cet ouvrage

BASIC BAKING

Traduction-adaptation
Pascale Hervieux

Réalisation
BOOKMAKER, Paris

Mise en pages
Marie Dusseaux

ISBN : 2-263-03190-1
Code éditeur : S 03190
Dépôt légal : juillet 2001

Imprimé en Italie par Nuova G.E.P.